《新中国小学教育研究70年》编写出版委员会

主任 朱旭东　郭　戈

常务副主任 王本陆　刘立德

副主任 张春莉　韩华球　阚　维

丛书主编 朱旭东

丛书副主编 王本陆　张春莉

丛书编委（按姓名汉语拼音排序）

陈红兵　程　军　高潇怡　龚鹏飞　郭　戈

韩华球　阚　维　刘京莉　刘立德　卢立涛

陆　洋　石英梅　王本陆　杨　燕　姚　颖

易　进　张春莉　张　瑾　张茹丹　周逸先

朱旭东

丛书责编 刘立德　韩华球

本卷责编 龚鹏飞等

《新中国小学教育研究70年》总目

综合卷	易　进　卢立涛　周逸先／著
语文卷	姚　颖　张　瑾　石英梅／著
数学卷	刘京莉　张春莉／著
科学卷	高潇怡　陈红兵／著
英语卷	阚　维／著

新中国小学教育研究70年

（数学卷）

刘京莉　张春莉◎著

丛书主编◎朱旭东
丛书副主编◎王本陆　张春莉

人民教育出版社
·北京·

图书在版编目（CIP）数据
新中国小学教育研究 70 年 . 数学卷 / 刘京莉，张春莉著 . —北京：人民教育出版社，2020.8
ISBN 978-7-107-34546-3

Ⅰ . ①新… Ⅱ . ①刘… ②张… Ⅲ . ①小学数学课—教学研究
Ⅳ . ① G623

中国版本图书馆 CIP 数据核字（2020）第 111064 号

新中国小学教育研究 70 年 数学卷

出版发行 / 人民教育出版社
（北京市海淀区中关村南大街 17 号院 1 号楼 邮编 100081）
网 址 / http://www.pep.com.cn
经 销 / 全国新华书店
印 刷 / 北京华联印刷有限公司
版 次 / 2020 年 8 月第 1 版
印 次 / 2020 年 9 月第 1 次印刷
开 本 / 787 毫米 ×1092 毫米 1/16
印 张 / 24.25
字 数 / 295 千字
印 数 / 0 001~1 500 册
定 价 / 65.90 元

《新中国小学教育研究70年》总序

新中国成立70年来，特别是改革开放以来，我国小学教育研究事业蓬勃发展，成为中国特色社会主义教育事业的重要组成部分，为我国教育事业的整体跨越和经济社会发展的全面进步做出了重要贡献。实践证明，促进小学教育的改革与发展，离不开小学教育研究的理论先导和专业引领。通过广大小学教育研究者的潜心耕耘，我国小学教育研究可谓枝繁叶茂，硕果累累。这些研究成果是小学教育研究者勤奋与智慧的结晶，更是当代中国教育科学宝库中弥足珍贵的财富。

为了进一步推动我国小学教育研究事业的科学发展，北京师范大学小学教育研究中心与人民教育出版社决定在新中国成立70周年之际，共同组织编写出版《新中国小学教育研究70年》。本丛书共计五卷，包括综合卷、语文卷、数学卷、科学卷、英语卷。

编写出版本套丛书的宗旨是：全面展现新中国成立70年来特别是改革开放以来我国小学教育研究的光辉历程、主要成就和宝贵经验。本丛书不仅系统总结小学教育研究70年来的整体发展概况，而且重点梳理小学语文教育研究、小学数学教育研究、小学科学教育研究、小学英语教育研究等研究领域的演进，还细致分析70年来我国小学教育改革发展在理论上取得的重大突破。在探究70年来我国小学教育研究轨迹的基础上，本丛书尝试站在新时代的高度和中外小学教育改革实践的前沿，思考我国当前小学教育研究面临的挑战，展望我国小学教育研究发展的愿景。

本丛书适合广大小学教育研究者、高等院校小学教育专业的师范生、一线的小学教师以及对小学教育感兴趣的读者阅读。在丛书的编写过程中，我们通过多次研讨，逐步达成以下几点共识。一是坚持以历史唯物主义为指导，论从史出，史论结合：结论要有史料依据，不能妄加判断，随意发挥；要注意小学教育研究各个专题70年发展的内在逻辑；对各专题研究成果进行系统梳理时，力求做到客观准确，杜绝主观想象。二是注意理论研究成果与实践研究成果相辅相成、相得益彰：既关注小学教育研究的专著与教材、期刊论文与硕博论文所体现的理论研究成果，又尽量覆盖实践研究中涉及的重要政策和文件、关键人物和组织的主要活动，以比较全面地反映70年来丰富多彩的研究成果。三是各卷依据其核心主题设计章节：除前言外，每一章大都是按照历史回顾、主要成果、总结与展望等板块来展开，力求做到主次分明，重点突出。

本丛书得到了北京师范大学教育学部课程与教学研究院、中国教育学会教育学分会初等教育学专业委员会有关领导和吕达编审等专家的大力支持，在此谨一并致谢！由于水平有限，本丛书或有不当，恳请读者提出宝贵意见，以使本丛书日臻完善。

《新中国小学教育研究70年》编写出版委员会

2019年12月10日

本卷前言

新中国成立以来，我们国家的小学数学教育由弱到强。回顾70年的小学数学教育，将有利于我们更好地珍惜和把握今天，更好地展望未来。

我们对小学数学教育研究的回顾需要用辩证的眼光审视其发展的过程，重在总结历史经验，吸取历史教训，进行历史观照，形成历史智慧。梳理新中国成立70年来小学数学教育研究的发展史，会让我们更好地理解小学数学教育的发展是怎样受社会、政治、经济、文化等因素的影响而流变，有助于深刻理解当下小学数学教育发展与改革的实质，明智地选择未来发展的方向。此外，对小学数学教育研究的反省与检视，是学科建设的客观需要，也是学科发展的必然选择。我们要通过对新中国成立以来小学数学教育研究成果的反思，把握小学数学教育发展的内在逻辑，寻求人们探索小学数学教育理论的思维范式，获得对理论以及理论背后深层次意义的理解。

新中国成立以来小学数学教育研究的发展具有三个典型特征：（1）体现时代发展的要求及党和国家的方向性指引；（2）理论与实践相互促进；（3）一般教育理论与心理学理论的成果对小学数学教育发展影响深远。

一、体现时代发展的要求及党和国家的方向性指引

新中国成立以来，我国社会变迁与发展对教育产生了深远的影响，不同历史阶段会产生带有不同历史阶段特征的教育，小学数学教育及其研究的发展也是如此。

例如，改革开放起步阶段，邓小平同志以历史的眼光，从战略的高度，提出“教育要面向现代化，面向世界，面向未来”，其中所蕴含的深刻教育理念，已经成为中国教育改革与发展的指针；党的十四大报告首次明确提出创新问题，而教育领域则提出教育要关注创新意识和实践能力的培养问题，这已体现在国家教育发展日标中；再比如，党的十八大之后，围绕着立德树人的根本任务，2014年教育部发布的《关于全面深化课程改革落实立德树人根本任务的意见》中指出“研究制订学生发展核心素养体系”，自此大量研究紧紧围绕“培养什么样的人”和“怎么样培养人”两大问题展开，目光聚焦学生核心素养领域，学科育人成为当前热点话题。

在一系列政策文件中，特别值得提出的是教学大纲（课程标准）。教学大纲（课程标准）由国家颁发，是教育教学的指导性文件，是课堂教学、教材编写、考试与评价的依据。新中国成立以来，我国先后进行了八次小学数学课程改革，国家教育行政部门先后颁发了11部小学数学教学大纲（课程标准）。小学数学教育教学经历了一个变化发展的过程：新中国成立初期学习苏联，重视基础知识和基本技能的学习，同时指出培养和发展儿童算术思维的要求；20世纪60年代，在注重知识与技能的同时，明确培养能力的要求；“文化大革命”后，经过拨乱反正，提出掌握基础知识和技能、培养数学能力、发展智力以及思想品德教育的要求；进入

21世纪以来，以促进学生全面、可持续发展为目标，课程目标更加完整，包括知识与技能、数学思考、解决问题和情感与态度四个方面。

从教学大纲（课程标准）的演变和发展中，我们可以看出，在党的领导下，培养目标与时俱进，内容维度不断丰富，反映了从关注某一方面的能力到全面发展的转变，从单纯教书的功能到现在强调数学教育育人功能的转变。而这些转变都与时代背景紧密相连，是对社会发展的回应。1956年以前的教学大纲受苏联的影响较大，这是因为新中国成立初期，百废待兴，学习苏联教育经验，对当时尽快建立新中国教育体系具有积极的战略意义。1978年的教学大纲是根据现代化建设的要求而制定的，首次提出与建设工业、农业、国防和科学技术现代化的要求相适应，将为社会主义现代化建设培养人才、打好数学基础作为小学数学教学的指导思想，围绕实现“四化”、打好数学基础，提出了基础知识、基本能力和思想教育方面的教学目的。1992年的教学大纲是为适应普及九年义务教育的需要，提出“最基础的知识”，体现目标的“基础性”。2001年后课程标准则体现素质教育的需求，充分重视学生的数学素养，使每个学生都接受有意义的、有价值的数学教育。

二、理论与实践相互促进

70年来小学数学教育研究在理论与实践上均卓有成就。小学数学课程的基本理论，特别是基于社会学、心理学和文化学等多个视角对小学数学课程内容的选择和教材编写进行的研究，使得小学数学教材日益彰显出可读性、实践性、综合性、创造性。小学数学教学的理论研究涵盖了对教学原则、学习理论、教学方法、教学设计、教学组织、教学手段、教学评价等的全面探讨。与理论研究相对应的实践研究，更多体现在教材研究与教法研究上。1978年教材的实验研究，从结构化角度实现了对教材的知识体系的改造；教法研究紧随教材改革，从20世纪80年代的“程序教学法”“读讲精练教学法”“探究教学法”“引探教学法”“四环节教学法”“反馈教学法”等，到新课改后的“问题解决导向式教学模式”“混合式教学模式”“分层参与教学模式”“三导一清教学模式”“三环一式教学模式”“抛锚式教学模式”“以问导学教学模式”“PBL教学模式”“先学后教教学模式”等。如果说教法研究侧重从“教”的视角展开研究，那么“自主学习”“合作学习”“探究学习”的理论研究则侧重从“学”的视角进行探索，推动学生学习方式的转变。整个发展过程，既体现了理论研究对实践的指导，也体现了实践探索对理论研究的促进作用。

理论与实践相统一是马克思主义的一个最基本的原则。在教育研究中，理论与实践是一对重要范畴。赫斯特（P. H. Hirst）认为：教育理论是一种“实践性理论”（practical theory），是“有关阐述和论证一系列实践活动的行动准则的理论”。“实践性是教育理论的基本属性，这一基本属性不仅要求教育理论的研究问题源自教育实践，而且要求教育理论的研究成果有助于教育实践，即有助于教育实践工作者审视、理解、反思、解决教育实践问题”。

20世纪80年代，徐利治提出“数学思想方法”，著有《数学方法论选讲》《徐利治谈数学方法论》。此后，关于数学方法论的著作大量出现，且不断创新，如郑毓信所著《数学方法论》。同时，数学思想方法的理论也付诸了实践，在中小学层面诞生了“数学方法论的数学教育方式”（简称“MM教育方式”），在数学教学过程中凸显“数学思想方法”也成为中国数学教育最显著的特色之一。张景中根据欧几里得（Euclid）的《几何原本》、柯西（Cauchy）的《分析教程》和布尔巴基（Bourbaki）的《数学原理》等诸位数学大师的著名著作，开创性地将数学研究、数学教育、数学普及三者巧妙地结合在一起，提出“教育数学”理念。在“教育数学”理念指导下，张景中领衔开发了独具特色的“Z+Z智能教育平台”，并在全国近百所学校开展探索与实践，收到很好的效果。张奠宙等在《数学学科德育——新视角新案例》一书中提出了一个具有数学特点的数学德育框架，收集了大量的教学案例加以说明，为数学课程实现“情感态度与价值观”教学目标提供了一条具体的操作路径。这些都是理论指导实践的典型案例。除了本土理论对实践的影响，国外数学教育思想也深深影响着我国数学教育发展，其中波利亚与弗赖登塔尔两位数学教育巨擘的数学教育思想对我国数学教育研究者与数学教育工作人员的影响不可谓不深刻。波利亚的数学问题解决理论、弗赖登塔尔的“再创造”思想，在国内不仅得到理论的重新解构与解读，也得到实践的运用与推广，切实提高了数学教学质量。

实践是理论产生的肥沃土壤，通过对数学教育实践的反思、总结和升华也是数学教育理论产生的途径。数学“双基”教学在我国数学界人人皆知，它萌芽于20世纪50年代，形成于60年代，发展于80年代，成熟于90年代，但是这一耳熟能详、行之有效的实践经验，在进入21世纪以来的一段时间里，几乎成了保守落后的代名词。张奠宙等深入实践，展开“双基”教学的理论探究，在《中国数学双基教学》一书中构建了中国数学“双基”教学理论框架，对数学“双基”教学做了一般论述，对“双基”教学的特征、文化渊源、心理学基础、平台构建、实践和发展做了系统阐述，使实践中的成功经验获得理论合理的、科学的解释，实现了实践向理论的升华。此外数学教育中的熟能生巧的探索，也经历了从实践经验到理论研究的升华过程。从20世纪90年代中期开始，很多研究从理论方面充分肯定它的积极因素，也明确指出其负面影响，研究还从实际教学的角度谈到了如何扬长避短的问题。李士锜、黄兴丰则通过理论分析，将熟能生巧作为一种理念，指出熟能生巧是通向牢固“双基”的一条途径。邱学华在对自学辅导法和发现教学法进行实验研究的基础上，扬长避短，颠覆了“先讲后练”的传统注入式教学模式，创造出“尝试教学法”。该教学法着眼于培养学生的创新精神和实践能力，达到了大面积提高教学质量的目的，实验的成效，推广的需求，加速了对尝试教学法理论的探究。

除了实践中的成功经验促进理论研究，实践中的困惑与困难也对理论研究提出需求。比如，开放题的出现，作为最富有教育价值的一种数学题题型进入一线教育工作者视野。什么是数学开放题？如何编制数学开放题？如何使用开放题？实践层面出现一系列有关开放题的困惑。戴再平率先开展对开放题的研究，研究了数学开放题的分类、教学设计原则，还提出了基于开放题的数学教学模式，给实践层面提供了理论依据，推动了国内数学开放题教学的进程。

当然，理论与实践相结合，并不是简单地由知识理论到付诸实践的过程，也不是单纯的实践到理论的转换过程，离不开特定背景环境、相关支持性条件的影响。教育理论不仅来源于实践，也来自不同的理论。教育理论的来源具有丰富的层次性，既有操作应用层面的理论，也有观念层面的“纯理论”。对于教育实践而言，由于教育环境的地域差异、教育对象的个性特征、教育理念的千差万别、教育方式的各具特色以及教育内容的日新月异，使得教育实践呈现出多种表现形式。教育理论与教育实践的结合表现出多层次的、多维互动的动态特征。

三、一般教育理论与心理学理论的成果对小学数学教育发展影响深远

数学教育在遵循自身规律开展理论与实践研究之外，还受到了一般教育教学理论和教育心理学的深远影响。以王策三为代表的一批学者，不仅明确提出了教学认识论这一新的概念，而且形成了以教学认识的主体、客体、领导、方式、检验等为基本范畴的系统性成果，对我国教育界产生了巨大影响，数学教育也不例外。随着教育心理学流派的发展，数学教育也受到其影响。行为主义关注学生的外在行为，开启了教育教学领域的科学研究范式；认知心理学关注学生行为背后的想法，关注学生头脑中的思维和内在理解，针对学生认知发展和认知特点进行教学；建构主义理论突出学生的主体性，强调知识是学生主动建构的结果，改变了传统的教与学的关系等，这些心理学理论成果都对数学教育产生了积极影响。

在我国，主体教育就是这样一个典型的例子。主体教育实验缘于20世纪80年代初，经过顾明远、黄济、王策三、王道俊、郭文安等著名教育学家的讨论辨析，确立了关于学生主体的五大观点。此后，裴娣娜主持了大面积的主体教育实验，推动高等院校、科研单位、行政部门和中小学校共同参与，进行了深入全面的行动研究，并形成了主体教育理论分析框架，构建了主体教育理念下的课程开发与发展性教学策略，其中就包括对数学学科的探索，提出数学教学中对学生主动参与意向的培养，使学生以主人翁的姿态，自觉积极地参加学习活动，在动态中学习知识，形成能力。又比如，一般教学原则，目前较为权威的提法是王策三在《教

学论稿》中的表述：（1）思想性和科学性统一的原则；（2）理论联系实际的原则；（3）教师主导作用和学生主动性统一的原则；（4）系统性原则；（5）直观性原则；（6）巩固性原则；（7）量力性原则；（8）因材施教原则。尽管有学者指出不应忽视数学特征而简单“移植”一般教学原则作为数学教学原则，但大都承认一般教学原则也适用于数学教学，因此就出现了在一般教学原则基础上的数学化审视、思考与改造。

心理学的研究，也同样推动着我国数学教育理论与实践的发展。“情境认知”（situated cognition）理论，对学习的本质提供了一个基于知识、学习、理解的情境性认识之上的视角，强调自然情境中的认知研究，主张以生态学的方法取代信息加工的方法，关注环境对智能的影响，突出强调个体与环境之间的互动和相互协调，更加注重与学习活动相适应的真实情境的设计。该理论的产生，为我国20世纪90年代数学素质教育的推进，加强数学教育与现实生活的联系，重视学生应用意识的培养，提供了理论基础。在这种背景下，数学课程及教学中的情境化设计引起了人们的关注。义务教育阶段数学课标对数学情境化提出了具体要求，如在第一学段，提出“要紧密联系学生的生活实际，从学生的生活经验和已有知识出发，创设生动有趣的情境”。也涌现出一些关于数学情境化的实验课题，尤其是吕传汉、汪秉彝主持的“数学情境与提出问题”教学实验课题，通过五年的实践探索与理论研究，形成了数学“情境–问题”教学基本模式。

总之，70年来我国小学数学教育研究取得了许多可喜的成绩，但同时我们又必须看到我国小学数学教育理论研究还存在一些问题，例如，小学数学教育尚未形成自己独立的理论体系，教学内容的选择和编排还存在许多分歧，方法的使用还受到很大的局限，体现数学特点的学生发展性评价体系还在建构中，尤其是如何恰当地评价学生的情感领域，仍是今后要研究的重要课题。当前数学教育理论发展所面临的新形势和新问题，需要每一位数学教育工作者共同努力，为建立一套中国特色的小学数学教育理论体系做出自己的贡献。本着尊重历史，鉴往知来的目的，编写组成员广泛涉猎、搜索研究资料，投入大量时间、精力对资料进行梳理、总结。

全书由刘京莉、张春莉负责执笔撰写。在写作过程中得到了陶敏、张奕辰、贺李、王雨露、周瑶、宗序连、余瑶、陈昕彤、易思、胡巍森、黄琦芸、任志鹏、宋华丽的帮助。吴加奇、王艳芝、方燕妮、杨雪、祖菲阳、车佳仪、鞠立娜、马琬婷参与了资料查找与整理工作，在此一并感谢。此外，本书编写还得到人民教育出版社文化教育编辑室主任刘立德、副主任韩华球和编辑龚鹏飞的热情帮助。谨此一并致谢！

囿于资料、学识和视野的限制，本书可能存在疏忽与错误，恳请读者批评、指正，以使本书臻于完善。

目录

第一章

绪论

第一节
小学数学教育研究的发展历程和阶段性特性

从新中国成立至今，小学数学教育及其研究经过了曲折艰辛的发展历程：20世纪50年代末至70年代，走过了建立新局面、借鉴苏联经验、独立探索、遭受重创等过程；70年代末至20世纪末，历经了拨乱反正、确立道路、学习先进等阶段；21世纪以来，又经历了新课程改革、自我创新、深化反思等历程。回顾和梳理小学数学教育研究70年来的尝试、波折、积淀和改革，不仅能为小学数学教育实践提供指导和启发，也能为未来的小学数学教育研究提供思路和方向。

一、新中国成立后的初步发展与探索期（1949年至1976年）

新中国成立伊始，百废待兴。各个地方的中小学数学教育缺乏统一的规定，中小学教材来不及统一编制，亟待调整与改变。

（一）小学数学教育研究的迷茫困顿

新中国成立以后，党和政府着手对各项制度进行社会主义改造。1949年至1952年，小学数学教育处于过渡阶段，在课程、教材、教育政策等方面开始了一系列变革。

新中国成立初期，宏观教育政策的改革主要有以下几点。1950年6

月，教育部初等教育司在北京选定六所小学进行五年一贯制的学制改革实验，1951年政务院印发的《关于改革学制的决定》提出小学的修业年限由六年改为五年，取消了初、高两级的分段制，将7足岁设定为小学入学年龄。为保证小学教育的有效普及，国家采取了三项措施：国家办学与厂矿企业、社队办学的“两条腿走路”政策；支持半日制、季节性、早晚班等多种形式办学；通过贯彻党的知识分子政策，建设稳定、合格的教师队伍。这一时期全日制小学学生数由2 439.1万人增加至4 315.4万人①，小学教育教学的经费得到了国家《关于工会文化教育经费用途的暂行规定》的支持，乡村小学教师工资过低的问题也通过国家、家庭共同承担得以解决。

1950年，中央人民政府制定了《小学算术课程暂行标准（草案）》，对小学算术教学的目标、内容进行了规定。该标准注重算术能力和思维的培养，同时关注儿童的学习方法和习惯，提出了数学教育应当与以爱国为中心的思想品德教育相结合。在该标准的指引下，小学数学的学习包括算术和珠算两门课程，其中算术贯穿了整个小学阶段的数学教学，珠算则安排在三年级和四年级进行学习。在以四则运算为中心的数学教学中，也涉及了度量衡、合作社的记账经营法等与当时生活实际密切结合的内容。

新中国成立初期，百废待兴。我国小学数学教材还没有形成统一的体系，使用的算术课本有很多不同版本。教育部于1950年7月确定，小学数学教科书以华北新华书店出版的《初级小学算术课本》《高级小学算术课本》和上海大东书局出版的《初级小学算术》《高级小学算术》为选用课本。1950年12月，人民教育出版社成立；1951年2月，人教社正式接到中

① 刘英杰主编：《中国教育大事典1949—1990》，浙江教育出版社1993年版，第324页。

央政府的任务，开始进行教科书编辑出版发行工作。然而此时距1951年秋季开学只剩下半年的时间，当时人教社初创，中小学各科编辑仅三十人左右，语文和数学教科书因此来不及新编。1951年4月，教育部明确当年秋季学期小学算术课本一律以大东书局版为依据。可以看到，当时课本因为实际情况导致存在各种差异，影响了全国小学数学教学的整体发展。

由于过渡阶段教育实践处于不断调整和改革中，数学教育研究条件受限，鲜有成果。通过对现存资料的查询，过渡时期的数学教育研究集中在中等数学教育领域，以当时最具代表性、影响力最大的数学类期刊《中国数学杂志》（1953年更名为《数学通报》）为例，多为探讨中学数学教材教法、数学定理、数学哲学的内容。小学数学教育研究在这一时期未得到足够关注。

（二）小学数学教育研究的苏联色彩

过渡时期，虽然国家颁发了《小学算术课程暂行标准（草案）》，对新中国成立后的小学数学教育各方面做了要求，但是未编制出与《小学算术课程暂行标准（草案）》相配套的数学教材，各地使用的教材仍存在较大差异。在教育要求和教育内容不一致的局面下，新中国的小学数学教育开始寻求新的发展道路。由于我国和苏联都是社会主义制度，再加上当时的国际形势和我国国家建设的迫切需要，学习苏联成为新中国的不二选择。1952年以后，新中国教育系统开始全面学习苏联。1952年7月，教育部颁布了《小学算术教学大纲（草案）》，修订后又于1956年颁布《小学算术教学大纲（修订草案）》。这两部大纲和据此编制的小学算术课本都是在学习苏联先进教育经验的背景下，以苏联初等学校算术教学大纲和算术课本为蓝本编写的。学习苏联对当时的小学数学教育而言无疑是一把双刃剑。一方面，学习苏联极大地改变了当时小学数学教育的混沌状态，结束了全国小学数学教育不统一的局面。国家统一编制的、系统性较强的教材重视概念和规律性认识，有利于夯实学生基础和发展学生思维；另一方面，照搬照抄苏联的教育理论和教学经验的机械做法，完全没有结合我国国情和实际的教育情况，学生不能完全消化和吸收数学知识和方法，因此对数学教育质量和水平的提升具有消极影响。

小学数学教育全面学习苏联时期，不仅表现在对苏联教育经验、教育制度的模仿上，也体现在对苏联教育理论的学习上。苏联的教育理论，尤其以凯洛夫的教育学理论为代表，对新中国的教育理论和实践产生了重要影响。凯洛夫认为教育在人类劳动实践中产生与发展，教育是社会的历史过程，具有阶级性。同时教育与政治互相联系，在无产阶级专政的条件下，学校在社会主义革命和建设中承担着重要使命。凯洛夫认为课堂教学由有组织的教学工作组成，在教学过程中教师发挥着主导作用，学生需要在教师的指导下习得间接知识，其中书本是知识的主要来源。在学习苏联的大背景下，教育工作者有组织地学习凯洛夫的教育学理论，教育观念与行为深受其影响。理论研究如此，数学教育研究就不可避免地打上了与苏联相关的烙印。

学习苏联期间有关小学数学教育的文献总量不多，但具有鲜明的时代特征。《江苏教育》小学算术教学研究组认为，劳动教育在教育过程中占据重要地位，它是共产主义教育的重要组成部分，而小学算术科和学生[①]的劳动教育有密切联系。在算术教学过程中进行的劳动教育应该包括：培

① 除特殊情况外，本书中“学生”均指小学生。——编者注

养学生社会主义劳动观，帮助他们懂得学习算术是为生产劳动服务的道理；培养学生社会主义的劳动态度和劳动习惯；使学生获得生产知识与技能。[①]陈纫芷、罗绮曾提到，在学习苏联教育理论和教学经验的过程中了解到：苏联的算术课本中，很多应用题都是使用五年计划增产的数字以及集体农庄物质生活水平提高的材料编纂，在教学方法上也重视通过这些生动现实的材料对学生进行热爱祖国、热爱劳动等方面的思想政治教育。在苏联的影响下，我国的小学算术课本里也出现很多应用题使用我国社会主义建设伟大成就和农业生产合作社生产发展以及农民生活的改善的具体数字等材料，教材本身就包含一定的思想政治教育色彩，可以充分培养学生热爱祖国的感情。与此同时，小学算术课本配合教学指导学生做调查、测量等实习作业，指导学生自编应用题也是对学生进行思想政治教育的有效办法。[②][③]赵华《我们在数学教学中进行基本生产技术教育的体会》一文[④]、刘侃如《数学教学中有关综合技术教育的问题》一文[⑤]，苏舍予、江云《对在小学算术教学中进行基本生产技术教育的初步认识》一文[⑥]以及C.A.波诺马洛夫《数学教学中的综合技术教育》一文[⑦]，都提到了在数学教育教学过程中进行综合技术教育对于纠正数学教学与生产脱节具有积极意义。

通过对这一时期的文献进行梳理，不难发现小学数学教育研究具有浓

---

①《江苏教育》小学算术教学教研组：《谈谈小学算术教学中进行劳动教育的问题》，《江苏教育》1955年第7期。

② 罗企曾：《我们在算术教学中重视了政治思想教育》，《江苏教育》1957第22期。

③ 陈纫芷：《在算术教学中如何贯彻思想政治教育》，《江苏教育》1957年第20期。

④ 赵华：《我们在数学教学中进行基本生产技术教育的体会》，《数学通报》1956年第4期。

⑤ 刘侃如：《数学教学中有关综合技术教育的问题》，《数学通报》1956年第5期。

⑥ 苏舍予、江云：《对在小学算术教学中进行基本生产技术教育的初步认识》，《江苏教育》1956年第4期。

⑦ C.A.波诺马洛夫著，陈铨节译：《数学教学中的综合技术教育》，《数学教学》1957第2期。

厚的苏联色彩。一是小学数学教育研究的政治性鲜明。数学教育与政治联系紧密，国家的需要和意志表现在对小学数学教育目的、内容、形式等方面的规定和要求上，数学教育明显呈现出国家本位倾向。二是小学数学教育研究重视对苏联经验的分析和借鉴，挖掘苏联的教育理论和教育经验，探讨其应用于我国数学教育实践的策略，这些成为这一时期小学数学教育研究的重要主题。其中综合技术教育在我国的兴起和积极开展就是学习苏联教育思想最具代表性的体现。苏联自从成立之后，一直不间断地进行马克思所提出的“综合技术教育”。我国全面学习苏联以后，综合技术教育也被引入我国，成为培养全面发展的人的重要组成部分。在小学数学教育领域，研究者也开始进行有关综合技术教育的研究，探讨数学与综合技术教育结合的意义和路径。

（三）小学数学教育研究从冒进到规范

1. 教育中的冒进

1958年，中共中央提出“鼓足干劲、力争上游、多快好省地建设社会主义”的总路线，“大跃进”运动随之席卷全国。在“大跃进”的影响下，教育领域也掀起了“教育大革命”。1958年9月，中共中央、国务院发出《关于教育工作的指示》，指出当时的学制需要积极地和妥当地加以改革，各省、自治区、直辖市的党委和政府有权对新的学制进行实验，并组织力量编写中小学教科书。随后，各地展开了大规模的缩短学制、改革教材的教学改革实验。有不少数学家、数学教育家、大学师生和中小学数学教师参加，对数学教学的目的、任务、大纲、教材、数学课程现代化等问题展开了热烈讨论，提出了各种改革方案，进行了各种数学教学改革的实验。至1960年上半年已有15个省市进行小学五年一贯制的教学改革实验，江苏、浙江、福建等地编出五年制的革新教材[1]，但由于“大跃进”运动对高效率、高指标的追求，这些教材与学生实际水平和教师的教学能力严重脱节，将中学数学内容过多“下放”到小学，导致小学数学教材内容过难。

1958年至1961年，小学数学教育研究文献数量明显增多，究其主要原因，除了小学数学教育本身的发展带来研究工作进展外，“大跃进”运动的影响不容忽视。综观这一时期研究，主要有以下几个特点。第一是政治性较强，响应国家教育方针。例如，韩克敬提到贯彻党的“教育为无产阶级政治服务，教育与生产劳动结合”的方针是教育改革的中心任务，也是提高教育质量的重要环节。在数学教学中贯彻落实党的教育方针在教学内容上是由生产生活实际和社会主义建设的需要决定的；在教学方式上，是辩证唯物主义的，需要在教学中充分体现数学知识是从实践中来并在实践中得到验证与发展的。[2]第二是有关研究集中在数学教学改革。1958年6月17日发表于《教师报》的《改革小学算术教学》一文对此具有重要影响，文章明确指出了小学数学教学的问题，并提出了改革的方向和路径。文章指出：“目前改革中小学数学教学，必须从小学算术教学的改革做起；而改革小学算术教学，首先应对现行小学算术教材进行改革。”针对小学算术教材内容浅、分量轻的问题，文章认为有必要增加和加深教材内容，把现行初中数学教材的算术部分全部移到小学去教，同时要以系统的方式呈现。教学方法的改革主要体现在：首先，要克服小学算术教学中的包办代替现象，在课堂上给予学生更多时间；其次，不应该满足于学生

① 李润泉、陈宏伯、蔡上鹤、方明一、饶汉昌编著：《中小学数学教材五十年：1950~2000》，人民教育出版社2008年版，第32页。

② 韩克敬：《我是怎样在数学教学过程中贯彻党的教育方针的》，《数学通报》1958年第2期。

对算理算法的理解，应该以各种方式提高学生的计算能力；再次，针对教师不严格检查和批改学生作业的乱象，学校应保证教师有仔细批改作业的时间。为了提高教学质量，提升教师思想政治水平和业务水平也是关键性的问题。第三是对数学具体教学的研究。卢干对小学数学课的课时安排提出看法，他认为随着社会主义建设加快，学生学习要求也不断提高，所以为了让学生在小学毕业时掌握更多知识以从事工农业生产劳动，同时也为了提高中学生的数学水平，需要重新调整小学数学课时，加快节奏，在时间上保证把初中算术教材中一部分“下放”到小学，减少初中算术教学时间。①吴式颖结合实际教学案例针对小学算术教学中的思想政治教育问题、实际应用问题、分析讲解问题以及安排教学进度应掌握的原则问题做了详细论述。②刘静和创新地运用实验研究的方式，结合数学学科特点和学生心理发展阶段的特征，提出在小学中高年级混合代数和算术，有意识地训练学生的思维，通过代数符号的运用促进思维高一级概括化的作用。③

2. 冒进中的尝试——黑山实验

“大跃进”时期，辽宁省黑山县北关小学如火如荼地进行教学改革，对算术教学进行有益的探索与尝试，这次教改实验即是我们熟知的“黑山实验”。在中央关于教育工作的指示发出以后，北关小学通过对指示精神的学习和调研考察，对学校一至四年级四个班级的算术教学进行了大胆的改革。

---

① 卢干：《对于中小学数学课安排的意见》，《数学通报》1959年第3期。

② 吴式颖：《试谈目前小学算术教学中的几个问题——北京市宣武区小学算术教学调查报告》，《北京师范大学学报》（社会科学）1959年第4期。

③ 刘静和：《在小学试教代数的实验研究》，《心理学报》1960年第1期。

北关小学算术教学改革有计划指导、有重点突破、有先后次序。首先，学校将算术的知识分门别类，按照算术知识的内在逻辑开展教学工作。根据运算法则的分类，北关小学先教授加法而后教授减法，改变了过去加减法混合教学的方式；根据运算原理的分类，学校将相同运算原理的内容集中讲授，减少重复性教学，提高教学效率；根据试题与应用题的分类，北关小学改变以往混编的方式，分开进行试题和应用题的教学；根据问题类型分类，帮助学生更好地获得关于一类问题的完整知识。其次，北关小学突出算术的重点内容，重视关键性教学。北关小学算术教学重点在于计算方法和技巧的传授，它将算术的规律重点突出，反复实践，促进学生习得规律、拓展思维、举一反三。再次，北关小学倡导学、练、用相结合。在当时的时代背景下，老师讲得多、学生练得少是数学教学中的通病，北关小学为结束这种状态率先进行了改革，提出教学分阶段、分步实现学、练、用紧密结合的理念。学、练、用在每一阶段各有侧重点，三者相互联系、相辅相成，才能帮助学生理解、掌握、运用和拓展算术知识。最后，北关小学坚持“重点指导、典型纠正、因材施教、全面提高”。北关小学关注算术学习中的后进生，帮助他们发现和明确自身学习上的问题，并且针对他们的问题重点指导、个别辅导，帮助后进生解决问题。

由于黑山实验改革幅度之大，收效之好，迅速传播扩散至全国，改变了当时整个教育改革运动的走向。在各级教育行政部门的领导与组织下，全国小学教育界掀起了学习“黑山经验”的风潮，当时新编的改革教材、课堂教学结构以及教学方法都或多或少受到黑山经验的影响。

3. 急躁后的稳定和提高

由于“大跃进”期间的“教育大革命”的浮夸风和急躁冒进，超越了当时教育的实际水平，违背了教育发展的规律，一度造成教育质量下降。

从1961年开始，教育工作者秉持着“调整、巩固、充实、提高”的八字方针，逐渐总结学习苏联和“教育大革命”期间的经验和教训。1961年至1965年这五年间，在“八字方针”的指导下多次修订中小学数学教学大纲，不断调整小学数学教育的目的、内容和方法。总的来说，这一时期小学数学教育重视系统知识，同时也注重学生的能力培养，稳定了新中国成立以来的教育秩序，提高了小学数学教育质量。这一时期关于小学数学教育的研究进一步增多，综观这一时期的文献，可以看出学者的关注点主要放在三个方面：对教材的解读，对有效教学方式的探究，对学生思维特点的分析。

首先是关于小学算术教材的解读。1961年，中央文教小组指示，在总结过去编写教材的经验上，重新编写一套全日制十二年制学校中小学数学教材，这套教材于1963年秋季开始在全国使用。因此不少学者研究的重点放在了对新教材的分析和解读上。于民在《介绍小学算术课本》一文中系统介绍了课本要求、知识内容、教材体系以及新课本编写的特点。① 向学认为当时小学算术课本在培养学生数学计算能力方面做得不够，要求偏低，口算笔算配合不好，缺乏明确的培养步骤。而1961年新编算术课本摆脱了这种状态，对于培养学生计算能力既有适当的要求，又安排合理，由简到繁，逐步培养，螺旋上升，各有重点；同时还注重加强训练，在课本中采取多种方式使每道题得到反复练习。② 曲绍文通过与当时算术课本对比发现，1961年新编小学算术教材在培养学生应用题能力方面有所改进：适当规定应用题的范围和增加应用题的复杂程度；有计划有步骤

---

① 于民：《介绍小学算术课本》，《人民教育》1963年第3期。

② 向学：《小学算术课本中是怎样加强培养学生计算能力的》，《人民教育》1963年第3期。

地对学生进行培养；加强对学生分析推理能力的训练；加强练习；注意联系实际。[①]其次是关于小学算术的有效教学方式的探索。郑祖心通过实验研究的方式，在十年制学校二年级学生学习等分除法与包含除的应用题时，采用了直观教具与运动分析器结合的教学方式进行教学。研究发现直观教具与运动分析器结合的教学方式注重活动的外部化，有助于为活动内部化创造必要的条件，对儿童学习算术有积极效果。[②]姜乐仁指出精讲多练虽然是1958年“教育大革命”中提出来的，但在教学实践领域没有得到真正的落实，在教学理论上缺少必要的论证和探讨。教育者对精讲多练的认识存在偏差，具体做法无疑存在问题，由此提出一系列解决策略。[③]最后是关于对学生思维特点的分析和研究。卢仲衡等人从心理学角度就促进数学教学改革方面进行了有益探索，系统论述了影响学生掌握数学知识的心理因素，为新学制中数学教育改革提供了心理学依据。[④]吕静等人对小学低年级学生在学习当时课本的加、减、乘、除四则运算应用题时，进行了同时增加可逆对比教学和相关概念间对比教学的实验，实验结果证明，针对成对相反的概念或彼此联系紧密的概念，同时可逆对比教学的教学方式有利于帮助学生建立双向联系，提高学生解题的迁移能力、发展学生思维灵活性。[⑤]朱玉英通过实验研究发现一年级第二学期学生在解答应用题的过程中，产生错误的思维特点表现为六个方面：思维的表面性，惰性，

① 曲绍文:《小学算术课本怎样加强培养学生解答应用题能力》,《人民教育》1963第3期。

② 郑祖心:《试论直观教具与运动分析器结合的教学方式对小学低年级学生掌握算术知识的作用》,《学术研究》1963年第5期。

③ 姜乐仁:《关于小学算术教学中的精讲多练问题》,《科学研究论文集》1963年。

④ 卢仲衡、茅于燕、应玉叶等:《教学改革中促进学生掌握数学知识的一些心理因素》,《心理学报》1961年第3期。

⑤ 吕静、汪文鋆、郑月旦:《小学低年级儿童掌握算术可逆推理与思维的灵活性》,《心理学报》1964年第3期。

具体形象性，缺乏可逆性，缺乏确定性、前后一贯性，缺乏独立性和批判性。这六个特点相互联系甚至互为因果，它们的产生与教学条件有一定的联系，所以吕静认为教师必须注意改进教学方法。[①]综合这一时期的研究可以看出，从心理学的角度出发研究和审视小学数学教育的方法在这一阶段逐渐兴起。

（四）“文化大革命”中“三算结合”教学实验

1966年至1976年期间，中国经历了为期十年的“文化大革命”，在这十年中，中国的政治、经济、文化等各个领域都受到严重冲击，教育领域也遭受重创。新中国成立以来对小学数学建设做出的努力付诸东流，小学数学教学秩序混乱，教学改革停滞不前，教学质量大幅下降。但在这特殊的十年，小学数学研究并未沉寂，不乏一些学者对提高小学数学教学质量做出了有益探索和尝试。

“三算结合”教学研究就是在“文革”时期兴起的，对后来小学数学教学影响深远的教学实验研究。1969年下半年，“三算结合”教学实验研究最初在上海崇明县新河公社“五·七”三校试行，学校改变以往在一、二年级只教口算、笔算，三、四年级以后才开始教授珠算的状况，探索从小学一年级起，教师利用算盘帮助学生认数和计算，把笔算、珠算、口算三者有机地结合起来进行教学，不用口诀教珠算的新途径。不久后，天津市河西区和杭州市上城区也开始进行“三算结合”的教学研究。由于三地实验收效良好，全国各地开始纷纷效仿。其中上海市闸北区的教学研究很

---

① 朱玉英：《小学一年级第二学期学生解答算术应用题产生错误的思维特点》，《心理学报》1965第1期。

有特色，它丰富了“三算结合”的内涵，尝试更加多元的“三算结合”，在将口算、笔算、珠算结合的同时，实行整数、小数、分数结合教学以及算术、代数、几何结合教学。各实验学校设立三算教研组，分析三算特点，及时总结三算结合的经验，避免学生死记硬背计算口诀，对于小学算术教学质量有一定改善。“三算结合”教学研究是“文化大革命”时期的特殊产物，它符合当时“学制要缩短、课程设置要精简，教材要彻底改革，删繁就简”的教育指示，由算盘上具象的数上升到抽象的数的概念，符合学生从具体到抽象的认识规律，有利于培养学生的抽象思维能力，提高算术教学质量，促进学生对算术的学以致用。但由于整个社会环境和教育环境的影响，“三算结合”教学研究也受到一些限制和规约，并未得到充分探究。

受政治因素的影响，小学数学的研究成果数量严重缩水，研究内容单一局限，但其中不乏关于“三算结合”的研究。尹兵在《“三算结合”教学试验简介》中简要介绍了“三算结合”的具体做法，总结归纳了“三算结合”在几年实践中表现出来的优势。[①]吴凤英也在文章中提出了实施“三算结合”教学实验的策略。[②]南京师范大学“三算结合”教研小组也就“三算结合”教学研究进行探讨，对“三算结合”教学产生和发展的过程做了梳理，概括了“三算结合”教学的优越性：有利于开门办学；有利于形成明确的数概念，提高计算能力；有利于缩短学制，促进数学教学体系改革。同时“三算结合”教研小组分析了“三算结合”教学存在的问题和努力的方向，指出“三算结合”教学应该更加明确三种算术形式在教学

① 尹兵：《“三算结合”教学试验简介》，《破与立》（自然科学版）1975年第2期。

② 吴凤英：《全面贯彻党的教育方针，搞好“三算结合”教学》，《破与立》（自然科学版）1975年第2期。

中的比重，更要思考如何与初中数学教材相互衔接。①

二、面向现代化的恢复与发展期（1977年至2000年）

（一）小学数学教育研究面向现代化的恢复与整顿

“文化大革命”对数学教育带来的伤害十分严重，使数学教学质量和知识水平下降到新中国成立以来的最低水平，全面恢复和整顿教育事业，迅速提高数学教育质量成为“文化大革命”结束后亟待解决的问题。1977年以后，我国数学教育开始现代化改革的实践与探索。随着1978年《全日制十年制学校小学数学教学大纲（试行草案）》的颁布，小学数学教育有了统一的要求和发展方向。1983年，邓小平为北京景山学校题词：“教育要面向现代化，面向世界，面向未来”。“三个面向”既体现了我国社会主义现代化建设对教育的客观要求，又为我国社会主义教育的改革和发展指明了方向。在《全日制十年制学校小学数学教学大纲（试行草案）》提出的“精简、增加、渗透”和邓小平“三个面向”的发展方针指导下，小学数学教师、数学研究者的研究热情受到激发，逐渐开始了促进小学数学教学质量提高的相关研究。

1. 小学数学教学实验有序开展

“文化大革命”结束以后，全国上下开始拨乱反正，恢复秩序，教育领域的自由发挥空间增大，在这种条件下，小学数学教育领域兴起了教学

① 南师大教育系小学“三算结合”教学研究小组：《数学教学改革要从小学开始》，《南京师大学报》（自然科学版）1975年第1期。

改革实验的热潮，呈现出多元化蓬勃发展的局面，具有中国特色的现代数学教育体系得到巩固和发展。不同研究者基于不同角度对解决小学数学教学质量低下问题贡献着自己的力量。

（1）马芯兰数学教学改革

北京市特级教师马芯兰从改革教材教法的角度出发，于1977年开始了“小学数学教材教法改革”研究，又称“马芯兰数学教学改革”实验或“四性教学法”实验。1977年秋季，马芯兰从小学一年级开始进行了第一轮实验，三年后使学生在三年级时的数学学习质量达到了当时五年制小学毕业生的水平。又于1980年秋季开始进行第二轮实验，四年后使学生在四年级时的数学学习质量达到相当于六年制小学毕业生的水平。“马芯兰小学数学教学法”将学生的思维和能力引入到数学教学的重要位置，通过系统化的基本概念、基本原理和基本法则的教学，减轻学生负担，培养学生的学习迁移能力。马芯兰曾提到：“在改革数学教学的实验中，所有的讲课、预习、复习、练习，都是在课内进行的，基本上不给学生布置课外作业。学生掌握的基础知识比较巩固，基本技能熟练，思维敏捷、灵活，学习的积极性、主动性都比较高。”温寒江等认为，马芯兰数学教学改革实验之所以能够取得良好效果，是因为马芯兰根据儿童学习过程的认知特点和规律，运用学习迁移的原理。全面改革小学数学的教材与教法，在教学中强调重点知识的教学，将基本概念、原理、法则置于中心地位。同时增强知识的内在联系，使学生形成一个完整的认知结构。在应用题教学中，把能力培养放在中心地位。①林崇德也将“马芯兰小学数学教学法”总结为“一点四面”，即抓住培养学生思维品质这一点，从思维的敏捷性

① 温寒江、奎兆禄：《谈马芯兰的小学数学教学改革经验》，《人民教育》1992年第5期。

（学生的思维反应速度）、灵活性（学生对同一问题的不同思考角度）、深刻性（学生思维的逻辑推理特点）和独创性（学生创造性地自编应用题）四个方面展开。[①]

（2）邱学华“尝试教学法”实验

邱学华认为，长期以来我国小学数学教学实践中的注入式教学方法让学生处于被动地位，严重阻碍了学生的独立思考、实事求是以及发现创造能力的养成，不能满足社会主义现代化建设的需要。于是在多年小学数学教学经验中，邱学华结合国内外相关教育理论，提出了“尝试教学法”的构想，并于1980年开始在小学数学教学中进行初步的实验。“尝试教学法”是对旧有教学方式的突破性变革，颠覆了传统的课堂教学观念，将以“教”为中心转变成以“学”为中心，实质上反映了学生观的更新，折射出对学生主体地位的尊重和学习能力的信任，相信学生能在尝试中学习，在尝试中成功，在尝试中创新。尝试教学法不是教师先讲，而是先让学生运用已有知识进行尝试练习，在尝试的过程中教师指导学生自学课本、引导学生讨论。在学生尝试练习后，教师再进行讲解。具体来说要分为五步进行：出示尝试题、自学课本、尝试练习、学生讨论、教师讲解。五步既是一个有机的整体，一环套一环，又不是固定不变的，应根据具体情况灵活处理。[②]“尝试教学法”推动了教学改革的发展，对于培养学生的探索精神和自学能力具有积极意义，同时也凸显了学生在教学过程中的主体性地位。后来“尝试教学法”逐渐推广到不同学科，成为一种通用的教学理论，影响更加深远。

1977年至1984年是小学数学教育实验研究积极开展、多元发展的时

① 林崇德：《培养学生的思维品质——马芯兰数学教学法的剖析》，《人民教育》1984年第10期。

② 邱学华：《尝试教学研究50年》，《课程·教材·教法》2013年第4期。

期。在这之前就已经起步的研究在这期间得到了更大的发展，如“文化大革命”期间进行的“三算结合”教学实验研究。上述提到的具有代表性的小学数学教学改革实验虽然起步时间、推广范围、影响程度、实验期限等都存在差异，但面对“文化大革命”结束后小学数学教育质量低下的情况，都通过各自的实验研究改进了小学数学教学状况，促进了数学教学质量的提升，推动了我国小学数学教学逐渐恢复，为小学数学的进一步发展创造了良好的条件。同时不同教改实验的开展活跃了思想，促进了数学研究的百家争鸣，为数学教育理论的发展积累了丰富的实践经验。

2. 小学数学研究的三大主题

全面恢复时期，小学数学研究呈现稳步发展的状态，相关文献基本保持逐年上升的趋势，研究内容更加丰富，既有对宏观课程大纲和数学教材的分析，又有对具体数学知识点的研究；研究方法也不再单一，实验研究、调查研究、比较研究等都有所涉及，尤其是中外小学数学教育的比较研究在这一时期逐渐增多，对比的国别也不仅仅是苏联，国际化视野在这一时期渐渐展现；研究视角也不再局限，结合心理学知识研究小学数学的研究思路不断得到认可。除此之外，全面恢复时期的小学数学研究的一大改变就是成立了专门的研究机构。1978年，为了尽快提高中小学的教育质量，积极开展对中小学数学现代化问题研究、探讨和实验，由北京师范大学、人民教育出版社和北京景山学校的一些数学工作者发起，成立了中小学数学教学现代化研究会。这个研究会的成立标志着小学数学研究不再是分散的个人研究，而是有组织有计划的专业化研究，在新中国小学数学研究发展进程中具有里程碑式的意义。

通过文献整理，大致可将这一时期的研究主题分为以下几个部分：小学数学改革研究、学生数学能力研究、中外小学数学比较研究。

小学数学改革的相关研究。改革研究主要集中在教材分析、教法探究、改革的整体把握等方面。就教材分析而言，张玺恩、蔡上鹤指出1977年的新编版全国通用中小学数学教材经过两年试用后，暴露出一些问题，为了使教材更加贴合教学需要，提高中小学数学教学质量，必须在修订教材时关注一些问题：一是基础知识的最终敲定要综合考虑实现“四化”和培养人才的需要、数学本身的发展、学生的接受能力三方面因素；二是教材编写体例方面除了要考虑数学本身的系统性外，更重要的是必须结合学生的年龄特点和接受能力，在课程内容的安排上遵循循序渐进的原则，并且允许适当循环的存在。①周仲武在其论文中介绍了于1978年和1980年编写的两套供五年制小学使用的《小学数学实验教材》，在江西省不同学校进行推广使用的实验研究。实验结果显示：实验班的学生基础知识扎实、口算准确率高、解答应用题能力强、学习负担轻。②从教学方法探究来看，王辅湘举例说明了发现教学法的内涵和主要形式，提倡在小学数学教学中运用发现教学法，鼓励学生自己去发现和创造。③盛大启论述了小学数学概念教学的实施策略：直观生动地引进概念、抓住概念的本质属性、沟通概念的内在联系、促进概念的不断深化。④凌国伟、周大千、唐本体探讨了小学数学应用题的教学方式，指出当时的小学应用题教学的问题：重高年级、轻低年级；重计算，轻分析；重难题，轻基础；重尖子，轻差生。并在此基础上提出了应用题教学的策略：要给学生足够的独立思考时间；要教给学生分析问题的方法；要了解各

---

① 张玺恩、蔡上鹤：《当前中小学数学教材改革中需要深入研究的几个问题》，《课程·教材·教法》1981年第1期。

② 周仲武：《我省小学数学教材改革实验情况综述》，《江西教育》1984年第11期。

③ 王辅湘：《改进小学数学教学方法——发现法教学概述》，《小学教学研究》1982年第5期。

④ 盛大启：《小学数学概念教学浅见》，《课程·教材·教法》1983年第3期。

类应用题间的关系，打好基础；应用题教学要重视数量关系的分析；要让学生练习充分。①在小学数学改革的整体把握方面，程淑华指出，小学数学教学中重知识、轻能力的倾向明显，课堂教学中存在严重的满堂灌现象，教师普遍采用题海战术，学生负担过重但教学质量不尽如人意。因此小学数学教学必须进行改革，既要调整教材内容，又要改善教学方法。②曹飞羽从现代教学论的观点出发，提出小学数学教学改革要坚持几个方向：在教学目的上，改变传统的单一知识传授，更加注重发展智力，培养能力；强调学生的主体性，教师的主导作用必须与学生的主体作用相结合；在教学方法上，强调多种方法的交叉运用与相互配合；在教学组织形式上，灵活运用多种形式，尊重并适应学生的差异；教学过程要实现最优化，提高教学效率。③

学生数学能力的研究。1978年颁布的《全日制十年制学校小学数学教学大纲（试行草案）》突出了能力地位，除了传统的三大能力外，还新增了对分析问题和解决问题能力的要求，因此在全面恢复时期，有关学生数学能力的研究成为学者们关注的重点。张慕蕴、王继桢通过实验研究，深入探讨了数学教学与儿童思维发展的关系，实验结果表明教学过程中儿童思维的发展也是有规律可循的，表象在儿童由具体形象思维向抽象逻辑思维过渡中具有重要作用。④赵裕春、朱法良通过自编的一套测验工具对

---

① 凌国伟，周大千，唐本体：《略谈小学数学应用题教学》，《人民教育》1981第7期。

② 程淑华：《改革小学数学教学——全国小学数学教材教法改革座谈会侧记》，《人民教育》1984年第12期。

③ 曹飞羽：《从现代教学论观点看小学数学教学方法的改革》，《课程·教材·教法》1984年第5期。

④ 张慕蕴、王继桢：《儿童思维发展潜力初探——一年级小学生第一学期就掌握了八位数的读法和写法》，《心理学报》1980年第4期。

北京市的四所小学和城郊一所小学进行了测验。[1]刘育明、范晓玲等人使用中央教科所编订的《教学能力测验（二年级）实施说明书》对城乡小学总共368名学生进行了团体测验，探讨了城乡小学二年级学生数学能力发展的差异及其形成的原因，为进一步发展农村学校教育提供了一些参考意见。[2]

中外小学数学的比较研究。改革开放后，中国以更加开放、更加包容的眼光看待世界，在邓小平“教育要面向现代化，面向世界，面向未来”发展方针的指导下，小学数学研究也更加具有国际视野，开始初步探索小学数学的比较研究，在全面恢复时期相关研究呈现出以下特征。第一，研究处于起步阶段。1977年至1984年间，小学数学的比较研究主要特点是侧重于介绍，简单地对国外的小学数学的相关情况进行介绍。比如王正旭对日本中小学数学教材修订的具体情况做了介绍。[3]刘启娴整理了苏联小学数学教学大纲和课本出现的一些改变。[4]第二，研究者关注的国家相对集中，都是美国、日本、英国、苏联等国家小学数学教育。第三，研究者关注的内容相对集中，大多是关于国外数学教学大纲、数学课程、教改动态的情况。比如刘启娴从苏联小学数学教改经验入手，分析了苏联在实行小学数学教育现代化过程中的经验和教训以及对我国的启示：数学课既要促进发展学生的能力，又要考虑他们的身心特点；算术知识是初等数学的基础；牢牢把握住计算技能这一关。[5]曾如阜通过对国外中小学数学教学

---

① 赵裕春、朱法良：《小学一年级数学能力测验的编制》，《中国心理学会会议论文集》1981年。

② 刘育明、范晓玲、毛映辉、郑和钧：《城乡小学二年级学生数学能力发展的比较研究》，《华东师范大学学报》（教育科学版）1984年第3期。

③ 王正旭：《日本中小学数学教材的修订情况》，《外国教育动态》1980年第4期。

④ 刘启娴：《苏联小学数学教学大纲和课本中的某些改变》，《外国教育动态》1980年第3期。

⑤ 刘启娴：《值得注意的课题——从苏联小学数学教改经验谈起》，《外国教育动态》1982年第5期。

改革历程和特点的梳理，强调我国中小学数学教学改革要注意：精选传统教材；改革教材应以生动直观为出发点；改革教材应做大量的实验；数学教学改革应由教育部来直接领导；数学教学改革要广泛发动数学教育工作者参加，集思广益，消除误解；大量培养教师。①

（二）小学数学教育研究面向现代化的突破与发展

全面恢复时期小学数学教育改革如火如荼地进行，数学研究也在稳步发展中，"文化大革命"造成的教育质量低下问题得到很大程度的缓解，但是新的问题也随之而来。1977年恢复高考以来，高考作为国家筛选人才的重要方式，为读书人提供了改变命运、施展才能的机会和可能。正是因为高考背后隐藏的巨大力量，使得它成为中小学教育的风向标。20世纪80年代中期，"应试教育"的倾向在中小学教育领域越来越明显，给师生带来了过重的教学、学习负担。

为了进一步推进社会主义现代化建设，教育体制改革也被提上日程。1985年5月，党中央、国务院召开了改革开放后第一次全国教育工作会议，并正式颁布了《中共中央关于教育体制改革的决定》（以下简称《决定》），对基础教育的管理体制改革做出了明确规定，指出要"把发展基础教育的责任交给地方"，中小学教育实行"地方负责，分级管理"。1986年4月，第六届全国人大第四次会议审议通过了《中华人民共和国义务教育法》（以下称《义务教育法》），"国家实行九年制义务教育"从此成为法定任务，这标志着我国基础教育发展进入了一个新阶段。在这种时代背景下，地方发展教育的自主权扩大并有相应的法律保障，极大地激发

① 曾如阜：《国外中小学数学教学的改革》，《课程·教材·教法》1981年第3期。

了教育工作者投身基础教育及其研究工作的主动性和积极性，越来越多的数学教育工作者积极开展相关研究。

1.“现代小学数学”实验

“现代小学数学”实验是由中国科学院心理研究所刘静和主持的，辐射全国27个省市的协作性教学实验研究。研究组编写了《现代小学数学》。从1985年开始,《现代小学数学》作为教材在全国各地的实验班推广。实验的目的是研究学生在使用实验教材的情况下，在掌握基本的数学知识技能、发展数学认知能力等方面的发展情况。《现代小学数学》以“1”为基础标准，将揭示小学数学中数、形及数量关系上的部分和整体关系作为主线，进一步抽象和概括了当时小学数学教学大纲范围内的知识，构建了具有层次性和系统性的小学数学知识结构。同时在教材编排体系上，遵循“整体—细节—整体”的编排原则，把成对互逆概念并列出现，强化学生的可逆思维能力。[①]该实验在工作中强调“五结合”：科研与教改紧密结合；心理学与教育学、哲学多种学科相结合；研究人员与教研人员、教师相结合；面上的推广与点上的实验相结合；系统教学实验与“临床”测查实验相结合。“现代小学数学”实验的初步效果，无论是从点上的实验还是到面上的实验，收效都是比较好的。而实验收效良好的原因在于实验教材重视知识的主体转换，将外在的数学知识结构转化为内在的数学认知结构，从而促进学生数学认知能力的提高。

与全面恢复期（1977年至1984年）相比，这一时期（1985年至2000年）的数学教学实验研究数量明显下降，表面看来数学教学实验热潮已去，正在走向退潮与衰落，但事实与此相反，数学教育研究在教育改革深

① 何纪全:《关于〈现代小学数学〉实验教学初步效果的分析》,《心理科学通讯》1987年第4期。

化的背景下得到进一步发展。全面恢复期开始的教改实验在这一时期继续进行并取得丰硕的成果，得到更加广泛的推广。另外，自《决定》颁布以来，我国的教育体制改革稳步推进，国家教育部对基础教育阶段的数学教学开展了一系列改革，例如对大纲的多次修订，这些都在很大程度上推动着小学数学研究的发展。

2. 小学数学教育研究的提质

1985年至2000年，是我国小学数学教育快速发展时期。1985年《决定》的颁布使我国教育体制改革得到稳步推进，1986年《义务教育法》扩大了小学教育的对象范围，以法律的形式强有力地保证小学教育的实施。1992年，邓小平视察南方时的一系列重要谈话，揭开了中国特色社会主义建设史上新的一页，形成了20世纪90年代我国改革开放和社会主义现代化建设的新思路。为了适应新阶段的要求，党中央提出要把教育放在优先发展的战略地位。1993年2月颁布的《中国教育改革和发展纲要》，基础教育发展方向开始从“应试教育”转向素质教育。以江泽民同志为核心的党中央洞察历史的趋向和世界的潮流，在1995年的全国科技大会上正式提出了科教兴国战略。中小学教育事业迈上了以邓小平理论为指导，全面贯彻落实党的十五大精神，深化改革，全面推进素质教育，为构建一个充满生机的中国特色社会主义教育体系，为实施科教兴国战略奠定坚实的人才和知识基础而努力开拓的道路。

（1）小学数学文献总量扩增

文献是科学研究成果的重要记录形式，而学者的论文发表数量在一定程度上可以作为评价他们科研实力的重要参考标准。小学数学研究的文献数量在一定程度上概括和总结了小学数学研究水平和程度。小学数学文献数量的波动也反映出其背后现实背景的变化。

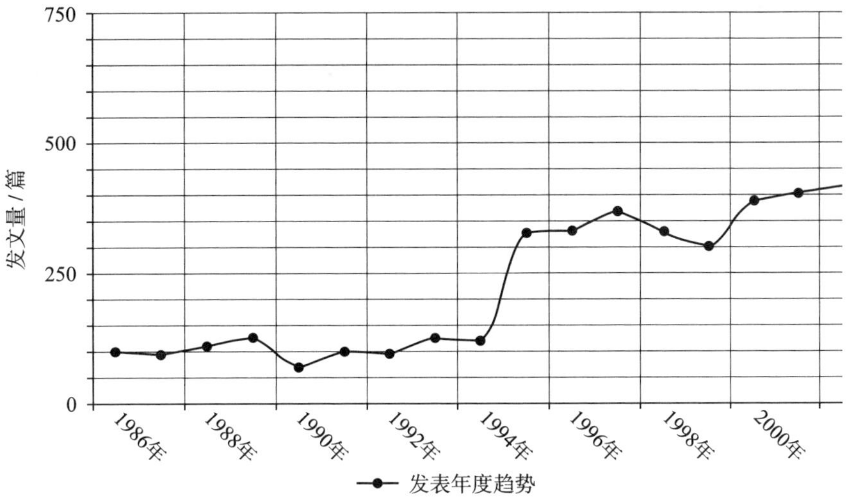

图 1-1　1985 年至 2000 年小学数学教育研究发文量走势图[①]

从图 1-1 可以看出，总体而言，自 1985 年以来论文发表数量呈现整体上升趋势。具体来说，1985 年至 1992 年小学数学教育研究文献数量基本持平，无较大波动，但从 1993 年开始，小学数学教育研究文献数量激增，在此之后，基本维持在较高的水平。究其原因，主要是 20 世纪 90 年代在政策的指引下，中国教育逐渐向素质教育转变，随着中小学教育改革不断深入，教育实践中浮现出越来越多的新问题，这不断吸引着数学工作者进行理论分析和实践探索。1992 年颁布《九年义务教育全日制小学数学教学大纲（试用）》，由此开始出现了“一纲多本”的局面，全国不再局限于一套统编教材，各地也获得编写教材的主动权，这有力地促进了小学数学教材的改革，众多数学研究者和一线数学教师对教材改革提出很多尝试和思路。

① 作者于 2018 年 12 月以“小学数学”为关键词，在中国知网上查询 1985 年 1 月 1 日至 2000 年 12 月 31 日的文献，共计 3 531 篇，通过对检索结果的计量可视化分析绘制出本图。

（2）小学数学教育研究内容丰富

教育理论扎根于教育实践，小学数学教育研究的内容与时代背景密切相关，在教育改革不断拓展，小学数学教育快速发展的实践背景下，小学数学教育的研究内容也相应具有时代特色。首先关于小学数学课程和教学的研究仍然居于主流。教育改革进入拓展阶段，在“地方负责，分级管理”“一纲多本”等思想的指导下，小学数学课程的具体目标、内容选择与组织都存在着差异。在这种百花齐放，自由施展的情况下，小学数学教育呈现出更加多元的局面，因而越来越多的数学教育工作者不断去探索最合适、最有效的课程内容和教学方式。其次是关于不同学段相互衔接的研究。自1985年《决定》颁布之日起，中小学教育与学前教育、特殊教育统称为“基础教育”，《义务教育法》规定了九年义务教育，包括了小学和初中阶段。为了更好地推进基础教育和义务教育，衔接好不同学段的教育，许多研究者开始探索数学教育幼小衔接、小初衔接的有效途径。如周希冰《试论数学教育中的幼小衔接问题》、余春德《小学与初中数学的教学衔接》、张苏玲《浅谈初一数学与小学数学的衔接》等。最后是各种教育教学理论的应用探讨，如韩四清《建构理论下自主学习小学数学教学模式构想》、孙昌识等人的《小学数学教学中使用先行组织者教学策略的一次尝试》、张春莉和高民《布卢姆认知领域教育目标分类学在中国十年的回顾与反思》等。

（3）小学数学教育研究方法多样

这一时期小学数学教育研究方法更加丰富多元，比较研究、实验研究、调查研究、个案研究、量化研究、定性研究等都在不同程度上得到运用。就比较研究而言，这一时期处于逐步兴起阶段，不同于之前简单介绍的比较研究，这一阶段的研究更加广泛、细致和深入，呈现出以下特点：第一，在叙述介绍国外数学教育情况的基础上还会进行适当的评价与反思，例如马云鹏《英国最新数学课程标准（小学部分）评介》、李建华《21世纪的日本数学课程与评述》；第二，注重比较不同国家和地区数学教育具体情况的差异，比如曹培英《中日小学数学教材的比较研究》、王敏和陆秀芹《中、日、英三国基础教育数学课程目标的比较研究》；第三，国际视野更加广阔，比较的对象延伸至更多国家，比如姜恩隆和金立《马来西亚小学数学课程改革的几点启示》、綦春霞《阿拉伯国家数学教育的概况》。这一时期的小学数学比较研究成果为后续借鉴国外的先进理念、做法等提供了有力的支撑。这一时期采用心理学实验研究方法的学者也相对增多，心理学在小学数学教育中的影响更加深远，借用心理学科的特点和研究方法研究小学数学教育成为一种常见的研究范式，如胡建忠《数学语言与逻辑思维同步发展的实验》、陈铨《小学生心理发展的阶段性与数学教学的阶段性》。调查研究的可操作性强，许多一线数学教育工作者选择这种方式探究小学数学教学的现状和问题。个案研究方法也受到学者青睐，如马云鹏《小学数学课程实施的个案研究》。随着量化研究方法影响力扩大，小学数学教育量化研究的文献也逐渐增多，如刘兰英《小学生数学推理能力结构的验证性因素分析》、张拓书《小学数学应用题教学效果的测量与评价》。

三、21世纪走向科学化与多样化时期（2001年至今）

21世纪，中国正在发生着翻天覆地的变化，各个领域都在日新月异地发展着，小学教育作为教育领域的前瞻，其发展态势也应当积极跟上时代的步伐，与时俱进、开拓创新。不仅是中国，世界各国也在大力发展教育，在这样的背景下，我国秉承着“教育先行”的理念，在教育中投入了许多资金与人才，保证适龄学生入学的权利与义务，同时着力推行素质教育、重视减轻学生的课业负担、尝试改变以教师为中心的教学模式与方法，在普及义务教育的基础上追求更高的教育质量。

2001年颁布的《全日制义务教育数学课程标准（实验稿）》第一次明确地将“数学活动经验”列入义务教育阶段数学课程目标之中，指出：“通过义务教育阶段的数学学习，学生能获得适应未来社会生活和进一步发展所必需的重要数学知识（包括数学事实、数学活动经验）以及基本的数学思想方法和必要的应用技能。”之后，《义务教育数学课程标准（2011年版）》颁布，正式在基础知识和基本技能教育（即“双基”）的基础上添加了基本方法和基本活动经验，拓展为“四基”，改变小学数学的课程中过于注重知识传授的倾向。

随着“四基”的提出，教育界的各方面均为了培养全面发展的学生而努力，师范院校、一线教师纷纷开始注重除数学知识以外的教学内容，尝试让学生自己成为学习的主体。在实际教学中，教师们常采用情境引入、独立探究、小组讨论等方式组织教学，同时还结合现代科技发展的成果，普及多媒体的使用，部分学校还进行了利用平板电脑开展教学的实验。在小学数学的教学中，除了要传授数学知识、培养数学能力之外，还渗透了其他学科的教育。如数学的“等量代换”与语文的《曹冲称象》被放在了同一学期进行教学，二者互为支撑，有助于学生理解知识、应用知识。

常用的人教版教材、北师大版教材、苏教版教材也根据2011年版《课标》的指示，设计了综合实践活动作为培养学生基本活动经验的载体。如北师大版教材中每册都设计了“数学好玩”的章节，要求学生利用所学的数学知识完成探究任务。除此之外，抽象数学知识的学习也与学生的实际生活经验密切结合，如通过温度、记账引入“负数”的知识，通过算钱引入“小数”的知识。另外，教材的设计也贴合学生的心理发展规律，如在低年级的教材中呈现具体的事物帮助学生理解。上述种种变化，一方面更贴近学生的生活实际，一方面提升了学生在学习过程中的主体性，有利于学生基本活动经验的积累。

这一时期课程标准等文件有效地降低了学生课内课业的负担，注重数学能力的培养，在追求更高的教育质量上不断前行。教育在推动社会发展的同时，也得到了经济、科技发展的反馈，教学活动得到了更为充足的资金和先进的科学技术的支持，并结合心理学的知识与经验，使学生获得了良好的学习体验。

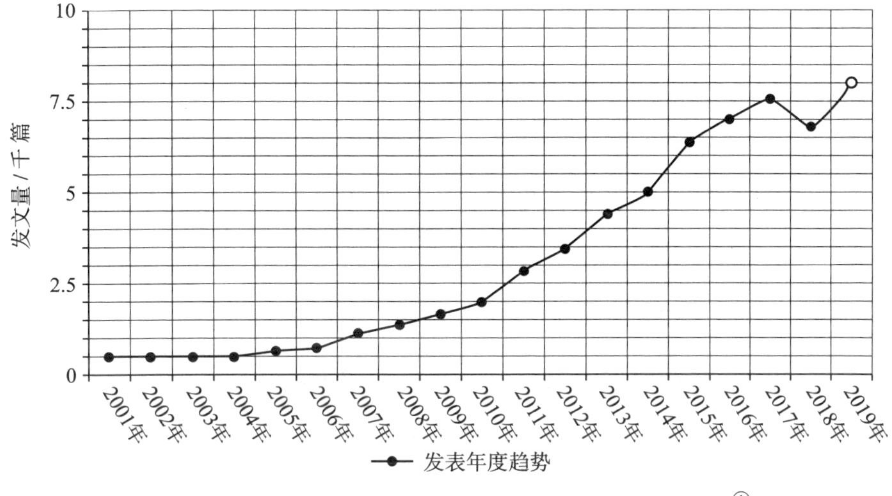

图 1–2　进入 21 世纪以来小学数学教育研究发文量走势图①

① 作者于 2018 年 12 月以“小学数学”为搜索关键词，在中国知网上查询 2001 年 1 月 1 日至 2018 年 12 月 1 日的文献总计 53 798 篇，通过对全部检索结果的计量可视化分析绘制出本图。

从文献研究总量来看，进入21世纪以来小学数学教育研究呈现逐年上升的趋势，研究保持稳步增长的状态。这也从侧面反映出，21世纪小学数学教育研究进一步发展，进入一个多样化和科学化的时期，研究队伍逐渐扩大，研究成果日益丰富。

2001年新一轮课程改革开始。新课改进一步挑战了传统教育，重新诠释了诸多教学理念。在这些新理念的指引下，教育更加重视培养学生创新能力、合作能力、自主学习能力和综合实践能力，更加关注将学生作为一个全面发展的人来培养和健全学生人格。小学数学教育也不再执着于工具理性的渗透，价值理性慢慢得到应有的重视。技术的进步、观念的更新、改革的深化使得这一时期出现了很多新的研究领域，比如信息技术与小学数学教育、数学文化、数学核心素养、校本课程、综合实践活动、深度学习等，小学数学研究热点部分将在下文具体介绍，在此不再赘述。

研究方法的多元化在这一时期得到加强。不同研究者根据不同研究目的和研究内容，将会采取不同的研究方法和研究视角，实验法、比较法、调查法等仍然受学者青睐。以性质作为划分依据，研究方法通常可分为实证研究和思辨研究。随着教育现代化进程的不断推进和我国基础教育改革的不断深化，实证取向的研究在小学数学教育领域的应用也逐渐增多，研究主体多为教育实践领域的小学数学教师，他们将日常教学实践经验总结和升华，为小学数学教育研究贡献着实践的血液。在新的时代条件下，随着统计学、文献计量学等学科的不断发展以及计算机技术的进步，小学数学研究从偏重思辨的研究转变为实践取向的研究将成为必然趋势。

第二节
小学数学教育研究的主要成就和发展趋势

一、小学数学教育研究的主要成就

新中国成立70年来，小学数学教育研究取得了许多成就。在小学数学教育研究者们的不断摸索中，我国小学数学教育价值观进行了几次转向并将“促进学生的全面发展”确立为基本方向，数学教育研究逐渐走向科学化，国际化的数学教育研究体系也基本建成。

（一）将“促进学生的发展”确立为研究的基本方向

在我国小学数学教育研究70年的发展过程中，研究的基本方向曾发生过多次转变。总结起来，小学数学教育研究的基本方向经历了从20世纪50年代至70年代的“将数学教育与生产实践结合起来”，转向了80年代致力于“知识的传授”“教法的改进”等方面的研究，随后越来越关注学生，确立了“以学生为主体”的主流基调，并逐渐丰富着学生的“数学素质”“数学核心素养”的内涵，使得小学数学教育研究在不断的摸索中建立了较为完善的理论体系。

新中国成立后至20世纪70年代的这段时间，小学数学教育研究的基本方向是一切数学知识、数学教学、数学研究与生产实践相结合，这与当时的政治环境有着密切的关系。

改革开放以来，国家开始对小学数学教育进行拨乱反正工作，率先从教科书的修订上进行数学教育价值观的重建工作。具体说来，在教科书的修订之前相关理论与实践工作者首先回顾总结了“文化大革命”期间出版的教科书，并总结了国外小学数学教学改革的成功经验和教训。这个阶段的数学教育价值观的重建工作，基本明确了小学数学教育的基本原则，即为实现“四个现代化”而在小学阶段培养祖国的接班人。这一时期的工作以“知识的传授”为主，这与当时社会各界急于追赶世界先进水平，尽量弥补“失去的十年”密不可分。以这一时期的教科书为例，1981年出版的教科书已在教育思想上产生了明显的变化，教科书体系有了明显的改进。不过，具体教学实践中存在着“满堂灌”的现象，一些教学指标也定得过高。

自1986年以来，小学数学教育开始纳入义务教育的范畴，法律规定了儿童受教育的权利和义务，相应的教育研究关注点也逐渐落脚在“大众教育”上。从教育需求的角度看，基础教育的基础性、全面性使得数学教育必然走向“大众数学”，数学课程不再仅为少数社会精英服务。1993年《中国教育改革和发展纲要》的出台使得小学数学教育观念由“应试教育”转变为素质教育，教学目标也从“应试”转变为发展学生的数学素质。自此，小学数学教育研究由教师中心、知识中心开始过渡到学生主体，开始通过学生的主体行为，让学生体会知识形成的过程，改变过去“教师教得多，学生活动少”的教学模式。

近年来的小学数学教育研究一直在回答学生“应该发展什么”“怎样获得发展”这两大问题。自2015年《中国学生发展核心素养》的公布以及之后小学阶段数学学科核心素养的不断讨论，使得“应该发展什么”这一问题的答案开始偏向于学生在数学方面的关键品格和必备能力，学生的数学素养内涵进一步扩充。相信随着核心素养的逐渐“落地”，小学数学教育研究将更能促进学生在数学方面的知识技能、必备品格、关键能力的全面发展。

（二）小学数学教育研究逐渐走向了科学化与艺术化统一的道路

中外教育研究中历来都有“科学化”倾向和“艺术化”倾向的探讨，小学数学教育研究也不例外。所谓教育研究科学化是提高教育学学科价值和学术地位的迫切需要和根本路径，定量的研究水平是衡量教育研究科学化不可或缺的指标。若在小学数学教育领域进行科学化，则应该着眼于科学方法与原理的运用，找到小学数学教育领域中的热门问题，并运用科学的眼光进行批判、分析和解决。在这一过程中，教师作为小学数学教育问题的主要发现者和实践探索者，需要具备一定的专业素养与科学研究能力，在科学的研究流程与评估体系中，为小学数学教学问题的解决进行富有创造性的研究。另一种倾向则是小学数学教育的艺术化，其重点应在于小学数学教学中以学生为本，强调对学生个体性、精神性和道德性的弘扬。这不仅需要教师充分明确自身的使命与责任，不断学习与进步，还需要教师在小学数学课堂上因材施教，把握每个学生的独特之处，培养学生在数学方面的关键能力。

如果说国外的小学数学教育研究经历了科学化与艺术化的临界点的摸索，那么新中国成立以来的小学数学教育研究更多的是从前科学朝向科学化的路径前进。新中国成立以来的小学数学教育研究科学化的发展有着一定的合理性和逻辑必然性，产生了一定的积极作用，从一个侧面反映了小学数学教学在当时的成就和发展。传统的小学数学教育研究主要表现在对价值与意义的阐释，而缺少对事实和问题的客观分析。小学数学教育科学化的提倡，弥补了传统研究的短板，使小学数学教育研究具有了一定的科学理性，促进了运用科学的精神和方法去研究小学数学教育教学的很多课题。

小学数学教育还有另外一重艺术性的性质，因为它还可以被看作是一种技艺，即研究小学数学教学方法的问题。无论是国外还是我国的小学数学教育理论性质中，如果我们仅仅强调其“科学”性质，不能充分认识其“规范”性质，就难以对小学数学教育中的种种现象做出全面的说明和解释，就必然导致中国的小学数学教育研究者对西方研究理论过多地模仿、参照，而适合本国特点的小学数学教育理论的构思就会显得十分苍白，从根本上影响对于小学数学教育理论的道路探索。

（三）国际化的小学数学教育研究体系基本建成

小学数学教育研究的国际化是指世界各国用国际视野来把握数学教育方向、制定数学课程改革政策、确定数学课程模式，促进各国数学教育研究的交流与合作，共同解决国际性数学教育问题的一种趋势。

无论是新中国成立初期还是改革开放以来，我国均有着学习与引进国外小学数学教育研究成果的经历。在新中国成立初期百废待兴的时代，我国小学数学教育研究基础薄弱，在当时的国际形势下开始全面学习与引进苏联的研究成果，借鉴和吸收苏联的研究方法；而改革开放后，由于打破了教育的封闭和孤立状态，我们开始引进和吸收其他国家的数学教育理论和实践，西方教育理念不断涌入，小学数学教育研究越来越趋向国际化，这对我国数学教育改革有巨大的推动作用。

国际化的数学教育研究体系基本建成，不仅体现在“量”上，即国际交流与合作的数量，或是国际期刊中的论文发表数量，更体现在“质”的变化。数学教育研究的国际化，使得国外的许多优秀研究成果为我国小学数学教育研究提供宝贵的经验。数学教育国际化趋势为我国小学数学教育研究带来了许多积极影响。例如，在国际化趋势下，小学数学教育资源得以进行全球范围内的共享，使我国小学数学教育工作者有机会跨越时空、跨越不同的政治界限，分享教育理论知识、教学技能和教学经验，使国际数学教育资源的广泛交流与共享成为现实，特别是我国很多长期处于封闭、隔绝环境的地区关于数学的教与学的落后的、带有偏见的理念被现代的数学教育观念取代。又如，国际化的数学教育研究体系推进了我国小学数学教育研究中愈加频繁的国际对话与合作，这使得包括教师出境培训交流、数学教育研究的国际合作、研究人员的国际互访、研究机构的国际交流与对话在内的我国小学数学教育国际化进程逐渐加快，这为不同国家和地区数学教育理念的传播与交流、数学教育理论的建设工作等都起到了巨大的促进作用，对于交流的双方来说是一种“双赢”。

二、小学数学教育研究的发展趋势

新中国成立70年来，小学数学教育研究取得了诸多成就，这也在一定程度上预示着小学数学教育研究今后的发展趋势。

（一）信息化形态进一步丰富

小学数学教育的信息化是最近几年随着信息技术的发展而产生和发展的一种趋势。通过网络这种现代的信息源，小学数学教育的研究可以突破时空限制，在很短的时间获得最新的信息。互联网作为国际化的活动平台，使世界各地小学数学教育工作者有机会跨越时空，跨越不同的政治界限，分享知识、技能和经验，使国际数学教育资源的广泛交流与共享成为现实。互联网还可以使一些长期处于封闭、隔绝环境的发展中国家或地区关于小学数学教与学的落后的、带有偏见的理念被现代的数学教育观念取代。

小学数学教育研究的信息化始于20世纪90年代。随着信息网络的广泛使用，不仅各国的数学教育工作者可以更加方便地浏览各种信息，而且每个人也成为数学教育信息的发布者。在我国，可以建立相应的小学数学教育研究成果共享平台，利用信息技术的便利促进小学数学教育研究的交流与发展。

此外，新的信息技术形态也改变着小学数学教育教学，进一步促进小学数学教育研究的信息化。信息技术领域新的突破，如人工智能技术（AI）、虚拟现实（VR）与增强现实（AR）技术等新兴技术为小学数学课堂带来了革命性的颠覆，探讨这些新兴技术与小学数学教育的关系，是一项长期的研究课题；微课、慕课、翻转课堂等新的课堂形态也会在相当长的时间内为小学数学课堂的优化发挥重要作用。总之，信息技术对小学数学教育的影响深远，进一步丰富了小学数学教育的研究范围，改变了小学数学教育的研究形态，促进了小学数学教育研究的信息化。

（二）小学数学教育研究视野更加广阔

纵向对比新中国成立70年以来小学数学教育的研究可以发现，小学数学教育研究既向纵深方向发展，也在横向扩展，这体现在研究更加专业化、细化，从不同的角度对一些微观问题进行深入细致的研究，而不是仅从宏观层面泛泛而谈。今后的小学数学教育研究视野将更加广阔，许多问题可以从不同的角度提出新的见解。例如可以从历史的角度看小学数学的发展，研究小学数学教育的开创和变迁；可以从政治的角度研究小学数学的政治和社会功能；可以从性别的角度研究小学数学教育中的性别平等问题；从美学的角度研究小学数学的美育功能；等等。这些都是研究横向发展中亟待解决的相关课题。

另一方面，20世纪80年代中期以后，国内外在基础课程领域中出现了许多新的理论流派，如现象学课程研究、建设性后现代主义课程研究、后结构主义课程研究、后现代女性主义课程研究、生态后现代主义课程研究等。随着这些理论流派的逐渐落地，在今后的小学数学教育研究中可以为教学提供更多的理论支撑，从而使小学数学教育研究的视野更加多元化。总之，今后通过强调各种思想观点的释放来进行小学数学教育的研究，可以更富有创造性地提出和解决研究问题，鼓励不同的见解与立场，从而将小学数学教育研究引上多元化的发展路径，让今后的小学数学教育研究之路更为开放、包容、多元。

（三）教师专业队伍的建设进一步加强

在以学生为主体、教师为主导的教学活动中，教师的主导作用不可或缺。对于学生进行研究有利于把握学生的特点，因材施教；而对于教师的研究则有利于提高教师的专业知识与专业素养，培养专业情怀，促进教师从一般型教师、专家型教师到教育专家的转变。当前的教师队伍建设方面，我国取得了一定的成绩，各级教研机构体系完善，教研活动活跃，取得不少研究成果。但也要看到，我国同其他国家还存在着一定的差距，主要表现为教师队伍学历同其他国家相比较低；教师的专业发展自主性旁落，对自身专业发展认识不明；教师专业自我评价失当，专业精神有待提高；城乡师资水平差异巨大，教师队伍分布不均衡等。小学数学教师的专业发展直接影响我国小学数学教育的整体发展，已成为小学数学教育研究中的热点问题。

在今后，小学数学教师队伍的建设应当进一步加强。从政策方面来说，应当出台一系列政策进一步提升乡村教师队伍的专业建设，缩小城乡教师队伍差距；从培训的角度来说，应当加强教师的专业知识培训，举办诸如优秀教学方法、历次课程改革等的知识培训，以及办公软件、几何画板等软件的使用技能培训，确保新时代的教师队伍的专业素质保持在一定的水准。此外，应当积极开展校本研究，提高教师队伍的职业满意度，改善教师的数学教学研究条件。

第二章

小学数学课程教材研究

本章所讨论的小学数学课程研究主要指对小学数学课程内容及其主要载体——教材的研究。我们先对新中国成立以来的小学数学课程内容及教材的研究进行了历史回顾，接着梳理了相关研究主题的主要观点，最后对主要成果进行了总结并展望未来我国小学数学课程研究的方向。

第一节
小学数学课程研究的历史回顾

按照理论上研究主题范围的演变，我们将新中国小学数学课程研究70年大致划分为四个阶段：起步摸索阶段（1949年至1977年）、逐渐形成阶段（1978年至2000年）、基本完善阶段（2001年至2010年）和深化发展阶段（2011年至今）。下面我们分阶段依次进行回顾，以期对之形成整体的把握。

一、起步摸索阶段（1949年至1977年）

此期间对小学数学课程的研究主要体现在实践之中，在理论上尚未出现明显的与小学数学课程相关的研究主题，因此还处于起步摸索阶段。下面依次概述这段时期在小学数学课程内容和教材实践中的相关研究。

1949年12月23日，新中国第一次全国教育工作会议召开，会议讨论与研究了接收旧教育和发展新中国教育的一系列问题。会议提出："以老解放区新教育经验为基础，吸收新教育有用经验，借助苏联经验，建设新民主主义教育。"1950年7月，教育部根据第一次全国教育工作会议精神制定了《小学算术课程暂行标准（草案）（以下简称《暂行标准（草案）》）。《暂行标准（草案）》中的课程内容分笔算和珠算两大部分，并规定了各部分的教材大纲。《暂行标准（草案）》对教材编选提出了11个要点，这些要点也是教材修订或改编的具体依据。1952年教育部组织人员对俞子夷编写的原大东书局出版的课本进行修改，并作为过渡教材供全国使用。

1952年3月18日，教育部颁发了《小学暂行规程（草案）》，明确了小学的性质、任务及培养目标等，正式确定小学实行五年一贯制，小学儿童入学年龄为七足岁。1952年12月，以苏联《初等学校算术教学大纲》为蓝本，教育部颁布了《小学算术教学大纲（草案）》和《小学珠算教学大纲（草案）》。这两个大纲分别规定了算术和珠算的教材大纲。以苏联小学算术课本为蓝本，教育部组织力量编写了《五年一贯制小学算术试用课本》（后改编成《初级小学课本·算术》和《高级小学课本·算术》），到1955年全套算术课本（包括珠算）全部出齐，这是第一套全国通用小学算术课本。

1953年9月，教育部颁发了《小学（四二制）教学计划（草案）》。1954年2月，教育部又公布了《小学（四二制）教学计划（修订草案）》。1955年，教育部又颁发了《小学教学计划及说明》。1956年12月，按照四二制的要求，参考苏联新修订的小学算术教学大纲，教育部编订了《小学算术教学大纲（修订草案）》（四二学制）。1956年《大纲（修订草案）》与1952年《大纲（草案）》的课程内容基本相同。根据《大纲（修订草案）》的精神，人民教育出版社重新修订出版了《初级小学课本·算术》（八册）和《高级小学课本·算术》（四册）。

1958年8月，中共中央和国务院发布的《关于教育事业管理权力下放问题的规定》中指出，今后教育部的任务之一是“组织编写通用的基本教材、教科书”，“各地方根据因地制宜、因校制宜的原则，可以对教育部和中央主管部门颁布的各级各类学校指导性教学计划、教学大纲和通用的教材、教科书，领导学校进行修订补充，也可以自编教材和教科书”。同年9月，教育部发出通知：今后各地可以自编教材，教育部不再颁发教学用书表。随后，在全国范围内相继开展了教材改革实验，影响比较大的有：辽宁省黑山县北关小学改革实验、北京师范大学数学系课程教材改革实验和华东师范大学数学系课程教材改革实验。

1958年，教育部发出了《关于小学算术课本临时措施问题的通知》及《小学各年级算术教材精简和补充纲要》。1959年，人民教育出版社对1957年修改出版的小学算术课本进行了再次修改、补充，出版了《初级小学课本·算术（暂用本）》（八册）和《高级小学课本·算术（暂用本）》（四册），这是第二套全国通用小学算术课本。

1960年10月，人民教育出版社根据中宣部和教育部的指示，草拟了《十年制学校数学教材的编辑方案（草稿）》，作为编写全国十年制试点学校使用的数学教材的依据。1961年人教社出版了《十年制学校小学课本·算术（试用本）》共十册和《珠算（试用本）》一册，供当时五年制试点学校试用，一直使用到1966年，这是第三套全国通用课本。

1963年7月，教育部颁发了《关于实行全日制中小学新教学计划（草案）的通知》，同年，教育部相应地颁发了六年制的《全日制小学算术教学大纲（草案）》。这是新中国成立后教育部颁发的第四个小学算术教学大纲。《教学大纲（草案）》指出：“在确定小学算术教学内容时，必须选择算术中的基础知识，并且注意这些知识在生产劳动和科学技术上的应用。此外，还必须注意与中等学校的有关学科衔接，注意反映我国算术教学上的优良传统”。根据上述原则，《教学大纲（草案）》规定了各年级的教学内容。与此同时，人民教育出版社陆续编出十二年制学校《小学算术课本》十二册和《珠算》课本一册，于1963年秋季开学时在全国范围内使用，这是第四套全国通用的小学数学课本。这套教材在使用过程中做了两次修改，先于1965年4月修订完毕，拟赶在9月出版使用，中宣部指示推迟一年使用。人民教育出版社利用这一年的时间，广泛征求意见，又做了一次修改。这时已是1966年上半年，接着“文化大革命”开始，修订后的教材不可能也没有必要出版使用了。

“文化大革命”期间，全国没有统一的教学大纲，按照“复课闹革命”的要求，各省、自治区、直辖市教育行政部门组织编写了一些地方小学算术课本纲要和地方数学课本，此时实际上又回到“以本代纲”的时代。

通过对这段时期的回顾，我们可以发现，实践中已经出现了对小学数学课程内容的选择和教材编写的相关研究，而这也是后面几个阶段小学数学课程实践研究的基本主题。

二、逐渐形成阶段（1978年至2000年）

从改革开放初到20世纪末，在理论上与小学数学课程相关的研究主题开始逐渐形成，并出现在一些图书和期刊文章之中。这些研究主题包括小学数学课程内容的选择、我国小学数学课程内容的构成、其他国家小学数学课程内容的构成、小学数学教材编写的基本理论、我国小学数学教材编写的回顾、其他国家小学数学教材编写的介绍等。其中，其他国家小学数学课程与教材的介绍仅出现了对日本和英国小学数学课程内容构成的介绍以及对几个主要西方国家教材编写的介绍。

伴随着理论研究的展开，这段时期的实践研究也取得了较大发展。1978年1月18日，教育部颁发了《全日制中小学教学计划（试行草案）》，指出全日制中小学学制为十年制，小学五年、中学五年。同年2月，教育部公布了《全日制十年制小学数学教学大纲（试行草案）》。这是新中国成立后教育部颁发的第五个小学数学教学大纲。1978年《大纲（试行草案）》提出了确定教学内容的原则，即“小学数学教学内容应该是学习现代科学技术所必需的、学生能够接受的基础知识”，并据此规定了各年级课程内容。在起草教学大纲的同时，教育部组织力量，明确教材编写原则，着手编写《全日制十年制学校小学课本·数学》（试用本）。这套教材到1980年全部出齐，这是新中国成立后第五套全国通用的小学数学课本。1981年3月13日，教育部颁发了《全日制五年制小学教学计划（修订草案）》，同年，人民教育出版社根据修订的教学计划，对试用本进行了一次较大的修改，修改后的课本改称《五年制小学课本·数学》。1980年以后，有少数省市改行小学六年制，之后教育部确定“小学学制五年、六年并存”，并于1984年8月15日下发了《关于全日制六年制小学教学计划的安排意见》。为了适应一些地区小学实行六年制的需要，人民教育出版社参照五年制课本，又编辑出版了一套《六年制小学课本·数学》，共十二册。这是新中国成立后人民教育出版社出版的第六套全国通用的小学数学课本。根据教育部的指示，人民教育出版社中小学数学编辑室为单设珠算课的学校或班级编写了一本《小学课本·珠算》并于1983年7月正式出版。这本教材是在20世纪60年代珠算教材的基础上经较大修改而成。

1985年5月和1986年4月，国家先后颁布了《中共中央关于教育体制改革的决定》和《中华人民共和国义务教育法》。为贯彻中央文件和相关法律的精神，国家教委委托人民教育出版社、北京市教育局和北京师范大学等单位，对中小学各科教学大纲进行全面修订。1986年11月全国中小学教材审定委员会召开扩大会议，审定并通过了修订后的教学大纲，国家教委于1986年12月颁发了《全日制小学数学教学大纲》。这是新中国成立后颁发的第六个小学数学教学大纲。这个大纲按五年制和六年制分别列出了各年级的教学内容。为了适应科学技术的不断发展，借鉴世界各国特别是发达国家中小学教育改革经验，编写适应不同地区、不同程度、不同需要的小学教材，势在必行。1978年以来，先后有多家单位或研究组织开展了教材改革实验，编写了多套小学数学实验教材，如北京师范大学教育系和北京景山学校合编的《小学实验课本·数学》、中央教育科学研究所编写的《小学实验课本·数学》、中国科学院心理研究所刘静和主编的《现代小学数学》、华中师范大学姜乐仁主编的《实验数学》、杭州师范学院和黑龙江省教育学院合编的小学数学实验教材。

1986年9月，国家教委成立了新中国第一个权威性的中小学教材审定机构——全国中小学教材审定委员会，明确提出“教材要一纲多本”“教材要多元化”“教材要编审分离”，决定组织编写不同类型、不同层次、不同风格的中小学教材。此后，根据《九年义务教育全日制小学数学教学大纲（初审稿）》的要求和“一纲多本”的精神，全国组织编写了“八套半”小学数学教材。除人民教育出版社编写的“六三制”和“五四制”这两套教材外，还有北京师范大学编写的“五四制”教材，广东省教育厅、福建省教委、海南省教委以及华南师范大学组编的“沿海版六三制”教材，四川省教委和西南师范大学主编的“内地版六三制”教材，上海市、浙江省和江苏省编写的“六三制”教材各一套，河北省编写的农村小学中低年级复式班使用的教材（称半套）。另外还有东北师范大学等八所高师院校出版社协作委员会编写的“六三制”教材，后因编写力量和经费问题导致未能投入使用，其他几套教材分别一直在不同地区使用。

1988年9月，国家教委颁发了《义务教育全日制小学、初级中学教学计划（试行草案）》。1990年，国家对该计划进行修改，1992年8月正式颁布了《义务教育全日制小学、初级中学课程计划（试行）》，从此“教学计划”改称为“课程计划”。根据这个《教学计划（试行草案）》，国家教委委托人民教育出版社及北京、上海、辽宁、山东、广东、陕西西安教委（教育厅、教育局）和北京师范大学等承担各科教学大纲的编写工作。1988年11月，国家教委印发了《九年义务教育全日制小学数学教学大纲（初审稿）》，并着手编写义务教育实验教材。1992年6月，国家教委公布了《九年义务教育全日制小学数学教学大纲（试用）》。此后，经过试用、修改，于2000年3月再次颁布《九年义务教育全日制小学数学教学大纲（试用修订版）》。这三部大纲分别是新中国成立以来的第七、八、九个教学大纲，结构大致相同，学制仍为五、六年制并存，分别规定了这两种学制下各年级的教学内容。人民教育出版社根据义务教育小学数学教学大纲的要求，分别编写了五、六年制的两种小学数学教材，并经修改先后形成了实验本、试用本和试用修订本三套教材。

三、基本完善阶段（2001年至2010年）

2001年6月，教育部颁布了《基础教育课程改革纲要（试行）》，将其作为基础教育课程改革的指导性文件。同年7月，教育部又颁布了《全日制义务教育数学课程标准（实验稿）》。2001年的课程标准将义务教育阶段的数学学习内容划分为四个领域，即“数与代数”“空间与图形”“统计与概率”“实践与综合应用”。其中“实践与综合应用”在第一学段称为

“实践活动”，在第二学段称为“综合应用”。《课程标准（实验稿）》还提出了各个年级的知识要点和教材编写建议。《课程标准（实验稿）》颁布后，先后有七种版本的小学数学义务教育课程标准实验教科书经全国中小学教材审定委员会审查通过使用。2001年7月，经公开投标、竞标，第一次通过国家审定的教材有：人民教育出版社、江苏教育出版社、北京师范大学出版社和西南师范大学出版社出版的四套教材。之后，河北教育出版社、青岛出版社又分别于2002年、2003年各出版了一套教材。2008年，浙江教育出版社出版的《新思维小学数学》也通过了国家审定。

在实践研究不断推进的同时，与小学数学课程相关的图书、期刊文章和硕博论文大量出现，研究主题的范围也进一步扩大和完善，形成了小学数学课程研究的基本框架。新出现的研究主题包括小学数学课程内容的比较研究、小学数学教材的含义和作用、小学数学教材编写的具体问题、小学数学教材的比较研究（含我国各版本小学数学教材的比较、中外小学数学教材的比较、其他国家小学数学教材的比较）。其中，对小学数学课程内容和教材的比较研究的范围还比较狭窄。小学数学课程内容的比较仅有我国海峡两岸暨香港、澳门的比较和美国、英国、日本、荷兰的比较。我国各版本小学数学教材的比较仅有人教版新版与旧版的比较、人教版与浙教版的比较、四个主要版本（人教版、北师版、西师版和苏教版）的比较以及海峡两岸版本的比较。中外小学数学教材的比较仅有中国与美国、俄罗斯、印度的比较。其他国家小学数学教材的比较仅有美国、日本、德国的比较。然而，对小学数学教材编写的具体问题的研究却比较广泛，包括对数与代数、空间与图形、统计与概率、实践与综合应用、数学文化、数学应用、总复习和插图的编写问题的研究，另外也有关于教材适用性的研究。

四、深化发展阶段（2011年至今）

2005年教育部成立课程标准修订组，开展了对《全日制义务教育数学课程标准（实验稿）》的修订工作。2010年完成《义务教育数学课程标准（2011年版）》，2011年5月通过审议，2011年12月正式发布。修订期间公布的《国家中长期教育改革和发展规划纲要（2010—2020年）》对修订工作起了重要的指导作用。《课程标准（2011年版）》对《课程标准（实验稿）》中安排的四个学习领域进行了调整，修改为四个部分的课程内容，包括“数与代数”“图形与几何”“统计与概率”“综合与实践”。《课程标准（2011年版）》还对每一个部分的内部结构和具体内容做了适当的调整，并提出了新的教材编写建议。《课程标准（2011年版）》颁布后，各出版社又陆续出版了与之配套的新教材。

随着我国小学数学课程实践研究的深入发展，我国小学数学课程理论研究也在不断深化，主要表现在以下三个方面。

（一）与小学数学课程相关的核心期刊文章和硕博论文的数量大幅增加

表2-1　两个发展阶段的小学数学课程相关文献统计表

指标	图书/本	核心期刊文章/篇	硕博论文/篇
基本完善阶段	4	12	23
深化发展阶段	6	26	89

从表2-1可以看出，相较于前一个发展阶段，小学数学课程相关的图书数量在深化发展阶段的变化不大，而与之相关的核心期刊文章和硕博论

文的数量却大幅增加，其中核心期刊文章的数量是上一个阶段的2倍多，而硕博论文的数量约是上一个阶段的4倍。

（二）对小学数学课程内容和教材的比较研究的范围明显扩大

1. 对小学数学课程内容和教材的比较研究的对象显著增多

在深入发展阶段，小学数学课程内容的比较对象扩大到我国与其他国家之间的比较，包括中国与美国、俄罗斯、英国、日本、澳大利亚、加拿大、新加坡、韩国、荷兰、新西兰、印度和南非的比较。我国各版本小学数学教材的比较对象也有极大扩展，出现了众多版本之间的相互比较，包括人教版与北师大版、人教版与苏教版、人教版与西南师大版、人教版和冀教版、北师大版与苏教版、北师大版与西南师大版、沪教版与苏教版、内地与香港以及三版（北师大版、人教版、苏教版）之间的比较。中外小学数学教材的比较开始出现了中国与英国、德国、韩国、日本、新加坡、苏格兰、澳大利亚和哈萨克斯坦之间的比较。

2. 对小学数学课程内容和教材的比较研究的内容不断扩充

在基本完善阶段，对小学数学课程内容的比较仅限于对课程内容整体的比较和某一领域（只有空间与图形）的比较，而在深化发展阶段还出现了对课程内容其他领域（数与代数、统计与概率、综合与实践）的比较。除此之外，一些研究者还对课程内容的体系、结构、分布、组织、呈现和难度都进行了比较研究。

在上一个阶段，对小学数学教材的比较大多是对教材内容整体和各领域（数与代数、空间与图形、统计与概率、实践与综合应用）的比较，还有对教材的设计思想、编写理念、内容结构、呈现形式（或方式）、例题习题的比较。进入深入发展阶段以后，比较的内容出现了具体化的趋势，一些研究者开始对教材中的问题情境、问题提出、解决问题、方程思想、函数思想、合情推理、自然数和分数、几何概念、估算、应用题、数学文化和插图进行比较，还有研究者对教材难度进行了比较研究。

（三）对小学数学教材编写的具体问题的研究进一步丰富

在这段时间，对小学数学教材编写的具体问题的研究开始出现了对开放题、估算、“课堂活动”（西南师大版教材的一个专栏）、“数学广角”、数学术语、分数的意义等编写问题的研究，另外还有对所编教材与课程标准的一致性、难度和评价的研究。

第二节
小学数学课程研究的主要成果

通过上一节对新中国小学数学课程研究70年的历史回顾，我们了解到小学数学课程研究主题范围的演变过程，在本节中我们将对各个研究主题的主要观点进行梳理。

一、小学数学课程内容选择和构成的研究

（一）小学数学课程内容的选择

小学数学课程内容选择的相关研究包括确定或者选择小学数学课程内容（含教材内容、教学内容）的原则或依据。对这个问题的研究主要出现在一些图书的部分章节里，虽然不同时期的研究者的回答不尽相同，但大都从社会、学生和学科三个方面或前两个方面来阐述自己的看法。其中由南通师范数学教研组主编的《小学数学教学简论》中提出三个方面的原则：一要根据实际需要，就是说要随着科学技术的发展而不断地精选和更新；二要使学生能够接受；三要注意同相近学科的联系。① 此后的研究者都是从前两个方面来进行论述并有所发展。从社会方面来说，有的研究者明显扩大了范围，如由王辅湘等编写的《小学数学教学概论》提出要适

① 南通师范数学教研组编：《小学数学教学简论》，江苏人民出版社1983年版，第3页。

应科学技术发展和我国社会主义现代化建设的需要①；又如由高荆所著的《小学数学教学专题研究》提出既要考虑当前社会的需要，又要兼顾今后一段时间内的社会需要②；还如由赖南燕等主编的《小学数学课程与教学》提出要适应21世纪知识经济时代和信息技术发展的需要，比如在小学数学课程内容的选择时引入计算器，加强图形与几何内容，增加概率和统计内容；等等③。从学生方面来说，有些研究者不仅考虑到了学生的接受能力，还考虑到了学生的需要，如由王辅湘等编写的《小学数学教学概论》提到要选择日常生活和进一步学习所必需的数学基础知识④；另如由刘晓玫主编的《小学数学教学研究》提到应满足学生未来社会生活的需要，能适应学生个性发展的要求，并有益于启迪思维开发智力，应考虑不同学生的不同需求，为学生的个性发展创造条件⑤。

（二）小学数学课程内容构成的相关研究

1. 我国小学数学课程内容构成的相关研究

在一些图书的部分章节里，对我国小学数学课程内容构成的相关研究主要包括对我国传统的小学数学内容结构、课程组织结构和呈现方式的回顾。由曹艳荣等主编的《小学数学课程与教学论》一书中提到，我国传统的小学数学内容结构包括七大部分，分别是认数与计算、量与计量、几何初步知识、代数初步知识、统计初步知识、比和比例、应用题；我国传统的小学数学课程组织结构与呈现方式表现在螺旋递进式的体系组织、逻辑

---

①④ 王辅湘等编：《小学数学教学概论》，湖南教育出版社1990年版，第4、5页。

② 高荆著：《小学数学教学专题研究》，明天出版社1993年版，第16—17页。

③ 赖南燕、熊锦英编：《小学数学课程与教学》，江西高校出版社2013年版，第17页。

⑤ 刘晓玫著：《小学数学教学研究》，首都师范大学出版社2005年版，第60页。

推理式的知识呈现和模仿例题式的练习配套。[1]随后出版的类似图书都持有与之相同的观点。

另外，有人对新中国成立以来的小学数学课程内容进行了回顾。有研究者通过对1949年以来正式颁布并实施的多个教学大纲的文本进行回顾和比较，得出如下结论：在教学内容与要求方面，逐步扩充数的范围，删减重复多余的循环圈，逐渐减少大数目的运算和运算步骤，减少了珠算的内容，增加了估算的知识；量与计量程度有所降低；几何图形方面，逐步增加了图形的种类，程度有所提高；数学的应用方面，逐步注意与生活实际相结合，增加了数学实践活动，应用题难度逐步降低；统计与账簿方面，逐步注重统计思想的渗透，降低对绘制统计图表及账簿知识的要求；代数的初步知识经历了从无到有的过程，逐步得到重视。[2]另有研究者选取1949年以来具有代表性的6个小学数学教学大纲（课程标准），以教学内容的发展演变为线索，将小学数学课程内容分为4个知识领域、9个知识块、21个知识单元及相应知识点四个维度（表2-2），对小学数学课程内容的知识体系及编排结构进行了梳理。通过研究，总结出这一时期数学课程内容发展具有如下特点：小学数学课程内容的知识体系中4个知识领域、5个知识块（数与计算、量与计量、平面几何、立体几何、应用题）、14个知识单元（整数的认识、整数的四则运算、分数的认识、分数的四则运算、小数的认识、小数的四则运算、百分数、度量单位的认识、度量单位之间的相互转化、平面几何的认识、平面几何的相关计算、立体几何的认识、立体几何的相关计算、应用题）历年保持不变，知识块与知

① 曹艳荣等编：《小学数学课程与教学论》，郑州大学出版社2009年版，第67—68页。

② 代婷：《1949—2000年中国小学数学教学大纲的比较研究》，西北师范大学硕士学位论文，2007年，第19—46页。

识单元自改革开放以后逐渐增加；小学数学课程内容的编排结构从“直线式＋螺旋式”知识编排逐渐趋向螺旋式知识编排结构，并且更加注重与儿童认知水平相适应；小学数学课程内容的选择上更加注重与现实生活的联系。①

表2-2　小学数学课程内容知识领域、知识块、知识单元划分表

<table>
<tr><td>知识领域</td><td colspan="13">数与代数</td><td colspan="4">图形与几何</td><td colspan="2">统计与概率</td><td colspan="2">综合与实践</td></tr>
<tr><td>知识块</td><td colspan="8">数与计算</td><td colspan="3">代数初步</td><td colspan="2">量与计量</td><td colspan="2">平面几何</td><td colspan="2">立体几何</td><td>统计初步</td><td>概率初步</td><td>应用题</td><td>实践活动</td></tr>
<tr><td>知识单元</td><td>整数的认识</td><td>整数的四则运算</td><td>分数的认识</td><td>分数的四则运算</td><td>小数的认识</td><td>小数的四则运算</td><td>比和比例</td><td>百分数</td><td>字母表示数</td><td>方程</td><td>规律</td><td>度量单位的认识</td><td>度量单位之间的相互转化</td><td>平面几何的认识</td><td>平面几何的相互计算</td><td>立体几何的认识</td><td>立体几何的相互计算</td><td>统计初步</td><td>概率初步</td><td>应用题</td><td>实践活动</td></tr>
</table>

2. 其他国家小学数学课程内容构成的相关研究

对其他国家小学数学课程内容构成的相关研究很少，主要包括对日本、英国和芬兰的小学数学课程内容构成的相关介绍。

（1）日本小学数学课程内容构成的相关研究

曹飞羽介绍了日本小学数学课程的内容及其特点。日本把小学数学的

① 刘瑞娟:《1949年以来小学数学课程内容的发展变化及特点研究》，西北师范大学硕士学位论文，2014年，第16—49页。

教学内容归纳为4个领域：数和计算，量和测定，图形以及数量关系。日本小学数学课程内容的特点是知识面宽，适当控制深度；以算术内容为主，适当渗透现代、近代数学思想；加强知识意义的理解，适当提出计算要求。[①]1998年11月，日本文部省颁布了新的《学习指导要领》。有学者对《要领》颁布后的小学数学学科内容进行了介绍，发现日本对小学数学教学内容的处理主要采取删减、调整和减轻分量的精简原则。针对那些多数儿童理解上感到困难的内容，仅仅是结论性的知识和死记硬背的内容，各级学校、各年级、各学科之间重复的内容，在校外活动或今后生活中可以掌握的内容进行精简。但是，小学数学教学中学生必须掌握的基本内容并未减少，要求也未降低。[②]

（2）英国小学数学课程内容构成的相关研究

1995年1月，英国教育部颁布了国家《数学课程标准》。马云鹏对其中的小学数学学习纲要（即教学范围和基本内容）进行了具体介绍。在学习纲要中，各阶段都规定了学习的范围和内容。每一个阶段又分为“使用和运用数学，数和运算，形状、空间和测量，处理数据（第一阶段除外）”四个方面的内容。

通过介绍英国的《数学课程标准》，马云鹏得到如下一些启示：内容表述高度概括，为教材编写留有充分的余地；内容范围较广，为学生提供更多的学习机会；中小学内容衔接紧密，有利于学生从整体上认识数学；内容具有一定的弹性，可以更好地发挥教育者的创造性。[③]

（3）芬兰小学数学课程内容构成的相关研究

---

① 曹飞羽：《日本小学数学教材的改革》，《课程·教材·教法》1995年第3期。

② 程小健、冯霞：《对日本新的小学数学教学内容改革的认识》，《学科教育》2002年第2期。

③ 马云鹏：《英国最新数学课程标准（小学部分）评介》，《课程·教材·教法》1996年第6期。

有学者介绍了芬兰教育部2016年发布的《国家基础教育核心课程》小学数学部分的内容。芬兰小学数学教学分成两个学段，1—2年级为第一学段，3—6年级为第二学段。第一学段的教学内容包括思考与活动技能、数字和运算、几何与测量、数据处理和统计；第二学段的教学内容包括思维与活动能力、数字与计算、代数、几何和测量，还有数据处理、统计和概率。通过研究发现，芬兰精简基础教育数学核心且重要的学习内容的做法对我国具有借鉴意义。①

二、小学数学教材编写的研究

对小学数学教材编写的研究主要包括小学数学教材编写的基本理论、对我国小学数学教材编写的回顾、对其他国家小学数学教材编写的介绍以及小学数学教材编写的具体问题。

（一）小学数学教材编写的基本理论

与小学数学教材编写的基本理论有关的研究成果主要体现在一些小学数学课程与教学相关的图书之中。在《小学数学教学简论》一书中，研究者提出教学内容的安排必须注意以下四点：一是适当划分阶段，循序渐进，螺旋上升；二是处理好数和形的关系；三是合理地安排好笔算、口算和珠算；四是把现代数学思想适当渗透到各年级的教学内容中。②之后的

① 唐彩斌:《芬兰〈国家基础教育核心课程〉小学数学特点分析与借鉴》,《课程·教材·教法》2017年第12期。

② 南通师范数学教研组编:《小学数学教学简论》，江苏人民出版社1983年版，第7—8页。

一些著作对这部分内容进行了扩展和补充。比如有些学者认为小学数学教学内容的编排还应注意各部分知识的内在联系，并且要符合儿童的认知规律和智力发展水平。[①]另有学者指出小学数学与教学内容的编排要突出基本概念和基本规律。[②]还有学者提出要以认数与计算为主线，把各部分内容结合起来编排。[③]

在深入发展阶段，对小学数学教材编写提出了一些新的编写原则，如有学者提出了小学数学课程内容编写的主要原则：一是选取密切联系学生生活、具有现实性和趣味性的素材；二是内容呈现形式要丰富多彩，要为学生喜闻乐见，有利于表现数学的内容；三是内容展开要注意现实数学知识的形成过程和思维过程，给学生提供思考、探索和合作交流的时间和空间；四是重视数学的应用，开发数学实践活动；五是内容设计要有一定的弹性，关注不同学生的数学学习需求；六是介绍有关的数学背景知识。[④]

（二）我国小学数学教材编写的回顾

有学者根据新中国历史的发展脉络，将1949年至2004年的小学数学教材发展历程划分为八个时期，主要采用文献法对教材发展进行了探讨。论者研究了小学数学教材改革的背景，着重探讨了教材的主要教学内容、主要特点及突出问题。研究表明，教材既反映政治、经济、文化、教育的变化和发展对它的要求，又受科学技术水平以及学生身心发展规律所制约，不同时期的教材具有不同的特色状况，同时也存在一定的问题。通过

---

① 北京教育学院师范教研室等编：《小学数学教材教法》，河南教育出版社1984年版，第10页。

② 王辅湘等编：《小学数学教学概论》，湖南教育出版社1990版，第6—7页。

③ 邱学华著：《小学数学教学研究》，福建教育出版社1990年版，第39—42页。

④ 赖南燕、熊锦英编：《小学数学课程与教学》，江西高校出版社2013年版，第21—22页。

对小学数学教材内容的演变做简要的分析，研究者发现传统的教材知识内容几经增删，逐步形成现今新教材内容的“数与代数”“空间与图形”“统计与概率”“实践与综合应用”四大领域，充分体现了时代发展对数学教育的深刻影响，也体现了教材编写的逐步完善过程。①

另有学者认为，从1978年到2008年，我国的小学数学教材与国家的政治经济文化背景密切相关，历经改革开放初期、普及九年义务教育时期、21世纪初期三个阶段的演变，逐渐形成了比较独立的、具有自身特色的、日臻完善的教材体系。这段时期的小学数学教材建设，在正确思想的指导下，内容和结构的调整都更加体现时代的特点和要求，实现了从“一纲一本”到“一纲多本”，再到“一标多本”的演变，日益注重小学教材的可读性、实践性、综合性、创造性，适应并推动着小学教育的整体改革与发展。②

还有学者认为，1949年到2009年的60年间，小学数学教材的内容和结构发生了巨大变化。前30年由于受政治运动影响，教材改革几经曲折，起伏较大；改革开放之后，实施义务教育，教材改革着眼于学生整体发展，稳中求变。这期间的改革历程表明：教材改革要在广泛实验的基础上慎重进行，宜有适度频率，宜于渐进发展，并通过评价促进教材不断优化。③

（三）其他国家小学数学教材的编写

1. 美国小学数学教材的编写

有学者介绍了美国小学数学教材的一些特点，包括注重数学的实际应

① 苏丽卿：《新中国小学数学教材发展研究》，西南大学硕士学位论文，2006年，第8—34页。

② 李星云：《改革开放30年小学数学教材建设的回顾与思考》，《课程·教材·教法》2010年第1期。

③ 刘久成：《小学数学教材内容和结构改革六十年》，《课程·教材·教法》2012年第1期。

用、注重数学教学的开放性、注重数学与其他学科的联系、重视估算、重视数据的收集处理及应用。①另有研究者对约瑟夫·雷伊的《美国小学数学》教科书进行了研究，发现这套教材具有以下特点。第一，教科书内容的选择注重数学知识的基础性，素材均源于现实生活，使学生意识到数学源于生活，用于生活。教科书通过数学史的介绍来展现数学的历史背景，通过现实问题，展现数学的应用价值。第二，教科书的编写符合学生的认知规律和心理发展规律，内容由浅入深，直观有趣，并且采取螺旋式的编写方式，注重内容之间的整体性和系统性。内容呈现采取结论式，开门见山。第三，教科书突出了学以致用的特点，在掌握运算法则及规律的基础上，扩展到实际生活当中，提高学生的知识水平，并能灵活应用。将抽象的数学知识具体化，书中除了涉及内容十分丰富的例子，还将不同学科、不同领域的知识都融入数学中。②

2. 日本小学数学教材的编写

曹飞羽研究了日本小学数学教材的编排和编写特点，发现日本小学数学教材的编排特点有三点：一是四个领域的内容齐头并进，相互配合；二是每一部分知识适当划分阶段，分散安排；三是注意遵循由易到难的原则。日本小学数学教材编写的特点有五点：一是教科书中只编入讲解的教学内容和基本的练习题，需要进一步巩固的练习题一般都放在教学指导书中，另外印有检查用的标准检验题，供教学使用；二是重视通过学生操作、实验和实测等活动抽象概括出数学知识；三是重视启发学生思考；四是尽量体现教学的顺序，便于教师教学；五是重视解决问题及其思考方法

① 杨泽恒、付卓如：《美国小学数学教材的几个特点》，《比较教育研究》2001年第8期。

② 刘晓平：《约瑟夫·雷伊〈美国小学数学〉教科书研究》，内蒙古师范大学硕士学位论文，2015年，第35—41页。

的教学。[①]李淑文发现日本新编小学数学教材《算数》根据新的小学算数学习指导要领精简了教学内容。在内容编排上，各领域内容齐头并进、相互融合，各部分内容由易到难、分散安排。在教材编写上，重视通过操作、实验等活动抽象概括出数学知识，重视启发学生思考，重视问题解决，内容编写尽量符合学生的认知特点。[②]

3. 澳大利亚小学数学教材的编写

有学者对澳大利亚系列教材中的新南威尔士州幼儿园至六年级学生用书进行了分析。通过研究发现，教科书的编写理念注重以人为本，为教师提供灵活的教学帮助和为学生提供适合的学习内容。教材的内容由三大分支构成，即数与代数、测量与几何、统计与概率及其亚分支组成，采用螺旋式的课程编排方式，结合学生的学习生活及其他科目编排，贯穿整个小学数学教育。教材呈现方式以习题为主，图文并茂，生动活泼，适合儿童的身心发展特点。最后，研究者对我国的教材编写工作提出了四条个人建议：螺旋式编排方式有待改善，加深与其他学科的联系，强化教科书的"学材"功能，综合与实践要加强综合性和探究性。[③]

4. 韩国小学数学教材的编写

孔凡哲和崔英梅对韩国发行量最大、影响最大的一套小学数学教科书——汉城教育大学校国定图书编纂委员会主编、大韩教科书株式会社出版发行的《小学数学教科书》进行了介绍。他们发现中韩小学数学教科书在编写体例、呈现方式等诸多方面存在较大差异。韩国小学数学教科书的

---

① 曹飞羽：《日本小学数学教材的改革》，《课程·教材·教法》1995年第3期。

② 李淑文：《日本新编小学数学教材的特点》，《外国教育研究》2004年第3期。

③ 李智：《澳大利亚小学数学教科书研究——以新南威尔士州*Targeting Maths*学生用书为例》，华中师范大学硕士学位论文，2013年，第20—42页。

编写采用多个模块多次反复拼排的基本模式，以活动的形式加以呈现，注重教科书的“学材”特征以及生活化和应用性。①

5. 新加坡小学数学教材的编写

有人对新加坡小学数学教科书*My Pals are Here! Maths*（第二版）中的“Home Maths”栏目的编写特点进行了研究。研究发现，就外在编写特点而言，“Home Maths”栏目的呈现以简短、明了的纯文字形式描述为主，让家长和学生在家及附近完成该栏目所提供的内容；栏目的情境类型为生活情境与非生活情境各占一半；栏目的分布以每单元一个的数量为主，以数与代数为主，一年级所含数量最多。就内在编写特点而言，栏目的认知要求以低水平任务为主、高水平任务为辅，让学生在巩固基础知识的同时，也可以提高思维能力和运用所学知识解决实际问题的能力；栏目的活动形式多样，以“口头解释、交流”活动和“动手操作体验”活动为主，游戏等为辅，该栏目注重学生对概念的理解、动手操作能力的培养和问题解决意识的训练。就“Home Maths”栏目与其他栏目关系而言，“Home Maths”栏目主要和“Let’s learn!”板块相关，22%的内容和教科书的其他栏目直接相关，属于非独立状态。78%的独立内容也和“Let’s learn!”板块的内容存在着3种紧密的关系。②

6. 芬兰小学数学教材的编写

还有学者对芬兰Laskutaito版小学数学教科书进行了介绍，发现该教科书表征形式多样，素材生动丰富；体现生活化、本土化、国际化；重视数学知识内部的联结；融合其他学科的内容；重视逻辑推理和发现规律；

---

① 孔凡哲、崔英梅：《韩国小学数学教科书的编写特点及启示》，《教育科学研究》2008年第7期。

② 罗丽珍：《新加坡小学数学教科书“Home Maths”栏目研究及其启示》，西南大学硕士学位论文，2015年，第17—44页。

预留发展空间，重视培养学生创新能力。研究者认为芬兰Laskutaito版小学数学教科书为我国小学数学教材编写提供了有益的启示：设计多元联结式课程；给学生提供实际操作的机会；重视培养学生的问题解决能力；落实“课标”理念，开展创新教育。①

（四）小学数学教材编写的具体问题

1.“数与代数”的编写

有人从编写的理念、编写的框架设计、编写的特色、编写的重点和难点问题及其解决等方面，对“数与代数”的编写进行研究；通过实验情况的调查，对“数与代数”实验的效果及问题进行了研究。通过研究，得到如下结论：一是“数与代数”的编写具有选材联系学生生活、促使学生在情境中学习，呈现形式丰富多彩、激发学生兴趣等编写特色，加强了对学生数感的培养，注重知识逻辑体系和学生认知心理协调发展；二是“数与代数”的编写与《全日制义务教育数学课程标准（实验稿）》有较好的一致性，但是在素材的选取上还应多考虑农村学生的实际，知识系统组织比较合理，但是知识板块之间的联系与综合还有待提高，实验效果比较好，基本达到其应有的教育功能，但是有教学形式化的趋向，师资培训、教学评价等还有待完善和提高。最后论者提出“数与代数”的编写应该坚持为学生学习服务，有利于引导教师对一些基本关系的认识，加大研究的力度，深入研究新教材师资培训的模式和内容以及大力开发新教材教学的辅助材料。②

---

① 范文贵：《芬兰“Laskutaito版”小学数学教科书特色与启示》，《现代中小学教育》2014年第10期。

② 唐华军：《小学数学新教材“数与代数”编写与实验的调查研究》，西南师范大学硕士学位论文，2005年，第13—40页。

有学者对“估算”的编写进行了研究，认为人教版实验教材应该在体现估算作用、灵活选择估算方法和策略等方面进一步改进和修订。[①]另有学者建议估算情境素材的选取应全面兼顾、导向明确；估算内容的布局编排应适当拓展延伸；估算内容的编写设计应全局权衡，体现合理化。[②]还有研究表明，北师大版小学数学教科书重视估算，但缺乏对估算方法的系统呈现。具体而言，北师大版关于估算内容的呈现及其效果，符合《全日制义务教育数学课程标准（实验稿）》的要求；北师大版关于估算内容的呈现，具有遵循螺旋式上升、重视估算意识等突出特点；北师大版中的估算内容设置及其呈现形式，有较大的改进空间。[③]

2.“空间与图形”的编写

有研究者对小学数学教材“空间与图形”的编写设计和教学实验情况进行了研究。通过研究发现：（1）小学数学新教材“空间与图形”的编写较好地体现了《全日制义务教育数学课程标准（实验稿）》的理念和要求，注意协调学生心理规律和知识内在逻辑之间的关系，呈现知识的方式能为学生较好地理解和接受。（2）小学数学新教材“空间与图形”的教学可操作性较强，为教师的教学活动提供了便利。“空间与图形”的学习加深了学生对生活世界空间关系的认识，有利于学生空间观念的培养，很好地激发了数学学习的兴趣。（3）《标准（实验稿）》中“空间与图形”有些内容的要求水平有待商榷；教材中创造性活动应进一步丰富；素材的选取上应体

① 熊华：《小学生估算能力的培养——对小学数学教材估算编排修订的思考》，《课程·教材·教法》2012年第10期。

② 李长毅等：《估算在小学数学教材中的编写与启示——基于人教版、西师版和北师大版教材文本分析》，《课程·教材·教法》2013年第4期。

③ 王玲娟：《小学数学中的估算内容与估算教学的调查分析——以“北师版”教科书为例》，东北师范大学硕士学位论文，2011年，第9—38页。

现本地区和农村特征；教师培训应该重点帮助教师挖掘教材中的数学思想，体会空间观念的内涵；加强信息技术在“空间与图形”教学中的作用。①

3.“统计与概率”的编写

有研究者对小学数学教材“统计与概率”的编写和教学实验情况进行了研究。在对教材编写的研究中，其主要分析了以下几个方面:（1）编写的基本理念；（2）编写的基本框架设计；（3）编写的主要特点；（4）编写中尚存在的问题。研究表明，小学数学新教材“统计与概率”的编写体现了课程标准的理念、意图和要求，符合学科知识的逻辑规律和儿童认知的心理规律，是较为成功的。通过课堂案例分析及分别对学生和教师进行测试、访谈、调查等一系列研究，分析了新教材“统计与概率”内容在教学中的适应性问题。初步的实验表明，教材中该内容的编排，适应教学实际，广大小学数学教师能够较好地驾驭，能很好地促进学生形成初步的统计观念和概率思维。②

另有研究者随机选取某版《义务教育课程标准实验教科书·小学数学》，以“统计与概率”为例，对小学数学教材螺旋上升编排方式进行了分析。研究发现某些螺旋的单元名称存在问题；不同螺旋之间内容存在重复；不同螺旋之间的素材有较多相似或重复。通过研究，建议螺旋单元名称统一用具体知识点命名；螺旋内容重复的可以合并或删去；不同螺旋素材要多样化，有层次性。③

① 曹会东:《小学数学新教材“空间与图形”编写与实验调查研究》，西南师范大学硕士学位论文，2005年，第8—39页。

② 刘福林:《小学数学新教材“统计与概率”编写与实验调查研究》，西南师范大学硕士学位论文，2004年，第9—38页。

③ 李卓:《小学数学教材螺旋上升编排方式探析——以统计与概率为例》,《内蒙古师范大学学报》（教育科学版）2012年第4期。

4.“实践与综合应用”的编写

有学者对小学数学教材“实践与综合应用”的编写原则、编写特色、内容设计进行了分析，并对其实验情况进行了调研。研究发现“实践与综合应用”的编写原则是现实性原则、问题性原则、综合性原则、开放性原则、主体性与合作性原则、实践性原则；“实践与综合应用”的编写特色是教学素材源于学生生活，以问题为线索展现教学内容，采用集中与分散相结合的编排方式，呈现形式丰富多彩，加强知识的综合应用和注重学法指导。通过实验调查结果表明，“实践与综合应用”内容较好地体现了《全日制义务教育数学课程标准（实验稿）》的理念和要求；实验效果好；对教师和学生的发展都有良好的促进作用；在农村和城市的实验效果无显著差异，有利于农村与城市的数学教学水平同步提高；分散安排的“实践与综合应用”内容可操作性强，集中安排的“实践与综合应用”内容可操作性还有待提高；对实验教师的培训还需要加强。最后，论者认为应突出学生对数学知识结构的主动构建；应坚持集中与分散相结合的编排方式；应增设“实践与综合应用”选学内容；教师应创造性使用新教材中“实践与综合应用”的内容；应加强教师相关培训；应加大宣传力度，争取社会支持。①

有学者对小学数学教材中“数学应用的编写”进行了思考，认为应从更为广义的角度去理解数学的应用，将“应用题”的内容范围加以扩展，建立一个更为完善的“数学应用”体系。而在具体编写上，应以“问题解决”的相关理论为指导，在“问题解决”的大背景下编写“数学应用”。“数学应用”是对“应用题”的一种超越，其内容覆盖面要更广，形式要

① 张辅：《小学数学新教材“实践与综合应用”编写与实验的调查研究》，西南师范大学硕士学位论文，2004年，第8—26页。

更多样，要体现问题解决的一般过程，要体现解决策略的多样化，要注重提高学生提出问题的能力，要着眼于数学思维品质与数学精神的全面提高。①

5. “数学文化”的编写

有学者对小学数学教材数学文化内容的编写进行了研究，提出以下四点建议：一是统筹布局，螺旋上升；二是超越“阅读”定位，实现数学知识与数学文化的融合；三是挖掘数学史的文化内涵，凸显教育价值；四是要以多元文化的眼光取舍素材。②

另有研究者对人教版小学数学教材“你知道吗”栏目的编写意图进行了分析，得出这一栏目的编写意图主要有三点，即传播数学文化，传承中华数学文明；激发学习兴趣，加深对数学的理解；拓展数学知识，丰富教学过程。研究者也对该栏目的数量分布、呈现方式、篇幅容量、内容选择进行了分析，从整体上把握人教版“你知道吗”栏目的编排。最后，建议教师在处理“你知道吗”栏目时整合资源，优化配置；深入挖掘，渗透文化。③

还有研究者对北师大版小学数学教科书中的数学文化进行了研究，具体分析了数学文化在各领域的呈现，呈现内容的年级分布和编排，数学游戏和背景知识介绍，并提出了以下建议：一是适当增加“空间与图形”“统计与概率”领域中数学文化的内容呈现；二是选择更具有数学游戏意义的内容，对现有数学游戏内容做适当调整，剔除数学游戏内容中的

---

① 丁国忠：《数学应用：对应用题的超越——对小学数学教材中“数学应用”编写的几点思考》，《课程·教材·教法》2008年第1期。

② 王九红：《小学数学教材数学文化内容的编写——基于四种版本教材“你知道吗”栏目的统计与分析》，《教育理论与实践》2010年第2期。

③ 张贝贝：《小学数学教材“你知道吗？”栏目的研究——以人教版为例》，华中师范大学硕士学位论文，2017年，第10—52页。

纯粹练习部分，增加智力游戏的部分，让数学游戏更具趣味性和吸引力；三是注重数学文化内容的重组与编排。在选择数学文化内容的时候，不仅要考虑学生的接受能力，更应该对其科学性进行推敲；四是增加数学文化在教师用书中的深层呈现。①

6. 总复习的编写

巩子坤和宋乃庆的研究认为，小学数学教材中总复习设计应遵循可持续发展原则、提供线索原则和兼顾教与学原则。在具体设计时，要提供梳理知识的线索，提供适切的数学活动，提供具有综合性、挑战性的习题，提供探索的空间。这样设计总复习，超越了知识的强化，有利于学生认知结构的形成和优化；超越了技能的训练，有利于学生解决问题能力的提升。②

7. 教材的评价

有研究者对教材与课程标准的一致性进行了研究。通过对北师大版、人教版两个版本数学教科书与课程标准的一致性分析，研究者得出研究结论：在课程广度、课程难度上，教科书与课程标准具有较好的一致性；在课程深度上，教科书与课程标准没有较好的一致性。在此基础上，研究者为教科书的修订和完善提出了具体建议：教科书的编写要正确理解数学课程的理念；教科书的编写要准确把握数学课程目标的要求；教科书的编写要遵循学生的数学学习规律。③

另有研究者对教材的适用性进行了研究。研究发现，北师大版小学数

① 宋乐乐：《数学文化在小学数学教科书中的呈现研究》，东北师范大学硕士学位论文，2012年，第40—65页。

② 巩子坤、宋乃庆：《新课标小学数学教科书总复习设计的原则与策略》，《课程·教材·教法》2006年第8期。

③ 孟浩：《小学数学教科书与课程标准的一致性研究——基于课程内容难度层面》，东北师范大学硕士学位论文，2007年，第18—70页。

学教材内容设计生活化，素材新颖别致，呈现方式丰富多彩，但教学容量偏大，习题量偏小；教材以单元为整体，情境为线索，教材弹性很大。研究者通过对教材在使用中出现的问题及现状的考察，得出北师大版教材情境设计符合学生的生活，素材富于时代气息，但内容目标表现得不明确，没有相应的课时提示，习题和素材的难度不够稳定，老教师比新教师更容易驾驭教材，二次开发难度稍大。总体看来，北师大版教材体现了课程标准的要求，对教师的教学设计有很好的启发作用。最后研究者对教材的编写者和教师提出了相应的建议，包括：建议教材编者明确教学目标与知识，给出每个小节的课时量，增加题量调整难度，避免纯知识性的错误；建议教师在使用北师大版教材时，广泛参考各类教材，明确教学内容，调整习题难度，寻找更多资源，利用优秀素材，贴近学生生活。①

8. 教材编写的其他问题

（1）插图的选用

有学者的研究表明，无论应用题难易，学生对有背景插图的理解优于对无背景插图的理解；复杂的插图背景有利于学生理解较难应用题；简单的插图背景有利于学生理解较容易应用题；眼动实验结果表明：小学一年级数学新教材插图效果较好。②

（2）开放题的编写

有研究者系统地分析了沪教版小学数学教科书中开放题的设置。研究发现开放题在沪教版教科书五大板块中的分布差异较大，首先开放题主要分布在“数的运算”这一板块，其次是“图形与几何”。在“方程与代

① 侯前伟：《小学数学教材适用性的个案研究——以北师版义务教育课程标准实验教材四年级上册为例》，东北师范大学硕士学位论文，2006年，第16—24页。

② 韩玉昌、任桂琴：《小学一年级数学新教材插图效果的眼动研究》，《心理学报》2003年第6期。

数”“统计与概率”“专题研究与实践”分布较少，“方程与代数”这一板块最少。整体上看开放题的题量随着年级的增长在稳步增加，在五年级达到最高。基本题型为四种，较为单调，缺乏多样性。研究者还指出开放题缺乏系统性和连续性；趣味性偏低，题型设计缺乏创新；开放程度低，缺乏层次性；情境设计单调，缺乏主体性。基于此，提出了一些改进的建议，包括遵循趣味性原则、开放性原则、科学性原则、启发性原则、层次性原则和自主性原则，并根据不同的题型选择恰当的设计策略。①

（3）数学术语的编写

有人发现人教版小学数学教材中的数学术语基本均匀分布在各个年级中，且主要集中于“数与代数”领域和“图形与几何”领域；“统计与概率”领域的数学术语所占比例仅2%，因此可以适当地扩大“统计与概率”领域数学术语的比例以丰富学生这一领域的知识；教材呈现数学术语的方式，低年级主要以实指定义为主，随着年级的升高以列举定义和内涵定义为主要呈现方式，这与学生的学习特点和认知特点有关。与此同时，研究者还发现人教版教材中存在有些数学术语的混淆使用和同一术语有多种含义的现象，并未遵循统一的标准，会影响学习者对数学术语的认识。②

（4）教材的难度

有研究者基于文献分析、专家访谈，编制了小学数学教材难度影响因素调查问卷，并采用探索性和验证性因子分析等统计方法分析调查数据，从九个核心影响因素，内容难度、例题难度和习题难度等三个维度构建了小学数学教材难度线性模型$N = 0.30C + 0.36W + 0.34E$，初步验证了问卷

① 钱郁和：《小学数学教科书中开放题状况及对策研究——以沪教版为例》，上海师范大学硕士学位论文，2018年，第21—44页。

② 向飞：《小学数学课程中数学术语的研究》，首都师范大学硕士学位论文，2014年，第10—40页。

的有效性。[①]另有学者针对评价教材难度的5个主要因素，利用层次分析法确定各指标权重，并运用灰色系统理论，建立灰色关联分析法模型，对亚洲中、新、韩、日四国的小学数学教材难度进行分析和评价，得到教材难度评价由难到易的排序结果为：中国、韩国、日本、新加坡。[②]

三、小学数学课程的比较研究

（一）小学数学课程内容的比较研究

小学数学课程内容的比较研究主要包括我国小学数学课程内容的比较研究、中外小学数学课程内容的比较研究。

1. 我国各地小学数学课程内容的比较研究

（1）海峡两岸的比较

有研究者对我国大陆与台湾现行小学数学课程标准文本（主要是《义务教育数学课程标准（2011年版）》和《国民中小学九年一贯课程纲要——数学学习领域》）进行了比较。大陆与台湾现行小学数学课程内容体系都具有一定的层次性和系统性，大陆数学课程内容体系的层次性更为明显，不同层次的课程内容隶属关系明确，同一层次的课程内容相对独立性较强，知识点表述更加明确，台湾数学课程内容体系的综合性较强；大陆现行小学数学课程在整体和“数与代数”领域内容广度略小于台湾，在“图形与几何”“统计与概率”领域的内容广度以及课程深度略大于台湾；

---

① 蔡庆有等：《小学数学教材难度模型研究》，《教育学报》2013年第5期。

② 张廷艳：《基于AHP和灰色关联分析法的亚洲地区小学数学教材难度研究——以中、新、韩、日四国为例》，《西南大学学报》（自然科学版）2015年第11期。

大陆现行小学数学课程内容难度高于台湾。大陆与台湾现行小学数学课程的编排基本都是呈螺旋形排列结构，只有两地的“正、反比例”和大陆的“随机现象发生的可能性”两个知识模块是呈直线形结构。大陆与台湾现行小学数学课程内容的知识系统都呈现出明显的活动化和生活化的特征，助读系统具有显著的情境性，突出数学知识与学生生活实际的普遍联系，大陆数学课程内容的问题情境多是人为创设，教学模块之间的联系性和综合性较强，且语言表述专业性较强；台湾数学课程内容的问题情境多为直接取材于学生生活实际，教学模块相对比较独立，目标性较强，语言表述的专业性循序渐进。通过比较，为我国大陆与台湾义务教育小学阶段数学课程内容改革提出以下建议：大陆地区应对数学课程内容进行合理的整合，适当降低和减少课程的难度和知识容量，语言表述要考虑学生的身心发展特点，台湾地区应加强数学课程内容体系的层次性和联系性，突出数学课程的逻辑性特征；大陆数学课程内容的编排结构则需结合本地区实际做出适当调整，平衡螺旋形结构和直线形结构的合理运用；大陆数学课程内容的呈现方式应加强知识系统的生活化，增强课程与学生生活的联系，语言表述的专业化则应符合学生的认知水平，台湾地区数学课程内容的呈现方式应考虑知识系统的问题情境的迁移，创设一定的问题情境，语言表述应适当专业化，不可过分迁就学生的认知能力。①

（2）海峡两岸暨香港、澳门的比较

有研究者对我国海峡两岸暨香港、澳门义务教育数学课程标准（“空间与图形”部分）进行了比较研究，发现：大陆更强调课程的基础性和

① 杨健：《中国大陆与台湾现行小学数学课程的比较研究》，西北师范大学硕士学位论文，2015年，第25—60页。

普及性，香港和台湾几何部分内容设计弹性较强，关注学生个性发展的差异，通过必修加选修满足不同性向学生发展的需要；受西方教育思想的影响，香港几何部分内容浅显，理论证明的要求相对较低，但注重几何思想方法的显性介绍；台湾几何部分传统欧氏几何内容较多，而“空间”的内容较少，注重几何与其他学科间的联结；大陆几何部分内容丰富，对演绎证明的要求最高。通过分析比较，研究者对大陆义务教育“空间与图形”领域课程内容方面提出了一些思考和建议：课程内容应弹性设计，注重几何思想方法的显性介绍，加强几何与其他学科和生活经验的联系。①

2. 中外小学数学课程内容的比较研究

（1）中国与美国的比较

有研究者选取中国的沪教版和美国的Houghton Mifflin版1—5年级的小学数学教材为分析对象，比较中美两国小学数学课程内容的结构、组织和呈现。研究发现，中美两国的课程内容横向结构基本一致，课程内容呈现的问题性和整合性存在一定共性，都体现了课程内容结构的整合性和多维度；课程内容纵向结构差异显著，课程内容组织形式不同，课程内容呈现的问题性和整合性也不同。基于此项研究，研究者提出五条建议：平衡数学知识和能力的培养；丰富课程内容的组织形式；设计富有挑战性的问题情境；加强学科间的整合；加强现实生活、学生经验和数学知识的紧密联系。②

---

① 杨健：《中国大陆与台湾现行小学数学课程的比较研究》，西北师范大学硕士学位论文，2015年，第25—60页。

② 王静：《中美小学数学课程内容比较研究——以上教版教材和Houghton Mifflin版教材为例》，上海师范大学硕士学位论文，2011年，第17—50页。

有研究者对我国《义务教育数学课程标准（2011年版）》（小学部分）与美国2010年颁布的《共同核心数学课程标准（K-12）》（小学部分）进行了比较。其中，对“数与代数”“图形与几何”“统计与概率”等领域分别进行了比较，并从内容标准的结构、广度、具体内容等多个角度进行了文本比较。通过比较，认为我国数学课程标准内容编制系统并逐渐上升。①另有研究者对这两个文本的内容标准进行了比较，发现两国的内容领域划分不同，即使同一内容也会出现要求不同，相对来说我国的要求深度要高于美国，同时两国都重视培养学生数感、空间观念、数据分析能力、综合实践能力。②

（2）中国与日本的比较

有研究者对中国的《义务教育数学课程标准（2011年版）》（小学部分）和日本2008年颁布的《小学数学指导要领》进行了比较。在微观上，研究者分别从“数与代数”“图形与几何”“数据与统计”“综合与实践”四个方面对两国标准的课程内容进行了详细的比较与分析。通过研究提出课程内容设计要合理，不能一味降低难度。③

另有研究者对中国的《义务教育数学课程标准（2011年版）》（小学部分）与日本2011年正式实施的中小学《学习指导要领》中的小学数学部分进行了比较。在课程内容方面，从“数与代数”“图形与几何”“统计与概率”“综合实践与数学活动”四个方面对两国小学数学课程标准中最关键的课程内容进行了量化分析。通过研究认为，我国小学数学课程应进

① 张雨薇：《中美小学阶段数学课程标准比较研究》，扬州大学硕士学位论文，2013年，第35—52页。
② 胡明泉：《中美小学数学课程标准比较研究》，上海师范大学硕士学位论文，2017年，第29—43页。
③ 汤飞燕：《中日现行小学数学课程标准比较研究》，扬州大学硕士学位论文，2014年，第30—45页。

一步重视实践活动。①

（3）中国与英国的比较

有研究者选取中国的《义务教育数学课程标准（2011年版）》（小学部分）与英国2011年11月在教育部网站上更新的小学数学课程内容进行比较。对内容标准的比较从“数与代数”“几何”“统计与概率”“综合实践活动”四个领域展开，对内容标准中的内容呈现方式、内容范围、内容侧重点等方面进行了详细比较。研究表明，两国小学数学课程标准的内容范围基本相同，只是呈现方式不同；除统计知识以外，中国小学数学课程知识较英国小学数学课程知识深，且两国数学学习过程中关注的侧重点不同；中国小学数学课程的知识容量较大。②

另有研究者对中国的《义务教育数学课程标准（2011年版）》（小学部分）和英国2014年12月在教育部网站上发布的《国家课程》中的小学数学课程标准进行了比较。研究发现，中国的小学数学课程内容在广度上稍大于英国，在深度上比英国要深，但英国对知识的描述更详细具体，层次更分明。③

（4）中国与俄罗斯的比较

有研究者对我国《义务教育数学课程标准（2011年版）》（小学部分）与俄罗斯2004年颁布的《国家数学教育标准》（小学部分）进行了比较。在课程内容上，比较了课程内容的四个方面：“数与代数”“图形与几何”“统计与概率”“综合与实践”。通过比较，发现我国的内容深度与广度均

---

① 黄晓强：《中日小学数学课程标准的比较研究》，海南师范大学硕士学位论文，2017年，第29—36页。

② 束君：《中英小学数学课程标准比较研究》，扬州大学硕士学位论文，2013年，第26—47页。

③ 李家贝：《中英小学新数学课程标准的比较研究》，沈阳师范大学硕士学位论文，2016年，第23—45页。

超越俄罗斯，且两国的具体领域划分不同。[①]

（5）中国与加拿大的比较

有研究者对中国的《义务教育数学课程标准（2011年版）》（小学部分）与加拿大安大略省2005年公布的《1—8年级数学课程标准》（1—6年级）进行了比较。研究发现，在课程内容方面，两国均涵盖了“数与代数”“图形与几何”“统计与概率”三大领域的内容，但呈现方式不同，而中国标准比安大略省还独立设置了综合与实践领域的内容。最后，研究者建议要密切各板块联系，促进跨板块综合学习。[②]

（6）中国与澳大利亚的比较

有研究者对中国的《义务教育数学课程标准（2011年版）》（小学部分）与2011年正式实施的《澳大利亚数学课程标准》进行了比较。研究表明：在“数与代数”领域，结构上两国呈现的方式相同、包含的具体内容部分不同，内容上都重视基础知识、强调数感的体验、注重符号意识，但对运算能力的要求不同、文化传统的重视程度不同；在“几何”领域，结构上两国的名称设置有一定的差异、具体子内容部分相同，内容上都强调空间观念、注重几何直观、关注几何学习的心理特征，但内容难度有差异、案例处理的形式也不同；在“统计与概率”领域，结构上两国名称设置有差异、具体子内容基本相同，内容上都强调数据分析、突出随机思想、内容倾向有区别、选取的案例特点也有差别。通过对具体内容的综合比较显示：从课程内容数量的角度，随着年级的升高，两国课程内容要求的条目总数量呈现上升趋势，高年级学段要求学习的内容数量明显多于低

---

① 张星婷：《中俄小学数学课程标准比较研究》，扬州大学硕士学位论文，2015年，第32—46页。

② 何佳：《中加小学数学课程标准比较研究——以安大略省为例》，扬州大学硕士学位论文，2014年，第33—59页。

年级学段，并且中国课程内容条目的总数量多于澳大利亚；从详略程度的角度来看，澳大利亚的内容描述较我国详细，“数与代数”和“几何”领域在两国的课程内容中所占比例较重；从内容深度角度，澳大利亚在各领域的深度都高于我国。①

（7）中国与韩国的比较

有研究者对中国的《义务教育数学课程标准（2011年版）》（小学部分）与韩国于2011年颁布的《数学教学课程》进行了比较。研究发现，在课程内容方面，两国课标都主要涉及“数与代数”“图形与几何”“统计与概率”三大部分，但在学段和领域划分、具体条目设计和内容呈现等方面存在显著差异。韩国课标的领域划分更加细化，条目设计对应具体教学内容，而中国课标概括性更强，且独立设置了“综合与实践”领域。通过比较，研究者认为我国应充实课程内容，优化案例指导作用；细化板块设计，提升数学语言规范性。②

（8）中国与印度的比较

有研究者对中国的《义务教育数学课程标准（2011年版）》（小学部分）与印度2006版《基础教育数学教学大纲》进行了比较研究。研究发现，在课程内容方面，两国都涵盖了“数与代数”“图形与几何”“统计与概率”三大领域内容。此外，我国还单独设立了“综合与实践”领域的内容。通过比较研究，研究者认为我国课程标准应该丰富“综合与实践”的内容设计。③

---

① 高雅：《中澳小学数学课程标准比较研究》，扬州大学硕士学位论文，2014年，第26—47页。

② 宋丽瑾：《中韩现行小学数学课程标准比较研究》，扬州大学硕士学位论文，2015年，第26—39页。

③ 朱灵媛：《中印小学数学课程标准比较研究》，扬州大学硕士学位论文，2015年，第21—35页。

（9）中国与新加坡的比较

有研究者对中国的《义务教育数学课程标准（2011年版）》（小学部分）与新加坡2006年颁布的《小学数学教学大纲》进行了比较研究。研究发现：在“数与代数”领域，主要内容基本相同，都重视基础知识，培养数感成为重要目标，通过具体情境从现实问题出发培养数感，强调算法多样化，但我国在难度上稍高于新加坡；在“图形与几何”领域，几何与测量部分内容和难度设置基本相同，都重视建立空间观念，都强调通过对事物的观察和操作认识图形，但在部分内容的划分上不同，我国一部分内容在新加坡并未设立；在“统计与概率”领域，都重视发展学生的数据分析观念，但新加坡未加入“概率”的内容，“刻画数据集中趋势的统计量”内容不尽相同。通过研究，研究者建议我国在制定数学课程标准时，应适当改变内容标准的呈现形式，进一步加强数学知识之间的联系，适当改变某些知识的引入方式。①

（10）中国与荷兰的比较

有研究者对中国的《义务教育数学课程标准（2011年版）》（小学部分）与荷兰2003版小学数学课程标准进行了比较。研究发现，在课程内容上，两国都重视培养学生数感、空间观念和综合运用能力，但领域划分不同；中国课标涉及的知识内容更为广泛，但在深度上两国基本相当。通过比较，研究者认为小学数学课程改革应增加跨学科目标内容，加强学科之间的联系；注重知识领域中的实践运用，强化综合与实践领域的学习。②

---

① 史雪萍：《中国和新加坡小学数学课程标准比较研究》，扬州大学硕士学位论文，2013年，第30—44页。

② 吴一枝：《中荷小学数学课程标准比较研究》，扬州大学硕士学位论文，2014年，第31—44页。

（二）小学数学教材的比较研究

1. 我国各版本小学数学教材的比较研究

（1）人教版新版与旧版的比较

有研究者从教材的编写理念、教材的结构、教材的内容、例题和习题、教材的呈现形式、教材的特色六个方面对人教版小学数学新教材与传统教材进行了较为深入、系统的比较研究，得出以下主要结论：一是传统教材与新教材的编写分别秉持了“教材即知识”“教材是范例”的教材观；二是传统教材的结构比较简单，新教材的结构较为复杂；三是传统教材与新教材在内容上分别关注内容的数学化、生活化；四是传统教材呈现形式单一、严肃，新教材呈现形式丰富、活泼；五是新教材例题比传统教材多，习题量大大少于传统教材；六是传统教材与新教材的特色分别具有“学科中心”“儿童本位”倾向。①

另有学者通过比较人民教育出版社1994年版和2004年版两个版本的小学数学教材，发现：2004年版中问题提出的百分比高于1994年版；两个版本教材中的问题提出可以分为五类且五类的分布显著不同；两个版本教材中的问题提出在不同教学环节的分布有显著的差异；两个版本教材中的问题提出在不同内容领域的分布也有显著的差异；2004年版比1994年版囊括了更多以图表的形式给出的问题情境。②

（2）人教版与北师大版的比较

有研究者对人教版和北师大版小学数学教材“数与代数”领域进行了

① 陈倩：《小学数学新教材与传统教材的比较研究》，西南师范大学硕士学位论文，2005年，第7—51页。

② 胡典顺等：《数学问题提出与课程演变：两个版本小学数学教材的比较》，《课程·教材·教法》2015年第7期。

比较研究。研究表明，从课程内容角度分析，两版教科书都是采用了“螺旋上升”的编排方式对知识进行整合。人教版更为细致，注重知识的基础性。北师大版注重开放和创新。两个版本都注重阐述数学背景知识，让学生思想道德和文化素养都得到提高。从呈现方式角度分析，北师大版更为活泼，形式上更能为学生接受，活动设计也更为新颖，重视对学生能力的培养。①

另有研究者对人教版和北师大版小学数学教材“图形与几何”领域进行了比较研究。通过研究，得出以下结论：一是人教版三年级、五年级和六年级的“图形与几何”领域要求的几何认知水平过高，北师大版五年级和六年级的“图形与几何”领域要求的几何认知水平过高；二是人教版和北师大版“图形与几何”领域的几何认知水平分布是混合的；三是人教版和北师大版“图形与几何”领域的插图类型和语言趣味性符合学生年龄特征；四是人教版的“图形与几何”领域需要增加“归纳”和“提问”类栏目，北师大版“图形与几何”领域需要增加“引文”类栏目。②

有人对人教版和北师大版小学数学教材“综合与实践”领域进行了比较。研究初步得到如下结论：在编写理念上，两个版本都是以《标准（2011年版）》的基本理念为依据进行编写，但两版本教科书“综合与实践”领域的内容各具特点；在编写目标上，两个版本教科书“综合与实践”领域都是依据《标准（2011年版）》的要求来设置教学目标的，但两个版本的教科书在目标设置上各有侧重；在专题数量上，两个版本总体上

① 徐晓莹：《小学数学教科书“数与代数”领域课程内容的选择与呈现研究——以“北师版”和“人教版”为例》，东北师范大学硕士学位论文，2013年，第9—36页。

② 于海霞：《小学数学教科书“图形与几何”领域比较研究》，辽宁师范大学硕士学位论文，2013年，第22—53页。

波动较小，但总数量差异较大；在内容选择上，两个版本的教科书都反映了新的数学课程理念，具体内容体现出了内容设计趋于综合化和内容选择趋于开放化的特点；在编排方式上，宏观上看两个版本教科书中的“综合与实践”的编排方式，都较好地反映了《标准（2011年版）》的理念和要求；在呈现方式上，两个版本教科书中的“综合与实践”都以丰富多彩的形式呈现学习内容，两个版本的差异主要体现在文本表达方式的不同，相同素材组织形式所占比例不同，从整体上看，人教版给人的直观感觉较拥挤，北师大版稍好。①

有研究者对人教版和北师大版小学数学教科书中的函数思想的渗透情况进行对比分析，总结出两个版本教科书函数思想渗透的基本特点、编写特色及存在问题，在此基础上提出了函数思想有效渗透的改进策略。研究发现两版教科书有关函数思想渗透的基本特点：一是函数思想可在小学数学各年级的教科书中进行渗透；二是函数思想的渗透既是连续性的，又是螺旋上升的；三是习题在函数思想渗透中发挥重要作用；四是例题作为最能反映函数思想呈现效果的载体，对函数思想的呈现基本是成功的。研究者也总结出两版教科书有关函数思想渗透的若干特色：在人教版教科书中，综合与实践和“数学广角”是函数思想渗透的“基地”；而北师大版教科书通过例题图文并茂地呈现函数思想的重要价值。接着，研究者指出了两版教科书函数思想渗透的主要问题：一是人教版教科书函数思想的呈现形式相对单一；二是北师大版对函数思想的关注度相对低下；三是两版教科书对函数思想的渗透，显现出在各知识领域分布不均衡的共性特征。

① 沈珍珠：《小学数学教科书中“综合与实践”的比较研究——以人教版、北师大版为例》，赣南师范大学硕士学位论文，2017年，第12—36页。

最后，研究者提出了几点改进建议：人教版教科书更应注重平衡函数思想的呈现形式；北师大版教科书应关注函数思想的应用价值；在现有函数思想课程内容分布的基础上，适当向图形与几何、统计与概率和综合与实践部分倾斜。①

还有研究者对人教版和北师大版小学数学教科书中的“数学应用题”进行了较为深入的比较研究，初步得出几点结论。在符号种类上，两版教科书力求图文并茂，较好地联系实际生活，符号选择多样化。差异为：和北师大版相比，人教版中的文字类多于图表类；在素材选取上，两版教科书素材来源丰富，以中性化情境取向素材为主，差异在于两版教科书侧重不同；在变量关系上，两版教科书数学应用题数学问题与题设的直接关系所占比例最大，其次是间接关系，最后是不确定的变量关系，但不同数学问题位置的变量关系分布不同，且所占比例差异较大；在数学问题上，两版数学教科书关注开放式，单个式的数学应用题不少，主要以题组的形式呈现，主要差异表现为两版教科书开放类型随着数学问题的数量分布不同而产生不同。②

（3）人教版与苏教版的比较

有人通过对人教版和苏教版小学数学“解决问题”集中编排的板块进行比较，得出以下结论：人教版“数学广角与找规律”和苏教版“解决问题的策略与找规律”的教材编写基本体现了《全日制义务教育数学课程标准（实验稿）》的要求，在内容安排上均体现了科学的数学学习方式，且

① 谢雪苗：《函数思想在小学数学教科书中的渗透研究——基于人教版和北师版比较的视角》，东北师范大学硕士学位论文，2017年，第17—46页。

② 李孝辉：《小学数学应用题编写的比较研究——以人教版和北师大版三年级（教科书）为例》，四川师范大学硕士学位论文，2018年，第13—31页。

素材来源多样化，文本表达方式丰富多彩，但仍有不少无明显现实背景的素材，第二学段中数学活动偏少；苏教版在文本表达方式上更加儿童化，在内容安排和呈现方式上更符合现代心理学的理论，起到了先行组织者和“脚手架”的功能，材料的呈现也更加合理，能唤起学生的潜在经验；两个版本的“实践与综合应用”在编排体系、内容安排和素材来源上基本符合《标准（实验稿）》中关于“实践与综合应用”的要求，但编排体系没有成系统性，专题数量的具体安排有待仔细斟酌，农村题材偏少。另外，苏教版在内容上的自主探究性不够。在比较了两版教材的基础上，研究者提出了几点建议。一是苏教版“解决问题的策略和找规律”可以从低段就开始编排相关内容，并且两个版本的编排体系可以相互借鉴，使之更成体系；人教版的内容安排可以运用先行组织者策略引入新知，以降低学生学习的难度；在呈现方式上，人教版需在例题和习题中精细设计更多的形象化且有利于唤起学生潜在经验的教学材料。二是两个版本在“实践与综合应用”的编排体系上可以将部分内容自成体系；在内容安排上苏教版可以减少第一学段中部分不含直接经验的虚拟数学情境，多一些真实生活的体验，第二学段可以留给学生更大的空间自主探究，而人教版可以为学生提供更多的相关材料，帮助学生积累更丰富的数学活动经验。①

另有研究者对比分析了人教版和苏教版小学数学教科书“图形与几何”的几何思维水平分布情况。通过研究发现：两个版本教科书“图形与几何”内容编排的逻辑顺序和组织方法相同，涉及的知识点也基本相同，两个版本教科书在单元设置及单元展开体例上有所区别，在个别知识点呈

① 段丽莎：《小学数学教材“解决问题”集中编排的比较研究》，杭州师范大学硕士学位论文，2013年，第13—42页。

现的先后顺序上，也有各自的特色；两个版本教科书“图形与几何”内容都覆盖了范希尔几何思维的前三个水平，其中水平1占的分量最大，人教版比苏教版更注重水平2的培养，苏教版比人教版更注重水平0的发展；两个版本教科书“图形与几何”内容在各年级分布呈现不同的特点，两个版本教科书“图形与几何”内容在几何思维水平的过渡上也有不同的特点。①

还有研究者以第二学段苏教版和人教版小学数学教科书为研究对象，对“统计与概率”领域的编排进行了比较研究。通过研究，得到如下结论：一是两个版本的教科书编排体例上各具特色；在知识广度上，两个版本的广度有显著性差异，其中“苏教版”的广度大于“人教版”，知识点数量明显比“人教版”数量多，但是背景因素低于“人教版”；在内容深度上，“人教版”的平均深度大于“苏教版”；习题设置上，两个版本在习题数量上和习题难度上均有差异。②

（4）人教版与西南师大版的比较

有研究者对人教版和西南师大版小学数学教材进行了对比，发现：两个版本教材的“统计与概率”领域的单元数量并不相同；人教版教材和西南师大版教材素材来源上既有相似的地方，也有各自特色；统计部分人教版的内容分布更广，螺旋数量更多，螺旋内容重复也较多，概率部分西南师大版的内容分布更广，螺旋数量更多，螺旋内容也更丰富，由于人教版教材的统计部分螺旋数量较多，螺旋内容分布更广，因此在相同的学习时

① 金纯：《小学数学教科书“图形与几何”领域比较研究——基于范希尔理论的视角》，南京师范大学硕士学位论文，2015年，第23—31页。

② 廖张艳：《小学数学教科书“统计与概率”领域的比较研究——以第二学段苏教版和人教版为例》，南京师范大学硕士学位论文，2017年，第29—59页。

间之内，螺旋时间平均间隔更短，更有利于学生接受教学内容，掌握知识点；两个版本在图片分类方式上既有相似的地方，也有各自特色。①

另有研究者对人教版和西南师大版小学数学教材文本进行了分析，发现：在编写理念上两版教材基本相同，人教版编写严密，注重基础知识，西南师大版更强调学生学习的积极性和主动性；在教材结构上，人教版教材结构简洁有序、逻辑性强，西南师大版教材结构相对复杂，呈现形式多样；在内容分布上，每一学段每一册内容两版教材基本一致，但根据数学知识的衔接程度及学生认知结构稍有不同，人教版严谨简洁，西南师大版明显翔实并多样；在典型案例上，两版教材的呈现形式区别较大，人教版以注重数学知识和基本技能为核心，讲究程序化教学，西南师大版相对活泼和丰富，教学形式也比较多样。②

（5）人教版与浙教版的比较

有研究者对人教版和浙教版小学数学教材进行了全面的分析和比较，发现两种版本在内容目标上基本依据课程标准的要求，能全面顾及三维目标的协调并进，在内容标准上基本能涵盖“数与代数”“空间与图形”“统计与概率”“综合实践”四方面知识领域的内容，但在内容编排结构体例上有较大的差异，而在内容呈现形式上也各有特色。最后研究者建议在充分考虑体现课程标准理念思想的基础上保留自己的个性思想和本土特色，编写出大家喜爱的教材。而对于教材的执行者教师来说，读懂并选择好一

① 钟鼎恒：《小学数学教材“统计与概率”比较研究》，华中师范大学硕士学位论文，2013年，第10—38页。

② 毛龙辉：《西师版与人教版小学数学教材编写比较研究——以小学四年级下册为例》，西南大学硕士学位论文，2013年，第13—40页。

本教材，将是实践工作中最好、最直接、最廉价和最受益的培训。①

（6）人教版与冀教版的比较

有研究者对人教版和冀教版小学数学教材进行了比较，发现两版教材在素材的选取上都非常注重与学生的实际生活相联系，情景选择贴近学生的现实生活；两版教材在“统计与概率”领域的单元主题设置和单元数量相同，但具体内容的编排和课时安排差异较大，冀教版教材安排的课时量明显多于人教版教材，更重视培养学生的数据分析观念；教材内容的前后顺序编排也有很大差异。②

（7）北师大版与苏教版的比较

有研究者以北师大版和苏教版一至六年级的小学数学教科书为研究对象，从教学目标、内容广度、螺旋编排、素材选取、呈现方式五个方面比较两版教科书在“统计与概率”内容板块的异同，得出了一些研究结论。在教学目标上，北师大版注重学生对知识的理解性以及统计观念和随机思想的培养；苏教版偏向于强调知识的应用性。在内容广度上，北师大版教科书安排比较均匀，但在三年级下册内容安排上显得过于简单；苏教版教学知识点偏少，相比较北师大版缺少了游戏公平内容，过晚学习扇形统计图和各类统计图的选择与应用知识。在编排方式上，两版教科书各有特色，苏教版教科书在统计部分螺旋数量更多，螺旋时间更均匀；北师大版教科书在概率部分螺旋数量更多。在素材来源上，两版教科书中素材城市化倾向均大于农村化倾向，城乡未达到平衡；苏教版应提高自然环境素材

① 石利群：《新课程改革背景下两种版本小学数学教材的比较研究》，湖南师范大学硕士学位论文，2009年，第9—56页。

② 任燕肖：《人教版与冀教版小学数学教材的比较研究——以“统计与概率”领域为例》，河北师范大学硕士学位论文，2018年，第15—46页。

来源比重，北师大版应增加家庭生活来源比重。在呈现方式上，北师大版教科书图表、人物语言的使用更为集中，苏教版更分散；北师大版更偏重利用统计表呈现，苏教版偏重统计图呈现方式。①

（8）北师大版与西南师大版的比较

有研究者采用定量比较法对北师大版和西南师大版小学数学教科书“统计与概率”的螺旋式结构编排进行了比较，得出结论：对于统计这一知识点，北师大版教科书在螺旋内容、螺旋数量上都比西南师大版多，西南师大版教科书螺旋时间间隔比北师大版教科书螺旋时间间隔均匀，两个版本的教科书在平均时间间隔方面差异比较大；对于概率这一知识点，两个版本教科书在螺旋内容上基本一致，北师大版教科书螺旋数量比西南师大版教科书螺旋数量多，西南师大版教科书螺旋时间间隔比北师大版教科书螺旋时间间隔均匀，两个版本的教科书在平均时间间隔方面差异较大。②

（9）沪教版与苏教版的比较

有研究者选择沪教版和苏教版为比较对象，以“图形与几何”内容为例，采用文献法、内容分析法和对比分析法探究两版教材的共性和差异。通过对教科书进行横向维度分析比较得出结论：两版教科书大体上都是按照单元标题—例题—练习题这样的结构来安排的，但具体结构上有差异；都涵盖了四大主题，“图形的认识”和“测量”分布范围最广，知识点数量较多，“图形的运动”和“图形与位置”分布范围较小，知识点数量较少；总体上都是从易到难，由简单到复杂，符合学生的认知心理规律，但

① 张维纳：《小学数学教科书中“统计与概率”内容比较研究——以北师版和苏教版教科书为例》，赣南师范大学硕士学位论文，2017年，第11—28页。

② 李卓、于波：《小学数学教科书螺旋式结构编排比较研究——以北师版和西师版“统计与概率”为例》，《内蒙古师范大学学报》（教育科学版）2012年第2期。

“测量”和“图形的位置”主题在时间和内容顺序上均存在差异。研究者也对教科书进行了纵向维度分析比较，发现两版教科书过程与方法类知识有差异，特别是周长、面积、体积和表面积；除苏教版例题缺失数学形态，其他均包含四种表征形态；例题、习题多以联合形态和视觉形态呈现，但例题更侧重于联合形态，习题则更侧重于视觉形态；沪教版例题量多于苏教版，但习题量却远少于苏教版；均是完整过程多于部分过程；均是一个知识点的例题量最多，两个知识点次之，最少的是三个及以上；均是一种方法的例题量最多，两种方法次之，最少的是三种以上。另外，研究者还发现除苏教版例题缺少做数学，其他均包含四种认知需求；例题均以记忆型为主；沪教版习题主要为低水平认知需求，而苏教版既有高水平认知需求，也有低水平认知需求。除苏教版例题缺少推理论证型，其他均包含四种作答类型；例题均以解释型为主，习题均以只要求一个答案型为主，这是由例题、习题的特性决定的。最后，研究者指出苏教版与课程标准的联系比沪教版与课程标准的联系更为紧密；两版教科书均包含情境教学和无情境教学，结构完整；例题均是情境教学多于无情境教学；沪教版习题情境教学少于无情境教学，而苏教版正相反，情境教学略多于无情境教学。①

（10）内地与香港的比较

有研究者通过对内地苏教版和香港现代教育版小学数学教科书的比较发现，课程理念（包括课程标准）对教科书的影响是根本性的。苏教版教科书蕴含的文化要素、道德要素、科学要素要丰富于现代版，在内容的选

① 高探：《小学数学教科书“图形与几何”内容的比较研究——以沪教版与苏教版为例》，上海师范大学硕士学位论文，2016年，第19—100页。

取、知识的内在逻辑顺序的安排上要优于现代版。但在教科书的版式设计、教学软件的设计开发方面苏教版需向现代版学习。①

另有研究者进行了沪港小学数学教科书的比较研究，发现：两地课程都强调要切合学生的发展，遵循学生的心理认知特点，发展学生的空间观念，注重学生对知识过程的学习。两地对课程内容的选择大体相同，但相对于沪版，港版增加了很多关于立体图形的认识、图形的制作的知识。两版教科书的组织结构采用了螺旋上升式，但沪版更偏向于螺旋式。两版教科书呈现方式都具有各自的特色，但都注重问题情境的创设。②

（11）海峡两岸的比较

有研究者发现，与人教版小学数学教科书相比，我国台湾地区的康轩版小学数学教科书（低年级）具有如下特点：一是把学生放在教学活动中心，以学生认知方式编排知识点，强调知识建构；二是"活动"是低年级教科书的特点之一；三是具有特色的卡通故事和文化知识，激发了学生学习数学的兴趣；四是教科书编排细致、周到、完备；五是教科书具有不断地发展完善的特点。③

另有研究者发现，与人教版相比，台湾地区的康轩版小学数学教科书（四至六年级）具有如下特点：第一，以生活为中心，提供适合学生能力与兴趣的学习方式；第二，"活动"是台湾地区康轩版小学数学教科书基本编排方式，这有利于将学生放在整个教学活动的中心，成为教学的主

---

① 周伟：《大陆与香港小学数学教科书比较研究——以苏教版和香港现代教育版5~6年级为例》，南京师范大学硕士学位论文，2013年，第7—42页。

② 陈玉丽：《沪港小学数学教科书比较研究——以"空间与图形"模块为例》，上海师范大学硕士学位论文，2014年，第28—48页。

③ 迟晓禹：《海峡两岸小学数学教科书对比研究——以台湾康轩版和大陆人教版1—3年级为例》，东北师范大学硕士学位论文，2009年，第10—41页。

体；第三，教科书内容取材充分考虑与学生生活经验及其他领域的联结；第四，教科书内容及活动形式多样，不断穿插操作、实测、数学典故等形式；第五，教科书采用大量具有台湾地域特色的文化知识、文化习俗及相关图片，充分体现地方文化、地方特色，充分利用地方课程资源；第六，台湾地区康轩版小学数学教科书编排细致、周到，课外的相关配套资源均比较完备。①

还有人发现，海峡两岸小学数学教科书关于分数部分有以下共通性：关于分数部分的学习内容相同，均从分数的初步认识入手，层层深入；重视分数学习与学生现实生活的联系，重视学科学习的综合性；强调学生解决问题的能力，把分数知识应用于日常的生活之中。研究者还发现海峡两岸小学数学教科书关于分数部分又各具特点：所依据的课程标准不同，不同的课程标准对教科书的编写有一定的影响；课程组织方式上，台湾地区所谓的“部编版”教科书为渐进的螺旋式，人教版教科书在章节的编写中虽然体现出层层递进的思想，但整体看来属于集中型编写；在情境设计方面，人教版教材的材料更丰富，涉及学生学习生活以及人文、自然科学、历史的方方面面；在例题与习题的设计上，在数量、类型及所达到的效果方面都体现了不同的特点。②

2. 中外小学数学教材的比较研究

（1）中国与美国的比较

有研究者对沪教版数学教材和美国加州小学数学教材进行了对比，发

① 侯丽娜：《海峡两岸小学数学教科书对比研究——以台湾康轩版和大陆人教版4—6年级为例》，东北师范大学硕士学位论文，2010年，第10—36页。

② 王琳：《海峡两岸小学数学教科书的比较分析——以大陆“人教版”和台湾“部编版”分数部分为例》，天津师范大学硕士学位论文，2012年，第13—38页。

现美国加州小学数学教材几何部分的特点是：内容丰富，特别重视文化传统的传承；知识结构符合学生的认知规律，知识点与知识点之间的难度跨度很小，有利于学生接受；教材内容多以图片形式直观呈现，注重对学生动手能力的培养；注重显化数学思维方法教育，重视数学方法在数学学习中的应用；突出学生辩证思维的培养。沪教版小学数学教材的特点是：内容相对精简，与国际接轨；知识点内在逻辑性强，编排更符合本学科的发展规律，知识点与知识点之间的难度跨度大，对学生的要求较高；教材内容比较精简，需要老师有较高的数学学科能力和教学专业能力，对学生抽象思维能力的要求较高；重视学生抽象思维和逻辑推理能力的培养。两版教材的相同点是：都强调与各自的课程标准保持一致，强调对学生视觉思维的培养、强调对学生估测能力的培养、几何基础知识的实践，强调以学生为本、强调用几何知识解决实际问题。①

有研究者对沪教版和美国Houghton Mifflin版小学数学教材进行了比较研究，发现两版教科书都强调与标准一致、强调数学基础与数学能力、强调心算和估算；都将问题解决作为单独的部分编入教科书；“数与代数”内容是两版教科书中的主要学习内容；在呈现方式上两版教科书都图文并茂，色彩丰富，注重创设数学问题情境来引入学习内容。研究者还发现，Houghton Mifflin版的框架结构复杂而富有逻辑，沪教版的框架结构较简单；Houghton Mifflin版的内容广于上教版，难度也不亚于沪教版；从总体编排方式看，沪教版和Houghton Mifflin版教科书在内容编排上都试图在直线式和螺旋式之间寻求平衡点，但是沪教版内容的编排方式更趋于直线

① 张望：《上海与美国加州小学数学几何课程比较初探》，上海师范大学硕士学位论文，2013年，第17—44页。

式，Houghton Mifflin版内容的编排方式更趋于螺旋式。①

有研究者对人教版和《每日数学》(*Everyday Mathematics*)小学数学教材进行了比较，发现中美两国小学数学教科书反映出小学数学教科书的共通性：第一，小学数学教科书涵盖的数学学习领域相同，都包括数与代数、空间与图形、统计与概率三大知识技能领域；第二，普遍重视问题解决；第三，重视小学数学学习与儿童现实生活的联系，即重视学科外部的综合性。研究者也发现中美两国小学数学教科书又各具特点。第一，设计思想上，《每日数学》以建构式设计思想为主，辅以中心式；人教版以中心式设计思想为主，辅以建构式；教学设计层次丰富，体现“任何知识都可以以适当方式交给任何年龄的孩子”的课程编制理念。第二，课程的横向组织结构比例方面，《每日数学》的数与代数∶几何∶统计与概率为31∶12∶7；“人教版”的数与代数∶几何∶统计与概率为73∶19∶8。第三，课程的纵向组织结构方面，《每日数学》的结果性目标与过程性目标均衡；“人教版”更注重结果性目标的设计。第四，课程组织方式上，《每日数学》的组织方式为成熟的螺旋式；“人教版”的编写在章节内虽然努力体现螺旋式的方式，但其更接近直线式编写，尚属不成熟的螺旋式。第五，《每日数学》强调运算与计算中的算法多样化，而“人教版”更加强调算法的优化。第六，《每日数学》中的测量强调统一测量单位的形成过程，同时学习美国常用测量单位和国际通用测量单位。第七，《每日数学》重视完整的统计活动过程，收集数据与处理数据分散处理，设置长期的统计工程。②

---

① 周小请：《中美小学数学教科书个案比较研究》，上海师范大学硕士学位论文，2009年，第17—68页。

② 栾家佳：《中美小学数学教材比较研究——以“人教版”和〈每日数学〉为分析对象》，东北师范大学硕士学位论文，2010年，第9—73页。

有研究者通过对人教版和美国加州版小学数学教材的对比发现，人教版教材的课程难度和习题、例题数量要整体大于加州版教材，而课程容量和课程广度要整体小于加州版教材，并且在课程时间、编写体例、组织结构、编排位置、呈现方式和文本特色等方面两国教科书均存在较大差异。①

有研究者选取中国的沪教版和美国的Houghton Mifflin版一至五年级的小学数学教材为分析对象，对比发现，中美两国的课程内容横向结构基本一致，课程内容呈现的问题性和整合性存在一定共性，都体现了课程内容结构的整合性和多维度；课程内容纵向结构差异显著，课程内容组织形式不同，课程内容呈现的问题性和整合性不同。②

有研究者对人教版和美国Houghton Mifflin版小学数学教科书进行了比较，研究发现，中美教科书呈现方式都强调与标准的一致性；教材知识呈现都具有一定关联性；版式上图文并茂，色彩丰富；语言上话语表述多样化；都将问题解决作为单独的栏目呈现；都注重学习情境的创设；都关注学生已有的相关知识和能力；留给学习者一定的思维和探索空间。但是，二者也有很多不同之处。首先理念不同，人教版教科书更强调对学生的基础知识和基本能力的培养，Houghton Mifflin版教科书更强调对学生的思维习惯的严谨性以及批判性思维和问题解决能力的培养；人教版教科书框架结构简单，Houghton Mifflin版教科书框架结构复杂，但逻辑清晰，板块分明，一目了然；人教版教科书知识呈现的关联性还远远不足；人教版

---

① 霍雨佳:《中美小学数学“统计与概率”内容比较研究——以小学数学教科书人教版、加州版为例》，重庆师范大学硕士学位论文，2011年，第20—47页。

② 王静:《中美小学数学课程内容比较研究——以上教版教材和Houghton Mifflin版教材为例》，上海师范大学硕士学位论文，2011年，第17—50页。

数学教科书呈现的问题性更多的是说明和阐释某些数学知识（如概念、规则），而美国Houghton Mifflin版小学数学教科书更多的是让学生自己在问题情境中解决问题，注重引导学生经历问题解决的思维过程。①

有研究者对苏教版和加州版小学数学教科书中有关分数内容的问题情境进行对比分析，发现：加州版和苏教版教材中的情境大多注重数学知识与生活实际的联系，注重以学生的生活和学习经验出发选取合适的素材，注重按照学生的思维发展过程来展现整个情境和渗透相关的数学思想；加州版教材在重视情境教学对学生数学学习作用的同时，也注意到了运用数学知识解决实际问题，在解决问题的过程中为学生合理地提供相应的信息；苏教版教材问题情境中素材的综合性较强，通常编者会利用这样综合性的素材提出不同的问题，教材中提供的“脚手架”型知识较少，但为教师提供了对教材进行二次开发的机会，给予学生在学习新知识上的更多帮助。②

还有研究者选取美国芝加哥大学数学项目研发的小学数学教材［《每日数学》（*Everyday Mathematics*）教材］及中国的人教版和北师大版小学数学教材作为研究对象，发现中美三个版本小学数学教材中问题提出的编写有较大差异，主要表现在以下几个方面：第一，在问题及问题提出数量方面，美国版教材的问题数远远多于中国，并且各年级的问题数呈增长趋势，相对于教材中的问题数，三个版本问题提出的编写都较少，美国版教材问题提出的编写多于中国版教材，但问题提出占总问题数的百分比却低于中国版教材，并且教材第二学段的问题提出数多于第一学段，而中国版

① 谢薇：《中美小学数学教科书呈现方式的比较研究》，上海师范大学硕士学位论文，2013年，第26—73页。

② 吕敏：《中美小学数学教材中问题情境的比较研究——以苏教版和加州版为例》，贵州师范大学硕士学位论文，2014年，第16—45页。

教材则相反；第二，在问题提出的类型方面，三个版本教材中各类型问题提出的编写都不均匀，中国版教材注重从已有情境中发现问题、提出问题，而美国版教材注重学生提出符合给定模型的问题，注重学生对公式与现实情境关系的理解；第三，在问题提出所处知识领域及教学环节方面，三个版本教材中问题提出所处知识领域的分布差异较大，但中美在“数与代数”领域的编写比例都比较高，“综合应用”领域都较低并且美国版教材对在课堂教学及课后习题环节中问题提出的编写都比较重视，而中国版教材比较重视课后习题中问题提出的编写，课堂教学中问题提出编写的较少；第四，在含特定要求的问题提出方面，美国版教材中问题提出的编写含有更多的限定语。①

（2）中国与日本的比较

有研究者对人教版和日本教育版小学数学教材进行了比较研究，发现中方版本的内容比日方版本多，在编排顺序上各有特点，在内容的设计上日方版本要强于中方版本；在呈现形式上，日方版本除了习题的量不如中方版本外，其他均明显地强过中方版本。②

另有研究者对北师大版和日本东京版小学数学教材进行了比较研究，发现在“数与代数”领域，两种版本都重视知识的完整性和循序渐进性，东京版很注重知识技能的使用，十分强调理解这个词（例如，理解数的含义、小数的含义、分数的含义、理解数的相对大小），北师大版很重视探索规律、口算、加强估算、提倡算法多样化等。东京版和北师大版小学数学教科书在“数与代数”领域存在共性，差异也很显著；在分数除法上，

---

① 薛亚乔：《中美两国小学数学教材中问题提出的比较研究》，华中师范大学硕士学位论文，2014年，第17—35页。

② 胡旺：《中日小学数学教科书比较》，湖南师范大学硕士学位论文，2008年，第7—43页。

课时几乎相同，其他方面差异明显。①

（3）中国与英国的比较

有人对人教版和Harper Collins版小学数学教材进行了比较研究，得到了一些结论。第一，中英两版数学教科书在“数与代数”领域编写理念上存在共性也有差异，中英两版数学教科书在“数与代数”领域编写理念上都强调与各自课程标准一致，重视对学生数感的培养，强调基础知识的学习，重视数学运算能力培养。但同时两套教科书也存在一定的差异，Harper Collins版的编写理念强调培养学生的数学探究能力、注重问题解决能力的培养、强调学生主动探索数学规律，强调为学生提供发展空间，重视满足各种学生的不同需求。相比之下，人教版则注重学生数学知识的学习，而对于培养学生的探究能力，没有像Harper Collins版那样单独列一个栏目进行呈现。第二，中英两版数学教科书在“数与代数”领域学习内容上存在共性也有差异，中英两版教科书都强调知识严谨性、逻辑性、系统性，都注重“数的运算”内容的学习，重视心算、口算、估算内容的学习。但同时两版教科书也存在较大差异，主要体现在两版选取的知识点不同，内容难度不同，尤其在“数的运算”方面人教版所学的相关知识虽然Harper Collins版也有所提及，但是同样的知识点人教版拓展得更深，内容分布侧重点不同，内容编排方式各有不同。第三，两版教科书在“数与代数”领域的内容呈现方式上存在共性也有差异，中英两版教科书在“数与代数”领域的内容呈现方式都注重栏目类别的设置，言语呈现符合儿童特点，版面设计重视插图的运用，但同时两套教科书也存在较大差异，分别

① 潘冠:《中日小学数学“数与代数”领域比较研究——以小学数学教科书东京版、北师版为例》，东北师范大学硕士学位论文，2009年，第21—52页。

体现在栏目设置、言语呈现方式以及版面设计方面。①

（4）中国与俄罗斯的比较

有研究者选取俄罗斯联邦教育科学部推荐的彼捷尔松主编的小学数学教材和我国苏教版小学数学教材，以小学三年级为例，就小学数学教材的呈现方式进行了对比研究。研究发现俄罗斯教材最主要的特点就是将生活情境与数学知识进行了很好的结合，使教材的编写既兼顾了知识体系的完整性和内在逻辑性，又激发了学生学习的兴趣。另外，俄罗斯教材中很注重民族文化的继承和传播。②

（5）中国与德国的比较

巩子坤等人对德国Das Zahlenbuch小学数学四年级教材和我国人教版小学数学四年级教材进行了比较分析。研究发现，两国教材总体难度相差不大。两国教材在内容广度方面差异较大，只有24个共同的知识点；内容深度方面，德国教材高层次呈现方式及高水平认知要求明显高于我国；习题难度方面，我国教材习题在认知要求和背景上均高于德国。两国教材三大内容领域的难度存在差异：德国教材不同内容领域的难度比较均衡，我国教材则差异较大；“统计与概率”领域的难度差异较大（我国教材的难度大于德国），其他领域难度差异较小。③

（6）中国与澳大利亚的比较

有研究者对人教版小学数学教材和澳大利亚的两版小学数学教材进行

---

① 陈凌杰：《中英小学“数与代数”领域的比较研究——以小学数学教科书人教版、Harper Collins版为例》，上海师范大学硕士学位论文，2017年，第16—66页。

② 徐秀娟：《中俄小学数学教科书对比研究——以小学三年级为例》，东北师范大学硕士学位论文，2007年，第11—38页。

③ 巩子坤等：《中德两国小学数学教材难度比较研究——以德国Das Zahlenbuch教材和我国人教版数学教材为例》，《外国中小学教育》2014年第11期。

了比较。研究发现三版教材中“数与代数”所占比例均超过50%，其中澳大利亚版比人教版知识广度更宽一些。不过有些知识人教版教材要比澳大利亚版介绍得更深入一些。澳大利亚教材内容更灵活多样，以游戏、标本、模型、图片、图形、图表、算例等直接呈现知识点的属性、特征或内容，在对知识点进行直观呈示的基础上，用文字对直观呈现的内容进行归纳、描述。在知识水平上，对于学习“数与代数”的要求人教版相对于澳大利亚版要低一些。就具体内容而言，澳大利亚教材对学生的探索能力要求高一些。在知识关联度上中澳教材都注重数学知识之间的联系，但在具体知识的处理上中国人教版教材略显优势。在知识难度上，人教版数与代数内容课程时间多于澳大利亚版，但在课程广度、课程深度、课程难度上人教版不及澳大利亚版。①

（7）中国与韩国的比较

有研究者对人教版与韩国国定版小学数学教材进行了对比，发现两版教科书都强调与相应课程标准一致，文本基本结构相似，注重情境导入的作用，但栏目及单元内部呈现出较大差异。韩国国定版将学习内容细化，各个活动成为主线，人教版由传统结构构成栏目的性质相似，但功能上国定版注重其综合能力培养等作用。人教版严格坚持螺旋式课程编排，而国定版尝试在直线式和螺旋式中寻找平衡，但是都强调学生数学问题解决、探究能力的提升。在难度上，人教版“整数”与“平面图形”部分较难，国定版“分数”“小数”和“立体图形”部分较难。②

（8）中国与印度的比较

---

① 张雪平：《中澳小学数学教材数与代数的比较研究》，贵州师范大学硕士学位论文，2015年，第13—53页。

② 申丹：《中韩小学数学教科书比较研究》，延边大学硕士学位论文，2011年，第16—78页。

有研究者以人教版和印度国家教育与培训委员会出版的《魔力数学》（*Math-Magic*）两套小学数学教科书为研究对象，得出了一些结论。中印两国小学数学教科书在如下几个方面反映出一些共性的规律，体现出世界小学数学教科书发展的普遍规律：一是两版本小学数学教科书涵盖的数学知识领域基本相同；二是都试图按照学生心理发展的规律，帮助学生进行有意义的数学知识建构；三是都重视小学数学学习与儿童现实生活的联系，都重视问题解决。从比较的视角，中印两版本小学数学教科书各具特色：就宏观层面的总体结构来看，人教版的课程编排和呈现方式重视掌握系统的数学学科知识，而魔力数学版更强调活动经验的积累和知识在生活中的应用，魔力数学版教科书更具有“学材”的特点；就微观层面的主要领域知识点和典型章节的比较来看，魔力数学版教科书知识点采用螺旋上升式排列方式，强调知识的形成过程和与生活的联系，而人教版在知识点的内部依然是直线式的知识排列方式，注重知识的系统性和学科的严密性。①

（9）中国与新加坡的比较

有人对新加坡《数学培养》（*Shaping Maths*）与我国北师大版小学数学教材进行了比较研究，得到了一些研究结论。我国北师大版小学低年级数学教科书习题具有例题与随堂练习题数量均衡，注重习题的开放性，习题栏目丰富、内容全面，习题选材注重公共常识和科学情境的渗透，习题表述具有成人化倾向，习题设计倾向于结果性考试的特点。新加坡《数学培养》小学低年级数学教科书习题具有注重例题的巩固性训练，习题选材

① 夏季：《中印小学数学教科书比较研究——以印度MM版与我国人教版为例》，东北师范大学硕士学位论文，2010年，第10—39页。

生活化，注重解题策略的指导，注重问题提出的层次性，注重习题插图设计的整体性，习题趣味性强，重视示范性，习题设计倾向于形成性测验的特点。中国、新加坡两版小学低年级数学教科书具有如下共性：一是生活化的习题选材背景；二是强调习题的知识功能、实用性强；三是重视开放性习题的设置；四是习题插图童趣盎然。中国、新加坡两版小学低年级数学教科书在如下方面存在差异：习题趣味性表现、例题与随堂练习题的比例、习题栏目名称、习题选材角度、习题教育功能、习题发展功能、习题插图设计、习题题目要求及问题表述、习题设计理念。①

另有研究者通过对人教版和新加坡《数学培养》(*Shaping Maths*)版教材“数与计算”内容进行比较，得出一些结论。新加坡小学数学教学大纲在“数与计算”内容的要求上，重视对有关“数”内容的数学思考，重视学生对数学运算过程的掌握。在内容的年级划分上，新加坡教材则强调各部分内容间的联系和衔接，内容螺旋式排列特点明显，坡度小，重视培养学生的总结能力和发现能力。内容的呈现方式上，新加坡《数学培养》版教材则遵循建构主义，强调学习就是知识的建构过程，希望学生能够将所学知识与已有的知识联系起来，让学生在情境中去探究问题和解决问题。在例题、练习的设置上，新加坡教材例题的情境以与“数”相关的实物为主，数感更强，有利于学生动手能力的培养。我国数学课程标准则更为重视对“数”的性质和基本概念的掌握。内容的设置上，条理比较清晰，年级划分重视学生的认知特点，便于学生对各部分知识点的学习。我国人教版教材在内容的呈现上试图让学生从教材的情境入手，来引导他们

① 刘佳:《小学低年级数学教科书中习题研究——基于中国、新加坡教科书比较的视角》，东北师范大学硕士学位论文，2012年，第20—61页。

在探索中发现知识。这种呈现方式，对于学生学习相关知识更有方向性，对章节所要学习的知识更为明确，该呈现方式有利于学生系统地学习知识和巩固知识。同时，我国人教版教材例题的情境与日常生活结合紧密，知识点呈现的方式也比较直接。在例题的设置上，我国人教版教材在例题的数量和题型上相比新加坡教材要多，从巩固数学知识的角度来看，我国的数学练习题更有利于学生掌握和巩固已学数学知识。①

还有研究者对人教版教材和新加坡《大家一起学数学》（*My Pals are Here! Maths*）第二版教材中的“分数”内容进行了细致深入的比较研究，得到一些结论。在分数内容的呈现上，与人教版教材相比，新加坡教材分数内容栏目更加丰富，分数知识点出现更早，分数内容呈现小步子螺旋上升，更注重学生探究能力的培养。在分数的例题设置上，与新加坡教材相比，人教版教材使用的直观模型、情境、插图更加丰富，总体上优于新加坡教材。在教材对学生的要求上，与新加坡教材相比，人教版教材更加注重学生对分数概念内容、运算能力、推理能力等基本知识基本技能的掌握，而忽略了对学生运用分数内容解决实际问题、进行探究能力的培养。②

（10）中国与苏格兰的比较

有研究者选取我国苏教版和苏格兰Tee Jay版（简称TJ版）小学数学教科书为研究对象进行静态的文本比较，得出一些结论。在框架结构上，苏教版着眼于整个小学阶段搭建框架，各册教科书结构一致而富有变化；栏目的形式多样、功能齐全，蕴含着丰富的数学文化，提供给学生动手实

---

① 黄勇：《中、新小学数学教材“数与计算”内容的比较研究》，宁波大学硕士学位论文，2013年，第16—45页。

② 王利：《中新两国小学数学教材“分数”内容的比较研究》，西南大学硕士学位论文，2014年，第23—40页。

践、自主探究的机会；知识复习有条理、有步骤、有方法，注重学生的主体地位，使学生经历思考—练习与实践—自我评价的全过程。TJ版教科书的结构相辅相成，构建出一个完整的学段框架；它栏目少，以练习为主；有着美好的复习期待，但表现在教科书文本上却不尽如人意。在内容构成上，两版教科书都根据数学课程标准选取内容，但处理方式不同；都以“数与代数”领域为重点内容，但TJ版在此领域更重视时间、钱币内容的选取，因为它们有利于发展公民的基本技能；在具体内容上的广度、深度与难度不一；使用计算器的频率不一，TJ版使用计算器的频率更高；所选内容在发展学生能力上各有侧重；内容与生活联系的紧密度不同，TJ版选取的内容更生活化。在呈现方式上，两版教科书的版面设计色彩丰富、重点突出；版面整体营造了不同的学习氛围，反映出不同的学习期待；知识呈现方式不一，苏教版知识呈现富有启发性、情境性、过程性、探巧性，TJ版则采取开门见山的方式，直接解释和说明知识。①

---

① 唐平:《中国与苏格兰小学数学教科书的比较研究——以苏教版与TJ版为例》，南京师范大学硕士学位论文，2016年，第20—59页。

第三节
小学数学课程研究的总结与展望

在本节，我们将对新中国小学数学课程研究70年的主要成果进行总结，并针对已有研究的不足对未来我国小学数学课程研究的发展方向进行展望。

一、小学数学课程研究的总结

（一）从多角度研究了小学数学课程的基本理论

已有研究从多个学科视角对小学数学课程内容的选择和教材编写的基本理论进行了研究。比如对于小学数学课程内容的选择，研究者提出了三个方面的原则或依据：一是要适应社会的需要；二是要考虑学生的接受能力和需要；三是要注意同相邻学科的联系。这些原则的提出直接受到教育学中课程内容选择原则的影响，而这些原则本身的提出是基于社会学、心理学和文化学的视角。另外对于教学内容的编排，研究者基于数学学科视角进行分析，提出要处理好数和形的关系；合理地安排好笔算、口算和珠算；把现代数学思想适当渗透到各年级的教学内容中；以认数与计算为主线，把各部分内容结合起来编排；等等。

（二）从整体上研究了我国小学数学课程内容与教材的发展

已有研究对我国小学数学课程内容与教材的发展进行了整体性的梳理。比如有研究者把小学数学课程内容的知识体系划分为4个知识领域、9个知识块和21个知识单元，并回顾了新中国成立以来各自的变化，总结出了我国小学数学课程内容发展的特点：小学数学课程内容的知识体系中4个知识领域、5个知识块、14个知识单元历年保持不变，知识块与知识单元在改革开放以后逐渐增加。另有研究者发现小学数学教材建设，在正确思想的指导下，内容和结构的调整都更加体现时代的特点和要求，实现了从“一纲一本”到“一纲多本”，再到“一标多本”的演变。还有研究发现新中国成立后的30年由于政治运动影响，教材改革几经曲折，起伏较大；改革开放以后，实施义务教育，教材改革着眼于学生整体发展，稳中求变。诸如此类的研究都将小学数学课程内容与教材的发展和时代背景密切结合起来，在一定程度上揭示了小学数学课程与社会发展的相关性。

（三）小学数学教材编写的具体问题成为研究的热点

对小学数学教材编写的具体问题的研究比较广泛，在基本完善阶段和深入发展阶段成为小学数学课程研究的热点。一方面，有研究者对小学数学各内容领域（“数与代数”“空间与图形”“统计与概率”“实践与综合应用”）从编写的理念、编写的框架设计、编写的特色、编写的重点和难点问题及其解决等方面进行了研究，并通过实验情况的调查，对实验的效果及问题进行了研究。另一方面，很多研究者还对小学数学教材编写的具体问题进行了不同程度的专题研究，既有对小学数学教材某一个专栏（如“数学文化”、总复习等）的研究，也有对小学数学教材的评价研究和其他特殊问题（如插图、开放题、数学术语、难度等）的研究。

（四）小学数学课程内容与教材的比较是研究的重点

从已有研究成果可以明显看出，比较研究是小学数学课程研究的重点。比较研究的一个显著的特点是研究对象非常广泛。以小学数学教材的研究对象为例，国内的比较既有各主要版本之间的比较，也有海峡两岸暨香港、澳门的比较；中外的比较既有与同属亚洲文化圈的日本、韩国、新加坡的比较，也有与西方主要发达国家（如美国、英国、德国等）的比较。比较研究的另一个显著的特点是比较研究的内容特别丰富。如对小学数学课程内容的比较既有对课程内容的体系、组织、呈现进行的整体比较，也有对课程内容的四大领域（“数与代数”“空间与图形”“统计与概率”“综合与实践”）进行的局部比较。又如，对小学数学教材的比较已经细化到对例题、习题、问题情境、问题提出、解决问题、自然数和分数、几何概念、数学文化和插图等的比较。

二、未来我国小学数学课程研究的展望

（一）要丰富和加强小学数学课程基本理论研究

小学数学课程基本理论研究应包括小学数学课程内容的选择、组织与呈现的基本理论研究和小学数学教材编写的基本理论研究。开展小学数学课程基本理论研究是提升小学数学课程研究学术水准的必然之举。小学数学课程基本理论研究涉及数学、哲学、社会学、心理学、教育学、文化学、出版学、解释学、语言学、历史学以及相关的自然科学。因此，研究者必须采用跨学科的研究范式开展研究，通过打破学科界限，在理解和精通多个学科知识的基础上，对具体的小学数学课程基本理论问题进行不同

视角的探讨，使多学科的理论和方法形成“合力”，从根本上推动小学数学课程基本理论研究的发展和创新。[①]从已有研究成果来看，对小学数学课程内容选择和教材编写的基本理论研究比较多，但缺乏对小学数学课程内容的组织与呈现的基本理论的研究，而且基本理论研究大都是从教育学、社会学、心理学、文化学和数学的视角进行的研究。所以，今后需要加强小学数学课程内容的组织与呈现的基本理论研究，并从更多学科视角进行分析。

（二）要拓宽和细化小学数学课程内容与教材的历史研究

小学数学课程内容与教材的历史研究是探讨小学数学课程内容与教材在历史发展中的演变，揭示其与社会历史的深层关系。开展有关小学数学课程内容与教材的历史研究，回顾小学数学课程内容与教材的演变过程，总结小学数学课程内容与教材发展的规律，使小学数学课程内容与教材的当下选择与历史密切衔接，对小学数学课程内容的设计与教材编写都具有重要的现实意义。同时，在反思历史的过程中，通过批判性地继承，把握现实，展望未来，从而与时俱进，可以不断开拓小学数学课程研究的新视域和新领地。对小学数学课程内容与教材的历史研究既要从宏观上进行整体的把握，又要重视对某个组成部分进行局部的分析。从已有研究成果来看，对国内小学数学课程内容与教材的历史研究比较全面，但对国外小学数学课程内容与教材的研究仅仅是某一时期的介绍，而没有进行纵向的发展性研究；已有小学数学课程内容与教材的历史研究大都是进行整体的梳

---

① 王攀峰、陈洋：《教科书研究的内涵、价值与方法》，《首都师范大学学报》（社会科学版）2018年第1期。

理，尚缺乏局部的考察。因此，今后需要将历史研究的范围拓宽到对国外小学数学课程内容与教材的研究，并且要对小学数学课程内容与教材的局部问题进行细致的历史研究。

（三）要扩大和深化小学数学课程内容与教材的比较研究

小学数学课程内容与教材的比较研究可概括为三大类：我国小学数学课程内容与教材的比较研究，中外小学数学课程内容与教材的比较研究以及其他国家小学数学课程内容与教材的比较研究。通过对我国小学数学课程内容与教材进行比较，可以发现共性背后的特色，这有助于形成真正的适应不同地区、具有不同风格的小学数学课程内容与教材。中外小学数学课程内容与教材的比较研究的意义在于了解别国的小学数学课程内容与教材，吸取其在小学数学课程内容设计与教材编写方面的有益经验，进而改善我国小学数学课程内容的设计和教材编写的状况。对其他国家小学数学课程内容与教材进行比较研究，可以了解国际上小学数学课程内容与教材发展的共同趋势，从而对我国小学数学课程内容的设计与教材编写提供重要参考。对小学数学课程内容与教材的比较研究既要对实践本身进行比较，又要对实践相关的理论基础和现实背景进行比较，从而揭示出差异背后的原因，以便更好地借鉴。从已有研究成果来看，研究者已经进行了大量我国小学数学课程内容与教材的比较研究以及中外小学数学课程内容与教材的比较研究，但对其他国家的小学数学课程内容与教材的比较研究极少；而且已有小学数学课程内容与教材的比较研究大都是对实践本身的比较，缺乏对实践相关的理论基础和现实背景的比较。所以，今后需要将比较研究的范围扩大到对其他国家小学数学课程内容与教材的比较，不仅要比较小学数学课程的实践本身，还要比较分析产生这些实践的思想理论、社会文化、教育传统与制度、社会发展形势、学生的不同需求等因素所组成的背景。

（四）要注重对小学数学电子教材的研究

电子教材可理解为一种符合教育教学规律的教学资源包，其内容主体包含课文、注释、插图（静态和动态）、实验、习题等，在此基础上整合多种辅助学习工具（如字典、计算器、笔记本、参考书）和一些多媒体学习材料。[①]电子教材的功能表现在如下几个方面：在呈现形态方面，具有仿真图书功能，能够实现原版纸质教材的再现；在媒体类型方面，支持图文混排，提供音视频；在笔记工具方面，大部分都具有高亮、书签和随文笔记记录；在作业工具方面，对客观题（选择题、判断题）提供及时反馈；在管理工具方面，大部分提供有电子教材支持服务系统。与纸质教材相比，电子教材不是纸质教材的简单搬家，电子教材对教学和学习支持上的优势集中体现在对学习过程的记录和管理、媒体表征的多样化以及对数字化学习资源的整合，其功能特色主要体现在：在人机交互和人际交互方面，电子教材的功能与用户的需求匹配程度越来越高，给学习者提供了许多类似于纸质教材的阅读体验，通过跟随其他用户与分享笔记，提升学习的兴趣；在学习设计和教学设计方面，提供灵活的教学支持，便于学生自主学习和教师个性化定制教学活动；在基本形态方面，主要有两类——直接对纸质教材进行富媒体加工或者先重构教材内容，再进行富媒体加工。[②]电子教材的潜能对信息时代学习与教学方式变革具有重要的引导作

---

① 陈桄、龚朝花、黄荣怀：《电子教材：概念、功能与关键技术问题》，《开放教育研究》2012年第2期。

② 龚朝花、陈桄：《电子教材：产生、发展及其研究的关键问题》，《中国电化教育》2012年第9期。

用。当然，电子教材要想真正变革学与教的方式，满足信息化学习方式的需要，还需要解决很多技术层面和教学层面的问题。已有一些学校正在探索如何利用电子教材支持课堂教学。在网络化、数字化、信息化快速发展的时代，小学数学电子教材的开发、实验、推广和使用研究应该成为未来小学数学教材研究的一个重点。我们一方面要积极探求现阶段小学数学电子教材与纸质教材互为补充且高度融合的方法；另一方面也要对小学数学电子教材所呈现出的一系列独特之处给予足够的关注和研究，发挥其独有的作用和价值。我国已有的关于小学数学教材的研究大都是对纸质教材的研究，对电子教材的研究还远远不够。因此，今后需要注重对小学数学电子教材的研究。

第三章

小学数学教学研究（上）

数学是人们劳动、生活、学习不可或缺的工具，而教学是帮助学生学习数学的主要方式。教学实践告诉我们，学生的学习效果很大程度上取决于教师的教学方式，这也促使对教学的研究成为数学教育研究中的重点。本章所讨论的小学数学教学研究对新中国成立以来的小学数学教学研究的历史进行了回顾，梳理了相关研究主题的主要观点，对主要成果进行了总结，并对未来小学数学教学研究的趋势进行了展望。

第一节
小学数学教学研究的历史回顾

英国数学家格雷舍曾说过，我确信将数学学科与它的历史割裂开来所造成的损失，会比对其他任何科目所造成的损失都要大得多。回顾新中国成立70年小学数学教学研究的发展历史可以帮助我们更好地认识现在，为我们指明前行的方向。

一、借鉴（1949年至1977年）

新中国成立前，我国小学算术教材和教法都是借用外来成果，先是借用日本的教学方法，后是借用美国的教学方法，教学研究力量薄弱，教学水平比较低。新中国成立后，苏联教育文献的引入使我国小学算术教学法得到了系统的发展。通过借鉴苏联的教学经验，新中国逐渐在实践中探索出了自己的小学数学教学发展道路。

（一）翻译苏联的算术教学法教材

我国很早就重视算术，在算术教学上积累了丰富的教学经验，但未成体系。1951年，人民教育出版社翻译并出版了苏联普乔柯的《小学算术教学法》，全面介绍了苏联的小学算术教学法。该书详细说明了怎样制订教学计划、编写教案，怎样进行讲解、练习和复习，怎样给学生布置独立的作业，怎样考查学生的知识和消除他们知识上的缺陷，还强调了教师进行课后教学分析的必要性。1954年由人民教育出版社出版的《小学算术教学法》就是在这本书的基础上改编而来。之后，我国又陆续翻译出版了苏联有关算术教学法的书，如《苏联小学一二年级算术教学经验》《苏联小学四年级算术教学》《小学口算教学法》《小学算术课外作业》等，它们对培养师范生起到了重大作用。1955年9月，我国中小学教师访苏代表团应邀前往苏联访问和考察，之后在国内的北京、天津、上海、武汉等16个城市做了报告，将苏联经验推广到全国。此后，我国充分借鉴了苏联的优秀算术教学法，在口算、应用题等领域积累了丰富的课堂教学方法，提高了课堂教学质量，减轻了学生学习负担。

1956年国家颁发了《小学算术教学大纲（修订草案）》，以苏联初等学校的算术教学大纲为蓝本，其内容与形式基本与苏联的教学大纲没有区别。该《教学大纲（修订草案）》的系统性很强，组织严密，注重基础知识的教学，同时又强调概念的灵活讲解，注意直观教学，注意复习巩固。

（二）自主探索教材教法

1949年到1957年，我国逐步建立起新中国自己的小学数学教学法体系，“小学数学教材教法”曾被改为“小学数学教学法”，随后又改回“小学数学教材教法”。1958年“大跃进”带来了教育的“大革命”。同年，教育部下发了《关于小学算术课本临时措施问题的通知》，允许各地自编实验教材。这一时期，我国在“破除迷信，解放思想”的指导下，改革小学算术教材和教法，探索自己的算术教学道路。1963年，北京市教育局中小学教材编审处编写了《小学算术教材教法》，并由北京出版社出版。受到当时政治环境的影响，中小学教学时间大幅压缩，于是一部分初中的代数和几何初步知识“下放”到小学算术教学当中，《小学算术教材教法》也因此而修改为《小学数学教材教法》。20世纪70年代后期，各省纷纷编辑出版了地方性的小学数学教材教法书籍，如1977年江苏省无锡师范学校编写的《小学数学教材教法》就介绍了具体的小学数学知识并给出了教学建议。

二、理论框架逐渐形成（1978年至2000年）

为了适应我国“四个现代化”建设的需要，迎接新的技术革命，邓小平提出了“三个面向”，要求新一代应是具有共产主义和社会主义的理想，有现代科学、文化知识和创造性思维的新型人才。在此背景下，我国开展了轰轰烈烈的小学数学教学理论研究，初步构建了自己的理论体系。

小学数学教学法研究在1978年至2000年间逐步得到了恢复与发展，这一阶段的小学数学教学法研究以具体的问题为主，主要是研究小学数学教学内容应该如何教。国务院学位委员会公布的高等学校专业目录中，在“教育学”这个门类下就设立了“教材教法研究”，也就是后来的“学科教学论”。但此时的教材研究让位于教法研究，即便研究教材内容，也是为了服务“如何教”的问题。高等师范院校和中等师范院校的小学数学教学法学科的教学与科研队伍规模不断壮大，明确了学习和研究小学数学教学法的意义：在教学理论方面认识教学目的和任务，理解教材编排的原则和体系，掌握教学的基本特点、基本原则、一般规律和方法；在基础知识方面，对小学数学知识获得理论上的提高和内容上的充实；在基本技能方面，分析小学数学教材，拟定恰当课时计划等。小学数学教学法成为高等师范院校学校教育专业的必修课，相关书籍也大量出现。例如由湖南省第一师范学校编写、湖南人民出版社于1980年出版的《小学数学教学法》就在第一章介绍了学习小学数学教学法的意义、小学数学教学的目的、小学数学教材的编排体系；第二章从拟定教学计划、进行课堂教学、作业批改、成绩考核与评定、课外辅导等方面阐述了教学工作的组织和方法；最后的章节分别介绍了整数、小数、复合应用题、分数、量与计量、比和比例、几何形体初步知识、简易方程、有理数、统计图表、珠算的教学法。为了改变旧的小学算术教学法重“教”轻“学”的情况，加强对教师主导、学生主体地位的研究，1982年由北京师范大学胡梦玉主编的《小学数学教学法》在一般教材的基础上增加了“教学过程”一章，并明确指出了小学数学教学过程的三个矛盾是教育者和受教育者之间的矛盾、人类的认识和现实世界数量关系及空间形式之间的矛盾、小学生掌握数学知识过程中主观与客观之间的矛盾，并认为小学数学教学过程的三个阶段分别是形成数学概念，理解公式、定律和法则，巩固与应用。四年后，为了进一步阐明小学数学教学法的规律性，用整体的观点来统驭小学数学教学过程的各个方面、层次和组成部分的规律、原理及关系，由胡梦玉、周玉仁、曹裕添、向玉琴负责编写的《小学数学教学法（第2版）》在第1版基础上又添加了“小学数学教学法研究的对象”一章，把“小学数学教学过程的客观规律”作为小学数学教学法的研究对象。

1986年颁布的《全日制小学数学教学大纲》在“教学中应注意的几个问题”明确指出：“要发挥教师的主导作用和学生学习的积极性、主动性。要坚持启发式，反对注入式。要结合学科特点、教学内容和班级的具体情况，选择教学方法。要讲究实效，有利于提高教学效果。要灵活运用教学方法，不要生搬硬套。要因材施教，对学习有困难的学生要加强个别指导，努力做到使他们达到教学大纲所规定的基本要求；对学有余力的学生可以让他们多做一些综合运用知识和富有思考性的题目，以发展他们的才能。除了改革课堂教学以外，要适当开展数学课外活动”。之后的小学数学教学研究着重探讨了小学数学教学与非智力因素的关系、智力因素与非智力因素的关系、如何培养学生学习数学的兴趣、如何培养学生良好的数学学习习惯以及对待数学学习有困难的学生的问题。在实践层面，各地纷纷开展教学实验研究、成立小学数学教学研究组织、创办小学数学研究的杂志，探讨小学数学的教学与研究。

（一）开展教学实验研究

1978年的教学大纲明确提出了发展智力的要求，全国各地纷纷开展研究，探讨发展智力与加强双基的关系问题、培养学生自学能力的问题、小学数学教学中的学法问题、小学数学教学中的思维训练问题、小学数学能力结构问题等，推进我国小学数学教学到新的发展阶段。1979年，教育理论界明确提出要以实践检验教育的理论，要在实验的基础上进行教育理论的研究。1980年，学术界再次肯定了教学实验的作用，并提出了“教育科学的生命在于教育实验”的论题。此后，我国的小学数学教学实验改革在全国各地开展得如火如荼。其中马芯兰教学实验的推广与北京师范大学培养和发展少年儿童主体性的教育实验是当时在全国影响比较大的教育实验。

马芯兰是北京市朝阳区实验小学的前身朝阳区幸福村中心小学的教师，从一年级开始进行小学数学创造性的教学改革，用了三年的时间使学生的数学学习质量达到当时五年制小学毕业生的水平。1980年秋，她开始第二轮实验，到1984年夏，使四年级的学生数学学习水平达到六年制毕业生水平。两轮改革实验效果都十分明显。1984年开始，马芯兰经验推向全国。

20世纪90年代，北京师范大学与河南省安阳市人民大道小学、天津市第二师范附小以及北京市海淀区的6所实验小学合作进行了培养和发展少年儿童主体性的教育实验，该项教育实验研究被列为国家教委“八五”哲学社会科学规划博士点基金重点研究项目。该研究提出了数学学科的主体性发展教学策略:（1）动手、动口、动脑，在“活动”中学习数学；（2）密切联系儿童生活，培养数学的眼光；（3）创设情境，提供诱因，激发内在学习动机；（4）既重视学习结果，也重视学习过程，使知识与能力同步发展；（5）为教学内容赋予情感，达到知情融合；（6）班级授课制与小组合作学习、个别指导相结合。该项教育实验的研究成果获“1996年度全国师范院校基础教育改革实验研究项目优秀成果”一等奖，1997年该项实验被列为全国教育科学规划“九五”国家重点课题“现代教学论发展的理论与实验研究”的子课题，实验范围进一步拓展到成都、深圳、无锡等地的十几所中小学。

总的来说，这一时期的教学实验通过在改革教学内容的同时，相应地改革教学方法，出现了“三算结合教学法”“六因素单元教学法”“尝试教学法”“四环节教学法”“引探教学法”“联想-迁移教学法”“反馈教学法”“读讲精练教学法”等多种优秀的教学方法。这些教学方法既能使学生较快地理解和掌握数学知识，又能使他们的智力和能力得到较好的发展。

（二）成立小学数学教学研究组织

1978年1月，北京师范大学、北京景山学校、人民教育出版社等单位联合发起了数学教育交流研讨会。次年3月，“中小学数学教育现代化研究会”在北京成立。1982年3月25日中国教育学会数学教学研究会成立大会暨首届年会在郑州召开，参会人员共128人，与会代表共提交论文98篇，会议明确了研究会的任务是组织和交流教学研究成果和经验、把数学教学引导到按教学规律办事的轨道上。大会讨论了数学教学中培养能力的问题、教材改革经验的总结、加强数学教学研究、数学教学情况的调查等问题，指出了当时的数学教学研究还要提高教学法理论水平和改进教学方法，针对当时具体教学实际，呼吁数学教学研究要处理好教与学、讲与练以及知识、技能与能力的关系。①

全国数学教学研究会成立后，各省、自治区、直辖市的数学教学研究会相继成立，研究活动有学术年会、专题讨论会等多种形式。这些活动带动了当地的小学数学教学研究，推动了小学数学教学改革，提高了我国的小学数学教学研究水平。1983年4月，在浙江省杭州市召开了“三算结合教学研讨会”，主要研究口算、笔算、珠算三算结合和教学方法的改革。1985年，为了深入研究小学数学尝试教学法，交流各地开展尝试教学法实验情况，讨论我国小学数学教学法的发展问题，江苏省常州市小学数学教学研究会、上海市长宁区教育学院、天津市河西区教师进修学校等24个单位在4月联合发起“小学数学尝试教学法研讨会”。②尝试教学法研讨会每年举行一次，从研究尝试教学法本身发展到如何与其他教学法配合，对改进当时的教学法实践起到了重要的作用。除了尝试教学法研讨会外，由四川大竹、云南个旧、甘肃兰州、河北承德、广东深圳等地联合发起的小学数学教改研讨会也在1985年举行，该研讨会主要研究小学数学

① 张孝达：《数学教学研究会召开首届年会》，《人民教育》1982年第6期。

② 史瑞铨、葛德生：《常州市小学数学教学研究会等单位联合发起举行小学数学尝试教学法研讨会》，《江苏教育》1985年第2期。

教学方法的改革问题，早期关注单向教学发展，后期重视教学方法的整体性。西北地区也定期举行了研讨会，陕西、青海、甘肃、新疆、宁夏联合发起了数学教学研究会，交流优秀经验，促进各地教学研究水平的提高。

由于我国南、北方教师的教学风格具有较大差异，研讨会便成为“南北交流”的一个重要途径。北京崇文区、天津河西区、上海长宁区、杭州上城区、广州荔湾区五个教研单位在1986年发起了课例研讨会。各区派1~2名教师上课，通过听课评课的方式讨论如何提高课堂效率。

（三）专门创办小学数学教学研究杂志

由中国数学会和北京师范大学合办的《数学通报》于1979年复刊，深入浅出地介绍数学理论的基本知识、基本思想和方法，讨论教学中的问题，交流教学经验，反映国内外数学教育的进展和动向，通俗介绍数学新分支、新思想、新方法。同年，由西南师院（今西南大学）主管，西南师院数学系（今西南大学数学与统计学院）与重庆数学学会主办的中小学数学教学研究类期刊《数学教学通讯》创刊。主要栏目有专家论坛、数学教育、考试研究、教学参考、课例参考、新教材研究、解题研究、数学应用、竞赛之窗。1980年，《小学教学·数学版》（原名为《小学青年教师》）创刊，主要面向小学数学教师和教学科研人员。1988年，中国教育学会小学数学教学专业委员会主办了《小学数学教育》杂志，该杂志密切配合基础教育的中心工作和中国教育学会小学数学专业委员会的研究课题，交流小学数学教学改革的经验，对提高我国小学数学教学质量起到了积极的推动作用。1992年，天津师范大学、中国教育学会创办了《数学教育学报》，该刊反映了国内外数学教育实践与改革的新成果，推动了国内外数学教育学术交流。此外，《中国教育报》《光明日报》《中国教师报》

也经常刊登小学数学教改的文章，有力地推动了教学研究的发展。

三、构建新的理论体系（2001年至2011年）

到20世纪末，我国基本实现了由三级师范向二级师范的过渡，由过去中师培养小学数学教师转变为高等师范院校培养小学数学教师。随着小学数学教学实践和教学理论的发展，过去小学数学教学研究过于局限在教学法范围内的状况已经越来越不适应时代的要求，学生学习过程的研究、小学数学课程的研究纳入小学数学教育的研究，小学数学课程与教学论应运而生。由此构建了新的小学数学教学理论体系，即在新的课程观下研究小学数学教学的问题。

面向21世纪，构建适应未来人才需要、适应素质教育要求的课程体系，成为基础教育课程改革中一项十分艰巨而紧迫的重要任务。改革开放以来的第三次全国教育工作会议后，国家在充分吸收当时有关学科和教育理论方面的新成果，于2001年7月颁布了《全日制义务教育数学课程标准（实验稿）》。2001年课标指出，义务教育阶段的数学课程应突出体现其基础性、普及性和发展性，使数学教育面向全体学生，实现：人人学有价值的数学；人人都能获得必需的数学；不同的人在数学上得到不同的发展。在这样的目标下，2001年课标倡导自主探索、合作交流与实践创新的数学学习方式，从学生的生活经验和已有的知识背景出发，向他们提供充分的从事数学活动和交流的机会，促使他们在自主探索的过程中真正理解和掌握基本的数学知识和技能、数学思想方法，同时获得广泛的数学活动经验。以此为背景，教学方式与学习方式的理论研究得到了进一步的发展，计算机辅助教学的实践探索日益得到重视。

（一）教学方式与学习方式的理论研究得到进一步发展

此时期，基于建构主义学习观的立场，我国的教学研究围绕“教与学的统一”“教为学服务”“教学中的主体研究”等展开，教学方式和学习方式方面的研究也随之深入。

新课程观下的小学数学教学研究尤其关注学生的学习过程。2003年浙江教育出版社出版了系列丛书“新课程学科教学论丛书”。其中孔企平主编的《小学数学课程与教学论》回顾了小学数学课程的改革与发展，阐述了小学数学新课程的理念与目标，明确了小学数学学科的几个基本问题。该书最大的亮点在于关注学生的学习过程，将学生数学学习过程研究单列为一章，与小学数学教学过程对应。作者认为，学生数学学习的特点是生活常识系统化，自己参与课堂教学、思考的过程、再创造的过程。该书总结了三种数学学习类型，包括概念性知识的学习、技能性知识的学习与解决问题的学习，关注了学生的学习策略与学习方式转变。

在教法上，新一轮数学课程改革要求教师注重引导学生从已有知识和生活经验中学习数学、理解数学，强化数学知识和方法的应用，真正培养学生的数学应用意识。新的教学方法，如发现法、自主探究法、探索发现法、导学式教学法等，得到了广大教师的重视，根据教学目的、内容和学情选用合适的教学方法，并把多种教学方法交叉使用的实践探究也越来越多。

（二）大量开展计算机辅助教学的研究

随着现代科技的迅猛发展，特别是计算机技术的逐渐普及，信息革命不断冲击着社会生活的方方面面。2001年颁布的《基础教育课程改革纲要（试行）》指出："大力推进信息技术在教学过程中的普遍应用，促进信息技术与学科课程的整合，逐步实现教学内容的呈现方式、学生的学习方式、教师的教学方式和师生互动方式的变革，充分发挥信息技术的优势，为学生的学习和发展提供丰富多彩的教育环境和有力的学习工具。"

数学教学的设计与实施重视运用现代信息技术，致力于改变学生的学习方式，使学生乐意并有更多的精力投入到现实的、探索性的数学活动中去。在教学目标上，增加了教学弹性，适当控制教学难度，在中、高年级可以介绍和使用计算器。另外，围绕电教媒体在小学数学课堂教学中的实践研究成为教师们关注的热点，设计开发教学课件成为衡量教师教学技能水平的新角度。

四、深化发展（2011年至今）

2011年，教育部制定和颁布了《义务教育数学课程标准（2011年版）》，新的课程标准给出了新的教学建议。《标准（2011年版）》强调了学生的主体地位，将教师的角色定位为组织者、引导者和合作者，提出"教学活动是师生积极参与、交往互动、共同发展的过程"。这次改革比以往任何一个数学教改都重视学生的数学活动经验，明确规定学生应当有足够的时间和空间经历观察、实验、猜测、计算、推理、验证等活动过程。新课标在实施建议部分提出了七条教学建议：（1）数学教学活动要注重课程目标的整体实现；（2）重视学生在学习活动中的主体地位；（3）注重学生对基础知识、基本技能的理解和掌握；（4）感悟数学思想，积累数学活动经验；（5）关注学生情感态度的发展；（6）合理把握“综合与实践”的实施；（7）注意预设与生成的关系、面向全体学生与关注学生个体差异的关系、合情推理与演绎推理的关系、使用现代信息技术与教学手段多样化的关系。

随着新课改的深入推进，小学数学教学研究的主题也更加多样和深入，以下三个研究主题成为新的关注焦点。

（一）大数据应用于小学数学教学

美国政府在2012年推出了《大数据的研究与发展计划》。同年，联合国发布了《大数据促发展：挑战与机遇》的白皮书。我国也开始重视大数据，并成立了中央网络安全和信息化委员会。

大数据对我国的小学数学教学带来了什么启示呢？史宁中认为最重要的是感悟数据分析。一是建立数据分析观念，感悟数据中蕴含的信息、知道数据中的信息可以用不同的办法获取，并感悟数据具有随机性；二是学会获取信息；三是学会分类研究数据；四是感悟数字化的便利。①2014年10月29日至31日，第五届中国小学数学教育峰会在杭州举行，大会以“大数据时代的数学教育”为主题，邀请了数学家、数学教育家、计算机科学家以及著名特级教师作了主题报告，展示了具有数据研究气质的数学课堂，并就相关主题进行了深入讨论。2015年5月15日至17日，“千课万人”大数据时代下的“未来小学数学课堂”研讨观摩会在浙江杭州举行，朱德江、吴正宪、俞正强、华应龙、朱乐平等特级教师参加了会议。会议展示了微课程建设、电子书包、翻转课堂的现场教学。

---

① 史宁中：《大数据与小学数学教育》，《人民教育》2014年第23期。

随着时代的发展，大数据应用于社会生活中的各个方面，对小学数学教学也产生了一定的影响。在小学数学课堂上，可以利用大数据评估教学行为，实现因材施教；用大数据追踪学生的整个学习过程，分析学生的学习习惯，便于教师掌握学生的认知能力和学习能力，使得教学更具针对性。①

（二）聚焦核心素养

2014年3月30日，教育部印发《关于全面深化课程改革，落实立德树人根本任务的意见》，正式提出了“核心素养”体系的概念。这种观念下的小学数学应该怎样教，是教育理论工作者和一线教学工作者共同关心的问题。2016年9月13日，在北京师范大学举行了中国学生发展核心素养研究成果发布会，确定了中国学生发展核心素养以“培养全面发展的人”为核心，分为了文化基础、自主发展、社会参与三个方面，具体表现为人文底蕴、科学精神、学会学习、健康生活、责任担当、实践创新六大素养。

对于小学数学而言，其具体的核心素养又是什么，研究者尚未达成共识。史宁中认为数学核心素养是指“具有数学基本特征的、适应个人终身发展和社会发展需要的人的思维品质与关键能力”，主要包括数学抽象、逻辑推理、数学模型，通俗地说就是会用数学的眼光观察世界，会用数学的思维思考世界，会用数学的语言表达世界。②曹培英认为小学数学学科核心素养包括数学内容领域和数学思想方法两个层面，具体可分为抽象、

---

① 第伟：《大数据在小学数学教学中的作用》，《数学教学通讯》2018年第16期。

② 史宁中：《学科核心素养的培养与教学——以数学学科核心素养的培养为例》，《中小学管理》2017年第1期。

推理、模型、数据分析观念、数感、空间观念这六个素养。[①]同时，研究者们也认识到学生数学核心素养的培养与提高不是空泛的，要落实到具体的数学教学过程之中，体现在小学数学教学的各个环节之中，应在教学实践中不断地探索落实小学数学核心素养的途径、方法、策略。马云鹏结合《普通高中数学课程标准（2017年版）》提出的六大核心素养，在对24节典型的优质数学课堂教学进行深入分析的基础上，总结出在小学数学教学中培养学生核心素养七个方面的策略：（1）选择数学核心内容，进行单元整体分析；（2）优化课堂教学目标，明确核心素养定位；（3）把握学生认知起点，了解学生的前概念；（4）合理设计问题情境，关注学习的发生和迁移；（5）引发学生认知冲突，暴露学生思维过程；（6）抓住教学内容本质，组织深度探究活动；（7）激发学生学习需要，经历完整学习过程。[②]

（三）关注深度学习

在高度信息化的知识经济背景下，深度学习已经引起学习研究群体的普遍关注和学习者个体的高度重视，深度学习特别是如何促进深度学习也成了当前学习研究的重要内容。小学数学深度学习是以数学学科的核心内容为载体，以提升学生的综合素养为目标，整体分析与理解相关内容本质，提炼深度探究的目标与主题，了解学生学习特定内容的状况，通过精心设计问题情境，引发学生认知冲突，组织学生全身心参与学习活动，围绕具有挑战性的学习主题深度探究，使学生体验成功、获得发展的有意义

① 曹培英：《小学数学学科核心素养及其培育的基本路径》，《课程·教材·教法》2017年第2期。

② 马云鹏、殷春阳：《小学数学学科核心素养及其培养策略——〈高中课标2017〉的启示》，《小学数学》（数学版）2018年第7期。

的学习过程。[1]如何引领儿童走向数学深度学习是研究者们共同关注的问题，经历了多年的探究后形成以下研究成果：通过核心问题推动儿童思维发展；围绕学科核心内容进行单元整体设计与实施；深度引导，反复追问。

① 马云鹏:《深度学习的理解与实践模式——以小学数学学科为例》,《课程·教材·教法》2017年第4期。

第二节
小学数学教学研究的主要成果

新中国成立70年以来，我国在小学数学教学方面涌现了大量的研究，本节主要介绍我国小学数学教学研究在教学原则、教学模式、教学方法与方式、教学策略、教学手段、课堂教学评价这六个方面的主要研究成果。

一、小学数学教学原则研究

（一）小学数学教学原则的界定

什么是小学数学教学原则？曹才翰和蔡金法认为教学原则是根据教育、教学目的，为反映教学规律而制订的指导教学工作的基本要求，是教学要取得成效必须遵守的各项基本准则；它也是教师在教学过程中实施教学最优化所必须遵循的基本要求和指导原理。[①]李光树认为小学数学教学原则是人们根据小学数学教学目的和任务，遵循教学规律和学生年龄特征而制订的指导小学数学教学工作的一般原理，它是师生在教学活动中应遵循的基本要求和准则。[②]显然，在数学教育界中，学者们对小学数学教学原则的认识存在共性，那就是小学数学教学原则是指导教学工作的基本要

① 曹才翰、蔡金法著：《数学教育学概论》，江苏教育出版社1989版，第205页。
② 李光树：《试论小学数学教学应遵循的基本原则》，《课程·教材·教法》2001年第12期。

求和一般性原理。

关于小学数学教学原则的特点，研究者对其论述较少，有研究者提出小学数学教学原则作为一门学科具体教学所遵循的行为准则，具有以下特点：（1）实践性，来源于实践又服务于实践；（2）宏观性，对小学数学教学工作进行宏观指导；（3）普遍性，指导小学数学教学全过程；（4）时代性，体现了时代思想和要求。①

（二）小学数学教学原则确立的依据

小学数学教育原则有其自身的理论依据，具有主观性的特点，其确立的依据有以下几类。

有学者提出确立数学教学原则要遵循以下几点科学性准则：（1）界定性原则；（2）完备性原则；（3）相容性原则；（4）独立性原则；（5）简练性原则。②

还有学者从数学的角度出发，认为数学教学原则是一个动态的体系，提出建立数学教学原则体系时，需要考察数学知识的发生过程，找出数学认知规律，总结数学教学的实践经验，为数学教学提供客观规律性的认识。③

还有研究者从实践教学出发，提出了教学原则确立的依据。④（1）教学规律的反映。不难看出，教学原则与教学规律在客观上存在对应关系。一方面，教学规律制约着教学原则；另一方面，教学原则的制订又依赖着教学规律。（2）受教学目标制约。教学原则是为教学目标服务的。在制订

---

① ④ 李光树著：《小学数学教学论》，人民教育出版社2003年版，第247、241页。

② 张楚廷等著：《数学教学原则概论》，广西师范大学出版社1994年版，第26页。

③ 张艳霞、龙开奋、张奠宙：《数学教学原则研究》，《数学教育学报》2007年第2期。

教学原则时要充分考虑促进学生的全面发展。教学目标决定了教学原则的重点和核心。(3)教学经验的提炼。所有教学原则都有自己的实践基础，是对教学经验的提炼加工。教学原则既来源于教学经验，又是推动其发展的重要源泉。(4)符合学生的发展。教学原则制订时要充分考虑学生的年龄特征，适应学科教学的需要，具有小学数学学科教学个性化的特点。

(三)小学数学教学原则的主要内容

经过几十年的研究，教学原则理论的研究有了很大的发展。孙邦正从数学学习的角度，将教学原则分为准备原则、类化原则、自动原则、努力原则、个性适应原则、社会化原则、完形学习原则、熟练原则、同时学习原则。①李光树根据素质教育的内涵及要求，将小学数学教学原则划分为传授数学知识与促进学生素质全面发展相结合，教师启发引导与学生主动参与相结合，形象直观与抽象概括相结合，归纳与演绎相结合，系统性与渐进性相结合，理解数学知识形成过程与掌握数学知识结果并重，理解巩固与探索创新有机结合，面向全体与尊重个别差异相结合。②杨庆余从学生视角出发思考教师如何促进课堂的有效教学，主要包括准备原则、活动原则、主动参与原则、兴趣原则以及个别适应原则。③

自新课改以来，研究者提出了培养学生创新意识的小学教学原则。研究者们更注重在教学实践中培养学生丰富的想象力、整体的感悟能力与自由人格德性。金成梁、刘久成依据教学论的基本理论，结合小学数学教学的具体特点，认为小学数学教学必须遵循以下原则：直观性原则、启发性

---

① 孙邦正著:《普通教学法：课程教材教法通论》，台湾商务印书馆（股）公司1975年版，第188页。
② 李光树著:《小学数学教学论》，人民教育出版社2003年版，第247页。
③ 杨庆余主编:《小学数学课程与教学》，中国人民大学出版社2010年版，第166页。

原则、循序渐进原则、归纳与演绎相结合原则以及理解巩固与探索创新相结合原则。[①]数学教学原则作为数学教学论中的重要内容，对小学数学改革有直接的指导作用。只有在教学中坚持正确的教学原则，才能更好地促进课改。

二、小学数学教学模式的研究

（一）小学数学教学模式的含义

小学数学教育界对小学数学教学模式的界定不尽相同。[②]有学者从教学方法的角度来定义教学模式，把教学模式看作教师根据教学目的和教学任务在不同教学阶段协调应用各种教学方法所形成的动态系统。有研究者从教学结构定义教学模式，把教学模式看作在"实践中形成的反映特定教学思想的教学活动结构方式的范型"，有研究者从教学设计与组织的角度定义教学模式，把教学模式看作在教学过程中遵循的教学程序与方法的体系。

教学模式与教学方法既有联系又有区别，有学者区分了相关的概念。认为数学教学模式是教学过程的模式，既不是教学过程，也不是教学方法，只是与教学方法的策略体系有关。一方面，教学模式是具有一定特点的较为稳固的教学过程，经过多次实践可能形成模式，一个教学过程可能包含一种或多种教学模式。另一方面，在数学教学模式中，各种教学阶段都要采用一定的教学方法，将各阶段教学方法有机衔接起来，便构成一个

① 金成梁、刘久成主编：《小学数学课程与教学》，南京大学出版社2013年版，第160页。

② 涂荣豹、杨骞、王光明编著：《中国数学教学研究30年》，科学出版社2011年版，第191页。

稳固、能解决一定教学课题的教学方法策略体系。[①]有学者指出，一个成熟的教学模式应至少包括四个基本要素，分别是理论基础、教学目标、操作程序、实施条件。[②]

（二）小学数学教学模式的构建

在教学理论和实践的共同作用下，我国构建了丰富多样的教学模式。布鲁纳、赞科夫等人为代表的现代发展教学观，以及维果茨基“最近发展区”理论、瓦根舍因的“范例方式教学论”、巴班斯基的“教学最优化理论”、弗赖登塔尔的“再创造教学原则”“多元智能理论”等现代教学理论和心理学理论，对我国学者和一线教师探索新的数学教学模式产生了很大影响。同时在长期的教学改革实践中也萌发了许多本土的教学模式，例如在20世纪80年代就开展了“程序教学法”[③]“读讲精练教学法”“探究教学法”“引探教学法”“四环节教学法”“反馈教学法”等教学法的实验研究。

新课改以后，实践中又发展起了各种有特色的教学模式，研究者纷纷进入教学实践，探讨和改进教学措施。研究者通过运用文献分析法、案例分析法、问卷调查法、访谈法和课堂观察法等，构建了“问题解决导向式教学模式”“混合式教学模式”“分层参与教学模式”“三导一清教学模式”“三环一式教学模式”“抛锚式教学模式”“以问导学教学模式”“PBL教学模式”“先学后教教学模式”等，阐明了这些模式的基本特征、所渗透的基本理念以及具体的实施环节。

---

① 张文贵、王合义：《对数学教学模式的几点认识》，《数学教育学报》1997年第4期。

② 曹一鸣：《数学教学模式的重构与超越》，南京师范大学博士学位论文，2003年，第26—29页。

③ 骆祖瑶：《用程序教学法教应用题的试验》，《江苏教育》1982年第17期。

（三）几种典型的小学数学教学模式

到目前为止，我国在理论研究和实践层面都已经提出了很多种教学模式。结合素质教育的要求，研究者们提出了教学模式要体现学生的主动参与、要强化学生的数学活动、要反映平等的师生关系、要重视学生之间的合作交流、要体现对学生个别差异的关注的特点。下面对几种典型的教学模式进行介绍。

1. 尝试教学法

尝试教学法由邱学华提出，他根据现代教学论思想，按照儿童的心理特点、学生的认知结构和小学数学的知识结构，吸取国内外教学法的成果，并经过实践不断改进、不断完善，提出了尝试教学法。其步骤是教师出示尝试题，学生先自学课本，再动手尝试练习、讨论，然后再听教师重点讲解，又叫“五步教学法”。常州市劳动中路小学四年级实验班学生学习解三步应用题时，学生自学课本后做尝试题的正确率达到88.2%，而普通班只有54%。尝试教学法在七八年的时间里迅速在全国推广应用，在教育界引起了巨大的反响。河南师范大学陈梓北指出，“尝试教学法是古为今用，今胜于古，洋为中用，中胜于洋。尝试教学法是根据数学教学的特点和儿童的心理特点进行设计，把教学过程具体归纳为五个步骤，具体明确，简单易行，便于教师掌握，不管是城是乡，新老教师都能应用”。华中师范大学姜乐文教授肯定了尝试教学法的学科特性，并指出尝试教学法经过了哲学认识论、教学论和心理规律的论证。①

2. “尝试指导，效果回授”

“尝试指导，效果回授”教学模式是上海市青浦县（今青浦区）“顾

---

① 邱学华主编：《中国小学数学四十年》，河北教育出版社1989年版，第433页。

泠沉教改实验小组”从1977年起经过三年的调查、一年的筛选经验、三年的科学实验和三年的推广应用而提出的一种新型的教学模式。1980年前后，研究小组决定引入当时在国内还较少用的“行动研究”，并通过注入新的机制，把它改造为“实践筛选”的研究方法。经过筛选，研究者分析了“讲练结合”“要求学生动手动口动脑”等当时已有的经验，提出让学生自行“尝试”学习，教师根据学生的“尝试”需要给予指导。其结构程序为：创设情境，把问题作为教学的出发点；探究知识，尝试学习；变式练习，组织分水平训练；归纳总结，纳入知识系统；及时反馈，回授尝试效果。这一教学模式具有极强的适应性和生命力，成为当时数学教学改革中影响最大，最具有推广价值的一项教改实验，其科研成果还被推广到其他科目的教学研究，编制成教师职务培训课程，并形成教学、科研、进修三位一体的模式。

3. 发现—探究教学模式

发现—探究模式分为两个部分，首先倡导学生自主或者在教师的指导下发现问题，然后基于问题进行探究。

发现法的主要特点是让学生通过独立观察和思考，用自己的头脑亲自去发现知识和掌握技能，自己去进行概括和做出结论。教师在应用发现法教学时，应当注意教学要发挥教师的主导作用、善于集中学生的集体智慧解决问题、注意已有知识与发现知识之间的关系、根据不同的教学目的采用不同的教学方法。发现法大致可以分为两类，一类是“纯发现法”，即完全由学生发现知识；还有一类是“引导发现法”，教师根据不同情况给予帮助或引导。[①]“引导发现法”是教师根据教材的结构特点，学生的思想、知识、能力水平将教材划分为一个一个的发现过程，然后，遵循学

① 周玉仁著：《小学数学教学论》，光明日报出版社1990年版，第88页。

生的认知规律和文化科学知识的固有的特点，引导学生通过阅读、观察、实验、思考、讨论、听讲等途径主动研究问题，总结规律，以达到获得知识，发展能力，促进全面发展的目的。发现法大致可以分为下面六个步骤：① 创设问题的情境，引起思维冲突，促使学生探究；② 明确探究的目标和中心；③ 拟定解决问题的途径，收集资料；④ 根据所得的数据或资料，提出假设；⑤ 组织讨论，检验假设；⑥ 总结并做出结论。与引导发现法类似的还有引探教学法、问题探索法、迁移教学法等。

探究法是根据学生的认知规律和心理特征，在教师的引导、启发和点拨下，通过调动学生的积极性、主动参与性，指导学生运用实验、观察、分析、综合、归纳概括、类比、猜想等方法，进行自主数学探究、发现的方法。主要的环节有情境设疑、探究释疑、归纳疏疑、验证应用、小结反思。有研究者基于探究性教学方法引导学生进行自主建构学习，其方法是创设情境激活学生认知图式、带着问题阅读和学习上位理论、分层探究逐步达成目标、重构原有的认知结构。①②

4.“学案导学”教学模式

“学案”教学是相对于传统的“教案”教学而提出的新型教学模式。学案是指教师在充分调查了解学情、大纲、教材内容的基础上，根据教材特点和教学需要，从学习者的角度设计的指导学生进行自主学习的导学材料。在学案教学中，教师提供必需的实物、教具和图片，捕捉学生的反馈信息，提供相应的策略方法，辅助学生根据学案和教材进行自主创新学习。学案教学模式的三个基本环节为：组织准备、依据学案自学和交流、

---

① 赵改玲：《基于探究性教学的学生自主建构学习——以小学数学教学为例》，《教育理论与实践》2015年第5期。

② 王林利、曹深：《概念图在小学数学探究式学习中的应用》，《中国电化教育》2006年第4期。

总结与练习。

我国“学案导学”教学模式的研究主要涉及“学案导学”概念、理论基础、学案设计原则、操作流程及其在不同课型、不同学科中的应用研究等方面。已有研究在打破教案教学常规、关注学生主体地位以及提倡“先学后教”的教学程序方面形成一定共识，并成就了一批典型案例。有研究者认为，要使“学案导学”教学模式逐步走向数字化和立体化，特别要明确数字化背景下“学案导学”教学模式的特征，倡导实证研究方法，借鉴国外翻转课堂的经验，融合多媒体技术并不断优化“学案导学”教学流程。①

除此之外，我国著名特级教师钱守旺对自己的教学经验进行梳理、提炼，明确提出“对话—分享式动感课堂”教学模式，让学生在手动、口动、脑动、心动、情动中，提高数学学科核心素养。

三、小学数学教学方法与方式的研究

（一）小学数学教学方法的定义和分类

关于教学方法的定义，有学者概括为：① 方式说，认为教学方法是教师和学生为完成教学任务，实现教学目的所采用的工作方式和手段；② 途径说，认为教学方法是通往目的的途径；③ 手段说，认为教学方法是完成教学任务所采用的手段。还有“手段途径说”“相互作用说”“教法学法统一说”“动作体系说”“操作策略说”等。

① 李保强、肖夏：《我国“学案导学”教学模式研究：回顾与展望》，《教育理论与实践》2015年第8期。

关于教学方法，著名数学特级教师邱学华将教学方法分为两类，一类是基本教学方法，另一类是综合教学方法。其中基本教学方法包括讲解法、谈话法、练习法、演示法、实验法、阅读法、实习法、参照法，综合教学方法包括发现教学法、尝试教学法、目标教学法、自学辅导教学法、合作教学法、分层教学法、游戏教学法、情境教学法、程序教学法、“纲要信号”图表教学法。也有学者从学生获得知识的独立程度，将基本的教学方法分为了三类。第一类是教师进行较多的组织，学生活动较少，包括讲解法、演示法和复习法。第二类是教师进行必要的组织，学生活动比较多，包括谈话法、讨论法和练习法。第三类是以学生的独立活动为主，包括阅读法、实验法和实习法。①

（二）小学数学教学方法选择的依据

张玺恩从“教学有法”和“教无定法”两个方面阐述了教学方法选择的依据，前者是指无论是对哪一门学科，在选择教学方法时都要依据教育学中教学论部分所阐明的教学原理，例如教学的科学性原则、系统性原则、循序渐进原则、可接受性原则、直观原则、自觉性和积极性原则。后者是指教学方法是否有效取决于应用实践、地点、条件。②在教学时，教师选择哪种教学方法，取决于很多因素。有学者提出选择教学方法的基本依据有：教学目标、学生特征、教学内容、教师特点。③针对学生特征因素，有人指出年龄特征、已有基础、生活经验是制约教学方法的重要因素，例如低年级学生多采用直观演示和实验操作等方法，而高年级学生多

① 杨庆余主编：《小学数学课程与教学》，高等教育出版社2004年版，第8页。

② 张玺恩：《谈谈当前小学数学教学改革若干问题》，《课程・教材・教法》1985年第1期。

③ 马云鹏主编，《小学数学教学论》，人民教育出版社2013年版，第151—153页。

采用讨论、研究的教学方法。[1]也有研究者认为，对于新概念的课，就要通过直观教学，让学生通过观察、比较、抽象、概括来形成概念，有的可以通过实验和学生的实践活动来引入，练习课和复习课也可以选用不同的教法。[2]

（三）几种常用的小学数学教学方法

下面将介绍我国小学数学教学研究中总结出的比较重要的几种教学方法及其相关研究。

1. 讲解法

讲解法是教师用简明、生动的语言向学生说明、解释或论证数学概念、数学原理和规律的一种最基本的教学方法。李光树认为讲解法的运用要解决好以下几个问题。一是讲解法要有针对性。针对教材中的重点内容进行讲解，突出重点知识与前后内容的联系；针对学习中的难点内容进行讲解，排除数学知识上的障碍；针对学生应当质疑而没有质疑的知识进行讲解，帮助学生获得新的发现。二是讲解要有启发性。把握好讲解的时机，讲前设疑，语言要简练中肯，并与谈话法、演示法等方法配合使用。三是要给学生的自主探索留下空间。讲解不需要面面俱到，要发挥学生学习主动性。[3]

不过有研究者就教学方法对学生数学课堂参与度的影响进行了实证分析，发现在行为参与和认知参与方面，讲授法带来的积极影响最低。[4]

---

①③ 李光树著：《小学数学教学论》，人民教育出版社2003年版，第340、314—315页。

② 张卫国：《小学数学教学方法的改革》，《课程·教材·教法》1985年第1期。

④ 陈奕桦、付倩兰：《教学方法对小学生数学课堂参与度影响的实证分析》，《数学教育学报》2017年第4期。

2. 谈话法

谈话法是教师根据学生已有的知识和经验提问学生，并引导学生对所提问题进行思考，得出结论，从而获得知识的一种教学方法。

（1）师生对话研究

有学者研究发现，师生话语是维系课堂有效对话的重要介质，对话结构分为三类，即教师对学生单向作用的单向度对话结构、教师和学生双向互动作用的双向度对话结构以及师生、生生多向交互作用形成话语共同体的多向度对话结构。其中“教师提问—学生陈述”是主要的师生对话形式。在对话中数学问题或任务的特性以及教师倾听回应学生的方式，对学生理解与建构数学意义起关键作用。[①]随着教师教学水平提高，教师对学生经验的关注渐趋明显，教师话语逐渐减少而学生话语逐渐增多，数学问题的开放程度和学生选择机会逐步增大，教师倾听回应学生的关注点也会逐步由“教师主导”转向“学生主导”，教师引导学生自主提出问题，教学内容“问题化”，教学过程中针对主要问题的解决，师生主动对话，不断生成新问题。[②]学生参与数学意义理解与建构的思维水平逐步提高。

（2）教师提问研究

教师提问的设计是谈话法的关键，有学者从提问目的、提问内容、提问时机、提问方式与解答方式几个方面研究了公开课上小学数学名师的课堂提问特点。还有研究者对教师提问的水平进行了研究，发现教师提问的不同认知水平和学生回答的认知一致性以及学生学业成就水平显著相关，

---

① 刘兰英：《小学数学课堂师生对话的特征分析——上海市Y小学的个案研究》，华东师范大学博士学位论文，2012年，第204—209页。

② 陈惠芳：《问题导学：开展“对话式教学”的应然之道——以小学数学学科教学为例》，《上海教育科研》2013年第8期。

教师提问的认知水平越高，学生回答的水平与其提问水平的一致性越低；对于学业成就水平高的学生来说，在所有提问水平上学生的回答水平都表现出最高的一致性，即教师任何水平的提问对他们来说都是适合的。而对于学业成就水平处于中等以下的学生，当教师的提问水平与他们实际的学业成就水平一致时，学生的回答才能表现出更高的一致性。①

（3）学生提问研究

有研究者通过问卷法和访谈法，研究了学生的提问现状，发现学生提问的能力并不是很强，只有个别学生能主动地提出问题，同时也有小部分学生在教师的要求下，能提出一些问题，极个别的学生不会提问。随着年龄的增长，学生主动提问的现象也逐渐变少。②

3. 讨论法

讨论法是指学生以全班或小组为单位，在教师指导下围绕学习中的某一问题展开讨论，通过学生之间的互相交流、启发、借鉴而掌握或巩固数学知识的一种教学方法。有论者以教学片断为例，指出提高讨论有效度的策略有：激发学生讨论的兴趣、营造宽松的讨论氛围；精心选择讨论的内容、恰当安排讨论的形式；抓住讨论中生成的资源、引导讨论向纵深发展。③

讨论法能调动学生学习的积极性，但并不是任何时候都能用讨论法展开教学。对此，有研究者提出在以下情况下可以使用讨论法：一是知识的重难点或关键处，易于混淆的地方可以安排学生讨论；二是新知识与学生的认知发生冲突时，可以设计讨论题目；三是教学中出现难度很大的思考

---

① 张春莉、吴加奇：《小学数学教师提问与学生回答之间的认知一致性研究》，《课程·教材·教法》2015年第8期。

② 苏莉：《小学数学教学中学生提问能力的现状调查及培养研究》，南京师范大学硕士学位论文，2016年，第17—18页。

③ 吴瑜：《小学数学课堂讨论效率的提高》，《教育评论》2006年第5期。

题时，可以随机安排学生讨论；四是教学过程中出现了教师事先没有预测到的问题。①

在讨论的形式上，有研究者指出要根据教学实际变化，可以是指导式讨论，教师结合教学目的、内容提出一些问题，把学生分成若干小组就教师提出的问题各抒己见，教师则不时地参与讨论，或做一些提示、释疑；也可以是自主式讨论，就是教师把学生分成若干小组后，让学生自学教材，自己发现问题，并进行自由式的讨论，寻找答案。②

4. 练习法

练习法就是在教师的指导下，让学生通过独立作业掌握基础知识与进行基本技能训练的一种教学方法。通过一定数量的练习，学生能够掌握和记忆数学概念、法则，形成运算技能，提高分析问题、解决问题的能力。“课堂教学的组织，必须使讲解与练习作业交织着进行……同时在练习作业中可以逐步了解儿童学习的进展情况，必要时随即加以适当的调整”。③

针对20以内的口算教学，教师们开发出了用卡片视算、教师口述学生听算、利用各种表格的表算、图算、连环算、抢算、速算、静算等多种形式的练习。1960年辽宁省黑山县北关小学提出的“精讲多练，学、练、用分步走”的教学方法就格外注重练习法。北关小学对小学算术的教材和教法的全面改革在全国产生了广泛的影响，其主要方法就是“精讲多练，学、练、用分步走”。其中，精讲就是将知识进行归类，抓住知识的本质特征和关键问题，把知识讲解得透彻。多练，顾名思义，就是反复地练

① 郑华墩：《小学数学课堂讨论的方式》，《教育评论》2005年第3期。

② 林秀燕：《小学数学课堂讨论的实施策略》，《教学与管理》2003年第26期。

③ 邱学华主编：《中国小学数学四十年》，河北教育出版社1989年版，第347页。

习，不仅在课堂上集中练，还开设专门的练习课，从而让学生牢固地掌握基础知识。福州市实验小学把练习的内容集中在教学的重点、关键点和难点上，发现算术教学质量明显提高。之后，中科院心理研究所和当时的华中师范学院的研究人员都对“精讲多练”进行了专门的研究，在理论和实践上都说明了该教学方法的有效性。

我国的变式练习在国际上也具有一定的影响力，黄荣金发现中国学习者在数学上的优势很大程度上归功于教学中的变式练习。有研究者发文称，变式练习可通过变条件的顺序、变思维方法、变叙述术语、变图形方位、变书面练习为实际应用练习等形式来促进学生的学习。①

随着新课改的推动，人们逐渐认识到，练习题的设计融入趣味性能够激发学生的学习兴趣；教师要关注学生在认知发展水平、知识技能掌握水平以及数学能力发展水平等方面存在的差异，练习必须具有层次性和弹性，让每位学生都能获得数学学习成功的体验，建立学习数学的自信心，以促进学生数学学习的可持续发展。数学练习设计要将一些与学生生活息息相关的现实素材改编成有新意的数学练习，鼓励学生用数学的方法去观察、分析日常生活现象，把课堂上掌握的数学知识融入鲜活的生活世界中加以实践；注意开放题的设计，以促进学生思维的发展；让学生参与练习题的设计，培养学生的创新能力。为此，有研究者提出了“有效练习”的概念，“有效练习应当是练习内容和练习形式的统一，掌握知识和培养能力的统一，练习量、练习时间和练习效率的统一”。②

此外，国内研究者纪晓村自1980年开始进行“激趣—探索”的教学

① 许万良：《小学数学变式练习的若干方法》，《教育评论》2001年第4期。

② 项法元：《小学数学课堂有效练习的设计策略研究》，《上海教育科研》2005年第7期。

方法，根据儿童的生理特点、心理特点和认知发展规律，以激发儿童的学习兴趣为突破口，引发儿童强烈的求知欲，引导儿童主动探索，生动活泼地学好数学。

综观新中国成立后70年关于教学方法的研究，我们发现传统的教学较多采用一种固定的教学方法，造成了教学过程和方法的单一化，不利于教师灵活开展教学各项活动。针对这一问题，研究者越来越认识到教学方法是多种多样的，没有一种万能的教学方法。“因此现代教学论趋向于根据教学目的、内容和学生选用不同的方法，并把几种方法配合起来使用”。[①]为此，还有学者对多种教学方法的优化组合问题进行了深入的研究，发现小学数学教学方法的优化来自巴班斯基“最优化理论”。要实现教学方法的优化，必须做到“熟悉各种常用的教学方法”、找到每个教学阶段最适用的方法、“考虑教学过程效率的高低”。[②]

（四）小学数学教学方式转变

我国很早就有了对优秀教学方式的研究，在20世纪60年代就有了通过“问、议、讲、看、练”的教学方式来启发学生思维。[③]80年代以来新的教学方法不断出现，其共同点就是强调教学应该教学生如何学习，人们把教学方式看作“教师灵活而妥善地综合运用各种教学手段，组织学生进行学习,以完成教学过程所采取的方式”[④]。湖北大学黎世法总结了教学方式演变的历史趋势，运用系统科学的相关研究成果，在将近十年的教育调查、教

---

① 曹飞羽：《从现代教学论观点看小学数学教学方法的改革》，《课程·教材·教法》1984年第5期。

② 马云鹏主编：《小学数学教学论》，人民教育出版社2013年版，第154—155页。

③ 张世雄：《略谈通过问、议、讲、看、练的教学方式启发学生思维》，《数学通报》1965年第9期。

④ 邓嗣源：《新型教学方式初探》，《电化教育研究》1982年第4期。

育研究和教育科学实验的基础上提出了区别于“同步教学方式”的“异步教学方式”，这种教学方式在小学阶段也称为“六因素单元教学方式”。①

随着时间的推移，我国的教学理念也逐渐发生了变化。其中李烈提出了“双主体互动式”的教育理念，它强调教学活动必须让学生成为主动者，在教学过程中“自由自觉地活动”。教育必须以人自身为出发点，认识主体，尊重主体，热爱主体，把人的本质还给人，以人的方式教育人，使得教育真正成为人的教育，来改革“以教师为中心”的专制型课堂教育，努力构建教师和学生双向互动的民主型课堂教育。吴正宪致力于数学教学改革，努力把数学教育重心转移为促进学生的发展，为学生创设愉悦和谐的学习环境，提出“好吃”又有“营养”的数学教学理念。华应龙的“化错”教学理念把课堂教学中的差错融化为一种教学资源，教师既要“容错”，也要“融错”还要“荣错”，鼓励并引导学生从错误中学习，从错误中发展，让课堂因为错误而精彩。人们逐渐认识到好的教学方式不仅关系到教学任务的完成，而且影响学生以后用何种方式掌握知识，“教”是为了学生的“学”。有研究者指出，“学生学习方式的变革成为小学数学教学方式变革的突破口”。新课改以来，改革致力于改善学生的学习方式，强调在数学教学活动中，通过学生的自主探索学习数学，强调通过恰当的数学交流，促进学生创新意识与实践能力的发展。自主、合作、探究成为重要的学习方式。

1. 自主学习

我国在20世纪90年代掀起了“自主学习”的研究高潮。90年代初便有人做了关于国外自主学习研究动态的总结，详细介绍了自主学习的概

① 黎世法：《教学方式演变的历史趋势》，《中国教育学刊》1989年第5期。

念、发展和技术，同时也指出了自主学习在当时存在的争议。[①]90年代末，又有研究者总结了自主学习理论的新进展，并评价了该理论的不足之处，例如没有对自主学习过程做出详细描述，没有从发展的角度对自主学习加以说明而限制了它的适用普遍性。[②]对于自主学习的意义，有人从减轻学生负担角度论述了自主学习的重要性，认为课堂教学中要改变脑力劳动片面性的状况，就必须以自主学习代替被动的接受性学习，自主学习中包含智力因素与非智力因素的参与，多元化的教学目标只有在自主学习的过程中才能得到统一。[③]

自主学习一般要经历以下过程：首先，学生参与确定对自己有意义的教学目标，自己制订学习进度，参与设计评价指标；其次，学生积极发展各种思考策略和学习策略，在解决问题中学习；再次，学生在教学过程中有情感的投入，能从学习中获得积极的情感体验；最后，学生在学习过程中对认知活动能够进行自我监控，并做出相应的调试。[④]

2. 合作学习

自20世纪80年代末、90年代初开始，我国出现了合作学习的研究与实验，并取得了较好的效果。东北师大李晓东介绍了美国中小学的合作学习教学方式，并归纳了五种形式和做法，分别有成绩区分法、团体—游戏—竞赛法、拼板法、小组调查法、合作社法。[⑤]《国务院关于基础教育改革与发展的决定》中也专门提及合作学习，指出："鼓励合作学习，促进学生之间的相互交流、共同发展，促进师生教学相长。"在实践层面，

---

① 刘根平、刘道溶：《目前国外关于学生自主学习的研究动态》，《外国教育研究》1990年第2期。

② 庞维国：《自主学习理论的新进展》，《华东师范大学学报》（教育科学版）1999年第3期。

③ 朱川彬、杨裕前：《建立自主学习的基本模式——课堂教学改革探讨》，《江苏教育》1991第1期。

④ 马晓平著：《论数学教学方法》，西安地图出版社2007年版，第83页。

⑤ 李晓东：《美国中小学的"合作学习"教学方式》，《现代中小学教育》1991年第5期。

从浙江杭州大学教育系的合作学习小组教学实验，到20世纪90年代中期山东教育科学研究所开展的合作教学研究与实验，北京师范大学裴娣娜教授主持的少年儿童主体性教育实验对小组合作的探讨，这一系列的教育科学研究和教学实践活动推动了合作学习在我国的发展。

21世纪初，研究者对合作学习的理念和实践有了清晰的认识。北京师范大学曾琦教授认识到虽然国外对合作学习的研究比国内成熟，但国外丰富的研究成果中也存在某些不足，其中较为突出的就有未清晰界定合作学习的适用条件。“并非在任何教学条件下，合作学习都是最佳的教学组织形式，我们需要研究合作学习适于解决何种学习任务。”①

针对合作学习的具体实施状况，也有研究者反思了合作学习尚存在的问题，例如“合作学习小组组建的随意性或强制性、内容与时机的欠适性、小组成员的低合作性、教师的高控制性及低指导性、评价的低兼顾性等问题”②。有研究者运用Nvivo视频分析工具，选取北京市海淀区、天津市河西区、河南省郑州市金水区等10所城区小学，分析了课改前、课改中期、课改十年后各10节课堂教学录像，结果发现教师缺少指导学生开展小组合作学习的意识与策略。在小组学习中，学生学习什么内容、教师如何介入（课堂上看到的只是巡视、观看、偶尔询问等）、如何对学生的活动进行评价等缺少应有的设计。③针对小组合作学习存在的问题，有研究者提出了解决问题的策略有“教师更新教育理念”“处理好独立学习与合作学习的关系”“处理好形式和目标的关系”等。④

---

① 曾琦：《合作学习的基本要素》，《学科教育》2000年第6期。

② 李星云：《小学数学合作学习的有效性分析》，《教育评论》2009年第3期。

③ 王新民、吴立宝：《课改十年小学数学课堂教学变化的研究》，《中国电化教育》2012年第8期。

④ 王永春：《小学数学教学中小组合作学习存在的问题及其解决策略》，《课程·教材·教法》2002年第8期。

3. 探究学习

自2001年中国开始实施基础教育课程改革以来，探究性学习以其独特的研究方式去探究、获取和应用知识而成为新一轮改革的一大亮点。探究性学习就是从相关学科领域或社会现实生活中选择和确定研究主题，在教学中创设一种恰当的问题情境，通过学生自主地发现问题、调查信息、实验、处理数据、表达与交流等探索活动，获得知识、技能，培养探索精神和创新能力的学习方式和学习过程。[①]探究性学习是以学生探究为基本特征的教学活动。为了帮助学生学会学习，掌握获取知识的本领，提高学习效率，实现预定的教学目标，教师必须研究“如何教”的问题。在教学活动中，教师要充分调动学生学习的积极性和自主探究的能动性，让学生自主发现规律，寻找方法，探究思路，解决问题，充分体现以人为本的现代教育理念，给学生以最大的发展空间，科学设计教学的方法、步骤、程序，并注重教学过程，把培养学生的创新精神和实践能力作为教学的重点。

关于如何在课堂教学中顺利推进探究性学习，徐章韬提出，要熟知探究性学习的基本方式。探究性学习的基本方式归纳如下：在操作活动中发现问题；在观察中发现规律，并进行归纳总结；在比较中联想；最后通过猜想和验证来解决问题。[②]还有研究者指出了概念图在小学数学探究式学习中的作用，并对概念图教学提供了建议。[③]同时研究者指出在教学中教师不仅要加强基础知识和技能的理解教学，还要注重培养学生从事探究活动的基本技能，包括观察、操作、提问和交流技能，使学生逐步具备一定

① 马云鹏主编：《小学数学教学论》，人民教育出版社2013年版，第146页。

② 徐章韬、梅全雄：《论基于课堂教学的数学探究性学习》，《数学教育学报》2013年第6期。

③ 王林利、曹深：《概念图在小学数学探究式学习中的应用》，《中国电化教育》2006年第4期。

的探究技能。[①]

四、小学数学教学策略的研究

刘久成提出教学策略是教学思想理念的具体化，是教学方式方法的概括化。可以认为，教学策略是教学主体在一定教学理念指导下，根据自己对教学任务以及对教学情境的认识和理解，为提高教学效率，而对教学活动进行调节和控制的一系列执行过程。它既包含一定的思想理论，又具有可操作性和过程性的特征。[②]

研究者们从数学知识的四个领域阐述了小学数学的教学策略。

（一）数与代数的教学策略研究

我国小学数学教学中，历来都非常重视计算教学。早在1963年的《全日制小学算术教学大纲（草案）》中就明确提出小学数学教学应“以四则运算能力为中心”。1978年，“算术”课更名为“数学”课，要求学生能够正确地进行四则运算，还要根据数据特点，恰当地应用运算定律与运算性质，使计算过程更合理、灵活。可见，小学数学教学不但要求学生掌握整数、小数、分数四则运算的方法，而且还注重对学生计算能力的培养，与此同时还要培养学生的观察力、注意力与记忆力，发展学生思维的敏捷性和灵活性。1959年，江西省宜春县（今宜春市）宜春镇中心小学进行了口算、

---

① 顾晓东著：《小学数学理解性探究学习研究》，苏州大学出版社2014年版，第84页。

② 刘久成：《探究性学习的教学策略》，《现代中小学教育》2004年第1期。

笔算、珠算三结合的实验。这种教学方法的特点是利用算盘作为教具，学生可以更加方便地认数和计算，带动了学生口算和笔算能力的提高。各地通过教学实践，总结出了算术教学的五个基本方面：计算技能，运用计算工具，测量、绘图和计量，逻辑思维，良好的作业习惯和学习方法。

北京教育学院张丹在《以数的运算为例谈整体把握小学数学课程》中认为可以把学生计算的学习细分为三个步骤：计算方法的探索及算理的理解、计算方法的形成与内化、计算方法的掌握。简单概括就是“理解算理、形成方法、掌握技能”。她的《小学数学教学策略》一书从数的认识、数的运算、应用问题和代数初步四个方面论述了数与代数的教学策略。①

（1）数的认识。对于教学意义的数学，应注重从现实世界中抽象出数的过程，同时注重使学生体会数的丰富意义，在具体情境中感受大数的意义。在教学“数的表示”时，要用多种方式帮助学生理解这样表示背后的道理。在教学数与数之间的关系时，要鼓励学生自己探索比较的方法，然后再适时引入常规的方法。最后还要鼓励学生运用数表示日常生活中的一些事物并进行交流。

（2）数的运算。在估算教学中要发展学生的估算意识，鼓励学生在具体情境中选择合适的估算方法。鼓励学生探索估算的方法，并解释估算的思路和理由；设计对比情境，使学生感受到需要根据问题选择合理的方法；鼓励学生将估算结果与精算结果进行比较，体会不同估算方法的价值。对于精确计算的教学，教师要重视学生自主探索计算方法的过程，梳理小学阶段各种运算的算理，鼓励学生用自己的语言有条理地表达自己的思考。

（3）应用问题。以四则运算的实际背景为线索，注重学生对于运算意

---

① 张丹著：《小学数学教学策略》，北京师范大学出版社2010年版。

义的理解；以表征和分析问题为线索，鼓励学生探索如何分析数量关系；以分析问题和解决问题策略的学习为线索，鼓励学生形成一些基本策略；注重基本数量关系在小学中的学习线索，帮助学生形成一些基本数量关系。

（4）代数初步。例如在教学“用字母表示数”时，要让学生认识到运用字母表示数的概括作用；认识到字母不仅可以表示任意数，还可以表示一种关系；初步感受字母的取值范围；重视从过程到对象中的潜在困难。

有研究者采用文献研究法、案例分析法和经验总结法，指出了数与代数领域教学中存在的一些问题。针对计算教学中的问题，她提出了改进计算教学的策略，包括：（1）激发学生学习兴趣；（2）注重策略优化，引导学生领悟算理；（3）算法的多样化与优化；（4）扎实掌握计算知识；（5）重视口算、加强笔算、学会估算；（6）分层练习，形式多样。①

（二）图形与几何的教学策略研究

图形与几何是小学数学教学的重要内容之一，每个年级都有涉及，凸显了图形与几何知识在小学数学中的地位。小学图形与几何知识较为简单，知识内容与现实生活关系紧密，开放性较强，旨在激发学生学习兴趣，提高知识应用能力，塑造形象思维，形成空间思维能力与逻辑思维能力。在教学当中由于学生受知识储备限制，难以理解较为复杂或抽象的几何图形知识，教师可以结合生活实际，帮助学生加深理解，提高学习效率。研究者们基于不同的教学理论提出了一些教学策略。

有研究者以活动教学理论为基础，提出了培养学生空间观念的教学策略：（1）回归儿童的生活经验；（2）从对象的形体特征观察入手；（3）通

① 张洪霞：《小学数学计算教学策略研究》，东北师范大学硕士学位论文，2012年，第15—32页。

过做（活动）培养空间观念；（4）加强交流和想象活动培养空间观念。①

著名数学特级教师朱乐平带领其团队成员，历时五年时间开展对小学数学“图形与几何”领域中典型课的研究，研究成果汇集在“一课研究丛书图形与几何系列”丛书。丛书共13本，包括《线的认识教学研究》《角的认识与度量教学研究》《长度测量教学研究》《长方形的认识与周长教学研究》《平行四边形的认识与面积教学研究》《三角形和梯形面积教学研究》《面积、体积的概念和单位教学研究》《长方体的认识、表面积和体积教学研究》《平移、旋转和轴对称教学研究》《圆的认识教学研究》《圆的周长教学研究》《圆的面积教学研究》《圆柱与圆锥的认识、表面积和体积教学研究》。每一本都是围绕小学数学“图形与几何”领域的一节课（或两三节相关的课）进行多视角系统研究而形成，虽然没有直接以“策略”的形式提供教师相关建议，但该丛书从数学知识维度和课程标准维度对每节课的研究，可以给教师提供许多教学建议。

2005年的《全日制义务教育数学课程标准（实验稿）》修改组将“几何直观”加入到新的数学课程标准中，有研究者在调查了解当时四至六年级学生数学几何直观能力的实际情况基础上，提出了培养学生几何直观能力的策略：寻找直观模型，发展学生的几何直观能力；扩张自主操作空间，让学生积累几何直观体验；运用现代信息技术，让学生感受几何直观的作用；增强教材的整合，适时安排几何直观的教学。②还有研究者指出教师应帮助学生掌握一些典型的几何直观模型，这些模型包括数轴模型、

① 袁樱：《小学几何教学中空间观念的培养研究》，云南师范大学硕士学位论文，2007年，第39—44页。

② 刘霖：《小学生几何直观能力现状调查及培养策略研究》，东北师范大学硕士学位论文，2013年，第23—25页。

线段图模型、面积图模型、连线图模型。①

也有研究者针对不同学段提出了相应的几何直观教学策略，低学段的三个“几何直观”的教学策略是：注重几何直观与教学本质的沟通；注重几何直观的两重作用，发挥其对创造性的影响；注重数形结合。②有研究者调查了高年级学生几何直观应用的现状，发现在教师教学方法中学生对实物直观的喜好最强，在解决问题过程中学生对简约符号直观的应用最好，但表现出的各要素能力差异悬殊，在分析问题过程中学生表现出的图式应用意识不强。③为此，研究者还强调了“尊重学生个性化的图式表达”的重要性和策略。

（三）统计与概率的教学策略研究

随着社会的不断发展，“统计与概率”的思想方法将越来越重要，它已经成为现代社会一种普遍适用的思维方式。随着2001年教育部颁布的《全日制义务教育数学课程标准（实验稿）》将“统计与概率”列为小学数学四大领域之一，关于统计与概率的教学研究也更加丰富。

有研究者从教学方法、学习方式、练习题的设计、多媒体的有效应用四个角度提出了统计图表、平均数、可能性的教学策略。④例如在统计图表的教学中，可以用发现法和尝试教学法，鼓励学生探究与合作，设置层层递进的练习和不同形式的练习，让学生在解决问题的过程中，能够进行初步的数据分析，慢慢渗透数据分析观念。教师还可以利用多媒体来制作

---

① 顾晓东：《小学生几何直观能力的培养策略》，《教学与管理》（小学版），2017年第10期。

② 夏俊：《几何直观在低段数学中的运用研究》，《上海教育科研》2012年第2期。

③ 朱玉婷：《高年级小学生几何直观的应用现状调查及教学建议研究——以长春市N小学为例》，东北师范大学硕士学位论文，2015年，第73—75页。

④ 黄宁静：《小学“统计与概率”教学研究》，云南师范大学硕士学位论文，2016年，第179—190页。

统计图表、展示教学图片资料。新课改以后，“平均数”教学从单一的重视计算转变为重点培养学生的数据观念，使得人们持有不同的教学策略。有研究者根据平均数概念的历史产生过程，设计出符合学生认知发展规律的概念教学方案：在引入平均数的环节之前，让学生估计团体操表演人数，感知这组数据中的典型数据，找出数据的代表值。教学中，引导学生把平均数和平均分进行适当的比较，使新知与旧知有效连接；让学生联系现实情境、根据平均数的特征通过独立思考获得求平均数的方法；学生理解的核心是发展思维。[①]还有研究者通过数据的分析介绍平均数的概念，因此先让学生通过样本感悟随机性，然后通过样本感悟平均数。[②]

人们越来越发现，统计与概率的教学并不简单。巩子坤和宋乃庆通过“统计与概率”的案例分析，指出统计与概率的教学要处理好活动性与思辨性的关系。对于统计与概率这样的内容，由于学生很难抽象地理解相关理论，只能依靠活动让学生充分感受、体验，然后抽象，实现内化。“应注重对不确定性和可能性的直观感受。”“应注重所学内容与现实生活的密切联系……应注重在具体情境中对可能性的体验；应避免单纯的统计量的计算。”对于小学阶段统计与概率的教学，应该通过大量的重复实验来让学生体会频率的稳定状态——概率。[③]

（四）综合与实践活动的教学策略研究

随着新一轮课程改革的实施和推进，综合与实践活动课成了数学教学

① 陈金飞：《引领学生触摸数学的本质——基于数学史的“平均数”教学改进纪实》，《小学数学教育》2015年第18期。

② 史宁中主编：《基本概念与运算法则：小学数学教学中的核心问题》，高等教育出版社2013年版，第230—233页。

③ 巩子坤、宋乃庆：《“统计与概率”的教学：反思与建议》，《人民教育》2006年第21期。

的一个重要研究课题。综合与实践的教学目标是帮助学生积累数学活动经验，培养学生的数学应用意识和创新意识。在教学中要将强调问题情境与学生已有的知识基础和生活经验相结合，鼓励学生独立思考、合作交流、自主设计解决问题的思路。

为了充分发挥综合与实践活动中学生的主体地位，有研究者指出教师在教学准备时，可以向学生推荐活动，并由学生自主选择和实施；在活动过程中，教师则要提倡学生独立探索，同时也鼓励学生积极与别人分工合作；在活动结束后，教师要创造让学生以小组或者集体讨论形式学习的机会。①

黄爱华主编的《名师新课标落实艺术：小学数学综合与实践卷》立足于提高一线数学教师教学“综合与实践”的艺术与水平，按每一个教师的经典课堂划分单元，每一个单元分为“经典课堂回放—教学反思—专家点评”三部分。“经典课堂回放”部分，详细描述名师开展活动的精彩过程，并注重对活动细节的描述。“教学反思”部分，对课前的教学准备、所思所想，课后的教学效果及反思等进行论述。“专家点评”部分，点评课堂中蕴含的先进教育教学理论，这些理论又是如何在课堂中体现的。

五、小学数学教学手段的研究

数学教学手段是指数学教学过程中，师生开展教学活动所用的工具或设备。由于教学手段是十分丰富的，选择教学手段，除了考虑必备的物质

---

① 高丽编著：《小学数学教学理论与实践》，陕西师范大学出版总社有限公司2014年版，第192页。

条件、教师本身运用这些手段的技术水平因素外，还要考虑教学内容的特点及所使用的手段是否有利于学生对数学知识的认识与理解。由于小学数学的特殊性，研究者确立了教学手段选择的主要依据包括有利于理解、教学手段简单化、适应学生年龄特点、传统手段和现代手段互补。

（一）教具与学具研究

1. 教具研究

我国小学数学教学历来重视教具的使用。1956年《小学算术教学大纲（修订草案）》指出："在小学里，要使儿童获得抽象的数学概念，必须从直观入手。因此在算术教学中必须广泛地利用直观教具"。教师不仅要利用现成的教具，还要自制教具，同时还应组织学生制造直观教具。1987年，国家教委教学仪器研究所与沈阳、汕头教学仪器厂合作研制的数学教具箱经国家教委鉴定通过。该教具箱是为广大农村小学提供自然和数学两科的教学实验设备。这套教具箱分两类：一类是普通型，有6个箱。箱内器材可供教师演示和学生分组实验使用。可以完成自然、数学两门学科的36项教师演示实验和58项学生实验。每个箱内都配有教师为组织学生实验使用的实验指导书和学生实验卡以及供教师做演示的演示实验指导书等参考资料。教师若把各箱间的仪器重新设计、组合，可以为学生提供更多的实验内容，开阔学生的视野。另一类是简易型，一只箱装，供条件较差、规模较小的简易小学使用。箱内器材可供教师完成48项演示实验。这一时期的教具主要供教师演示用，学生观看教师操作，学生动手操作机会少。

《九年义务教育全日制小学数学教学大纲（试用）》加强了测量、拼摆、画图、制作等实际操作方面的内容，强调在教学时要重视学生获取知识的思维过程，要通过操作，引导学生观察，进行比较、分析、综合，在感性材料的基础上加以抽象、概括，进行简单的判断、推理。北京市智发教学用品厂设计研制出小学数学磁性教具和学具文具盒，能对小学数学教材的有关重点和难点内容进行直观的、形象具体的分步展示和演算，可根据教学需要进行不同的组合，有助于教师提高数学教学质量，于1993年通过国家教委中小学教材审定委员会的审查。

研究者还将蒙台梭利数学教育的精华融入小学低段数学教育实践中，其中一个突出的特点就在于教具“积木”的使用。积木的大小、长短、形状各不相同，可以引导孩子通过积木来区分各种立体图形，比如圆柱体、正方体、圆锥体等。积木的利用方式有以下几种。① 建宝塔：提供给孩子各种形状的积木，让他堆成宝塔，将各类形状的积木堆叠起来。逐渐增加给学生准备的积木数量，刚开始有 2 块，然后到3块、4块……孩子会在这个过程中逐渐明白，积木越多，能搭出越复杂的物体，宝塔堆得越高就越容易倒。② 找图形：先引导学生认识各种几何图形的积木，如圆形、三角形、正方形、长方形等，之后教师说出一种形状，让学生在积木堆中把它找出来。③ 组合：通过游戏让学生开始接触不同图形之间的关系，理解整体与部分等概念，引导孩子把两个三角形的积木组合成为一个正方形，两个相同的正方形的积木组合成一个长方形，两个半圆形组合成为一个圆形，等等。④ 堆数字：准备标有数字的积木。教师根据积木上的数字按照一定的规律码好几块（例如从小到大），然后让学生根据上面的数字，把相应的数字积木放上去。

2. 学具研究

（1）学具制作研究

对于学具制作的原则，有研究者指出必须坚持科学性、实用性和多用性的原则。科学性是指要符合数学学科特点和学生认识规律，有利于帮助学生建立准确概念、巩固深化所学知识，培养发展数学思维。实用性是指必须是学生使用的，要便于学生携带；制作力求简单，便于学生操作；学具材料应注意普遍性，制作成本低，便于大面积推广。多用性是指尽量做到一具多用，提高利用率。

1963年，杭州大学孙士仪研究设计了一套训练儿童口算能力的“直条式”口算练习卡片，学生练习时只要记下得数，不用抄写题目，十分灵活和方便。1985年，马云鹏在东北师大附小开展自然实验研究，实验班结合教材内容，选择和使用各种学具进行教学，实验后实验班的数学成绩显著高于对照班。该研究证实了使用学具对学生学习的意义，学具操作活动有利于培养学生探索精神和独立思维能力；学具操作活动有利于学生对知识的理解、掌握和深化；学具操作活动有利于促进课堂教学方法的改进。

在教学实践中，有学校研发与实施了七类学具，用于支持学生的自主学习。第一类是“增加学生生活体验、积累生活经验”的学具；第二类是创新小组学习反馈与展示工具，包括信息反馈牌、任务条、展示卡（豆）、思维碰撞卡；第三类是用于学习评价的QQ币；第四类是配套的学具；第五类是学与玩相结合的游戏式学具；第六类是用于学生展示学习成果的学具；第七类是跨年级自学的“触摸屏”自学学具。①

（2）学具使用状况及其效果研究

还有研究者专门针对学具的使用状况和效果进行了研究。北京师范大学张春莉对信息技术背景下不同教学手段（学具＋多媒体；多媒体）对学生借助空间想象解决问题能力的影响及原因进行了研究，研究发现：借助多媒体的展示能够帮助学生形成图形表象和动态表象，有助于学生解决

① 王红顺：《新学具研发：成就学生学习方式转变》，《中小学管理》2013年第1期。

同结构的问题，但面对结构变异问题，“学具+多媒体”教学手段更有效，表明多媒体的使用不能代替学生的动手和思考。学具在发展学生的空间视觉化能力中扮演了重要的角色，可以帮助学生建构出模式表象。①也有研究者通过调查发现，低年级学生动手操作学具机会高于高年级学生；在学具运用的机会和时间上，公开课高于平常课，几何课高于其他课；学具对学生的动手能力、思维能力和创造能力方面的培养有帮助；学具来源单一化，教学中运用到的学具大部分靠学生自己购买，师生制作的学具严重不足；学具影响着学生对数学的态度。

（二）教育技术应用的研究

1. 利用信息技术提升小学数学课堂教学质量

数学课堂教学的辅助手段对教学效果有着重大影响，巧妙地引入数学教学情境，为数学教学营造良好的教学情境，能激发学生浓厚的学习兴趣和强烈的求知欲。教师通过利用计算机、图形、音频和视频等多媒体技术，利用虚拟实验工具代替实物操作，给学生一种全新的体验，有效突破了数学学习的难点，使教学内容更加充实、形象、具有吸引力。

（1）多媒体课件研究

21世纪初，信息技术对小学数学教学的影响主要体现在计算机辅助教学，这时一线教师重点研究多媒体课件的应用。有研究者指出其策略，一是根据学生年龄、心理特点，运用多媒体激发学生兴趣；二是根据教材内容，突破重难点；三是利用多媒体培养学生能力。②例如，利用多媒体指

---

① 张春莉、程圆圆、王本陆：《信息技术背景下不同教学手段对解决问题能力的影响研究》，《教育研究与实验》2015年第6期。

② 彭莹：《谈谈小学数学多媒体课件的设计》，《中国电化教育》2002年第1期。

导学生把圆平均分成8份后，剪拼成近似长方形。再利用多媒体呈现把一个圆平均分成16份后，剪拼成近似长方形。利用多媒体呈现技术把一个圆平均分成32份后，剪拼成近似长方形。电教媒体在学生操作的基础上，充分呈现了圆被无限细分，最终转化成长方形的过程，使学生在经历了充分的观察、比较、想象后，领悟到极限思想，掌握了“化圆为方”这一解题策略。

（2）计算器研究

有学者根据计算器在美国小学数学教学中的使用现状及其使用策略，得到了以下启示：作为工具的计算器可以在小学低年级开始使用，帮助学生了解认数、数数和强化位值的概念；教材中可以增加计算器功能的介绍，并在不同年级呈现适合学生的内容；扩展计算器在解决问题、概念理解等方面的功能；重视教师在使用计算器教学方面的培训。①

（3）超级画板/几何画板研究

中国科学院院士、计算机科学家张景中研制开发的“超级画板”具有“写算测变，编演推算”功能。在超级画板中，任意画一个三角形，随即测量三个角度并显示度数，三个角的度数相加，显示最后的和。拖动三个顶点，学生可以直观地发现：三角形的形状大小在变化，三个角度的大小也在变化，但内角和180°始终不变。由此学生更坚信：所有的三角形内角和都是180°。

虽然许多研究者研究了教育技术在教学中的应用，但也有论者提出计算机辅助教学有待进一步研究的问题，例如小学数学宜在几年级将计算机引入课堂教学？计算机到底能在多大程度上帮助学生进行数学思考？怎样

① 刘娟娟：《计算器在美国小学数学教学中的使用及启示》，《课程·教材·教法》2016年第11期。

有效地将计算机辅助教学与其他教学方法进行整合？可能会产生哪些弊端？等等。

2. 利用信息技术促进小学数学教学模式变革

互联网的出现使学生更乐于主动参与学习，从以前的被动接受学习转变为主动地发现学习。网络资源平台的架设，使学生间协作、互助的学习方式得以延伸，从而激发学生探索性学习的兴趣。现代信息技术的发展促使小学数学实现了教学模式创新，翻转课堂、交互式电子白板、电子书包等技术模式的使用既提高了课堂教学的效率，又拓展了学生学习的视野，有助于开展学生个性化教学。

（1）翻转课堂研究

2011年，翻转课堂引发全球范围内的研究热潮，成为课堂教学变革新风向。翻转课堂将知识学习过程中知识传授和知识内化两个阶段颠倒过来，即知识传授在教室外，知识内化在教室内，突破了时空限制，较好地解决了在知识内化环节学生需要克服学习中重点难点时教师往往不在现场的问题。翻转课堂从“先教后学”到“先学后教”，课堂教学主结构也由教（教师讲授）、练（学生操作与练习）、评（教师评阅作业及提供测试）转变为学（自主学习）、测（学生通过在线练习诊断存在的问题）、研（师生共同研习问题）。信息技术助力下的翻转课堂实现了教学流程的颠覆性变化，突破了思维限制，跳出了原有的课堂教学应用框架。

（2）交互式电子白板研究

交互式电子白板继承了“黑板+粉笔”教学模式的书写自如和修改方便的特点，发扬了“计算机+投影”强大的多媒体演示功能。首都师范大学特聘教授丁兴富将中小学日常教学与交互式电子白板进行了有效结合，并且取得了一系列研究成果。其中提出的三种应用层次具有很强的指导意义，他提出的相关理论也为我国交互式电子白板的应用和推广研究奠定了基础。北京市西城区宏庙小学的左军、曾宪婷在《运用交互白板创设有利于学生积极参与学习的课堂教学模式的研究》报告中指出，利用交互白板的混合式学习模式，可以做到“学生受益，教师提高，学校发展”。张晓春参考国内外关于交互式电子白板、小学数学支架教学的相关理论和实践经验，将交互式电子白板应用于小学数学支架教学中，对小学数学支架教学中运用交互式电子白板的原则和基本要素进行了阐述，提出小学数学支架教学中运用交互式电子白板的一般模式和课堂实施策略。谢继珠用行动研究法，研究了交互式电子白板在六年级上册《位置与方向（二）》和《圆》这两章的应用，研究证明优化后的交互式电子白板教学方式更加符合小学数学“图形与几何”的教学要求，更有效地提高课堂教学效率。

（3）电子书包研究

2010年，上海市虹口区试点教育部“开展数字化课堂环境建设和学习方式变革”项目；2012年上海市闵行区启动“基于数字化环境的学习方式变革”项目，上海市闵行区罗阳小学以小学数学复习课教学为研究对象，开展电子书包环境下小学数学复习课教学模式的研究。电子书包在教学各环节中发挥的作用如表3-1所示。

表3-1　电子书包技术环境对教与学活动的支持

电子书包技术环境对教与学活动的支持		
教学环节	教师活动	学生活动
课前测验	在评测中心发布练习，汇总练习结果	登录评测中心在线完成练习并提交；或完成纸质练习，拍照并提交
课堂导入	通过电子白板呈现教学课件创设的导入情境	—

续表

电子书包技术环境对教与学活动的支持		
教学环节	教师活动	学生活动
提出问题，创设任务	通过电子白板呈现教学课件；通过课堂交互系统的资源推送功能提供完成学习任务所需的资源	学生端接受任务
自主探索，合作探究	通过课堂交互系统中的课堂管理功能监控学生学习进度；通过拍照、截图、录像等方式获取学生思维过程	使用移动终端完成学习任务，如操作具有交互功能的Flash，或通过画板等工具完成创建探究任务
成果交流	通过学生演示功能投影学生屏幕或呈现多个学生的活动结果	使用移动终端展示、交流
评价总结	通过电子白板展示获取的内容或学生提交的反馈	—
变式练习	通过课堂练习功能发布练习并及时获取反馈；通过课堂交互系统中的资源推送功能推送相关微视频	使用移动终端完成练习；接受微视频并观看
回顾小结	通过电子白板呈现复习知识结构	—
布置作业	通过学习平台发布作业或通过课堂交互系统中的资源推送功能发送作业	学生端接收作业

（4）智慧教室研究

近年来，人们对学习环境上的探究热情越来越高。这不仅说明我们现在已经有了相关的硬件设施支持，更说明教育者对于教育中最基本的课堂已经有了更深的理解。研究者们提出了未来教室的理念，促进基础教育向着更加民主、开放、公平、协作的方向发展，带动教育理念、课程形态、教育教学模式、学生评价、教师发展诸多教育内在因素的变革。其中智慧教室概念由罗纳德·雷西尼奥（Rescigno, R. C., 1988）提出。在智慧地球大背景下，关于智慧教育的核心阵地——智慧教室的研究引起广泛关注，如何建立开放式学习环境和智慧学习环境广受关注。

唐烨伟等人以智慧教育理念为指导观摩了30多节课堂教学录像和20多节现场课堂教学，参与了20多节课的教学设计，发现部分教师虽然用到了网络学习空间，但只是将传统教学中的数学学习资料上传到空间，供学生查阅、学习，而其他的教学活动、环节的设计与实施都与传统课堂并无较大差别；现行多数教学设计中的活动依然是传统课堂上的活动组织，并未因网络学习空间而有所调整和适应，或者完全围绕空间而忽略了其他教学工具、资源的利用，出现一种片面化认识及利用网络学习空间的现象。随着网络学习空间的应用，教师反而缩短了课堂上与学生的交流时间。

李祎明晰了小学数学智慧课堂所需要的自主建构、高阶思维、高度互动、学习路径个性化、学习环境智能化等特征，在“7E”[①]模型的7类教学活动基础上，从教学内容重组与问题驱动、个性化学习路径、智慧学习环境、经验活动积累四方面进行补充和完善，构建了“2P-7E-2E”[②]的小学数学智慧教学模型设计，并针对新授课、复习课和习题课分别进行了模型的细化与延展。

六、小学数学课堂教学评价研究

1987年，美国评价组织的17位代表组成了评价标准联合委员会，将

① 7E包括导入（Engage）、探究（Explore）、解释（Explain）、精致（Elaborate）、拓展（Extend）、交流（Exchange）、评价（Evaluate）。

② “2P”是指教学内容重组与问题驱动（Problem）、个性化学习路径（Personality）；“2E”是指智慧学习环境（Environment）、经验活动积累（Experience）。

教育评价定义为对教育目标和它的优缺点与价值的系统调查，是为教育决策提供信息的过程①。相应地数学课堂教学评价也是评估数学教学的重要方式，可以看作是对数学课堂教学目标和它的优缺点与价值的系统调查。

（一）含义与功能

不少研究者根据我国小学数学课堂教学的特点，从不同的角度给出了相应的描述。张奠宙等认为关于数学教学活动的评价，包括对课内和课外教和学的过程、教和学的方法、教和学的手段、教和学的活动质量等方面的评价。汪德营认为数学教学评价是根据数学教学目标，运用科学的测量和评价手段，对数学教学过程做出收益或价值判断的过程。这些代表性的观点认为数学课堂教学评价是对教与学的实际水平和效果进行定性和定量判断的过程。

有研究者认为，数学课堂教学评价具有鉴定、导向、诊断、激励、信息反馈和决策调控的作用。还有研究者提出了数学课堂教学评价的反思功能，促进数学教学过程中的学生的发展和教师的提高，有效地改进教师的“教”和学生的“学”。②

（二）小学数学课堂教学评价指标体系

20世纪50年代，我国在苏联教学理论的影响下建立起了一整套课堂教学评价系统，核心是确立一堂好课的标准。80年代以来出版的各个版本的教学论的教材和专著中都或多或少体现了一堂好课的标准，有的研究者

---

① 涂荣豹、杨骞、王光明编著：《中国数学教学研究30年》，科学出版社2011年版，第165页。

② 陈亚萍：《数学教学评价的内容和方法》，《黔南民族师范学院学报》2004年第6期。

从教学目标的制订、教学手段的运用、教学内容的选取、教学过程的安排、教学效果的呈现等几个方面整体性地评价整个课堂，力图评价的客观全面。例如由人民教育出版社出版、李秉德主编的《教学论》就提出了一堂好课的特征是“目的明确、内容正确、方法恰当、组织得好、积极性高”①。

随着课程改革的启动、实施和推进，中小学数学课堂教学评价发生了很大变化。由于理解的侧重点不同，课堂教学评价的对象也因此不同，归结起来主要有以下几类：（1）评价教师；（2）评价学生；（3）评价教学过程及效果；（4）评价教师的“教”与学生的“学”；（5）评价课堂教学活动整体。②尤其是新课改以后关于评价的导向，越来越重视学生在课堂中的表现和收获，而非教师的“教”。研究者们认为教师课堂评价行为是指在日常教学中，教师根据一定的目标与价值观，了解学生的学习情况并进行分析，对学生的学习行为及其结果做出判断，并为学生提供反馈和建议，有效引导学生的学习，促进学生不断发展的有意识的评价活动。③正如任子朝、孔凡哲提出的课堂评价行为依据一定的目标，从学生学习情况、学习行为和结果分析，为学生的学习提供反馈和建议，从而促进学生更好地学习和发展。④

在这样的视角下，有研究者在学习和梳理国外教师评价理论发展的基础上，对课堂教学评价进行了深入探讨，提出评价课堂教学应主要考查六个方面的指标：学生主动参与学习；师生、生生之间保持有效的互动；学习材料、时间和空间得到充分保障；学生形成对知识真正的理解；学生的

① 李秉德主编：《教学论》，人民教育出版社1991年版，第249页。

② 曹一鸣、李俊扬、秦华：《我国数学课堂教学评价研究综述》，《数学通报》2011年第8期。

③ 金家新、刘佩佩：《新课程改革背景下教师课堂评价行为研究述评》，《北京教育学院学报》2011年第5期。

④ 任子朝、孔凡哲编著：《数学教育评价新论》，北京师范大学出版社2010年版，第1—2页。

自我监控和反思能力得到培养；学生获得积极的情感体验。[①]针对发展性教学，有研究者提出了下表的教学评价指标。

表3-2　小学数学课堂教学评价指标[②]

一级指标	二级指标
教学任务：问题解决	问题的适度挑战性
	问题的吸引力
	其他
教学过程：问题的提出、分析、解决过程	是否通过创设问题情境提出问题
	是否引导学生自主分析、解决问题
	是否选择恰当的问题解决组织形式
	是否提供问题解决的资源
	是否提供解决问题的适当反馈
教学效果：问题的解决情况与相关收获	问题是否成功解决
	学生是否有成就感
	学生是否获得相关知识或新的问题解决思路
综合评价	—

也有研究者指出，目前使用的数学课堂教学评价量表仍是通用表，难以体现数学课堂教学特色。[③]针对这个问题，有学者认识到小学数学教学要符合学生特有的认知水平，教师不仅要改变教学方式，更应该关注数学本质，因此形成了在重视教学目标、教学内容、教学方式等外部特征的同时，将问题聚焦在数学核心概念、数学思想、数学文化等体现数学本

① 马云鹏主编：《小学数学教学论》，人民教育出版社2013年版，第262—263页。

② 刘华：《发展性课堂教学评价指标体系：构建思路及示例》，《全球教育展望》2013年第3期。

③ 李芳、徐丹、傅海伦：《对数学课堂教学评价的再认识》，《教育科学研究》2013年第4期。

质的内部特征上的小学数学课堂教学评价体系。具体的评价指标如表3-3所示。

表3-3　关注数学本质的小学数学课堂教学评价指标体系①

<table>
<tr><th colspan="3" rowspan="2">维度</th><th colspan="3">等级标准</th></tr>
<tr><th>A. 优秀</th><th>B. 可以接受</th><th>C. 有待改进</th></tr>
<tr><td rowspan="4">教学活动的维度</td><td>1.1 教学目标</td><td>1. 明确性
2. 全面性
3. 层次性</td><td>有明确的教学目标；符合学生的认知水平和生活经验；考虑到学生的差异</td><td>目标明确、全面；照顾到不同层次学生的差异</td><td>目标不明确；目标单一；没有照顾学生的差异性</td></tr>
<tr><td>1.2 课的结构</td><td>1. 教学环节组成
2. 时间分配合理性</td><td>教学各个环节清晰；时间分配合理</td><td>教学环节比较完整清晰；时间分配比较合理</td><td>教学环节不完整不清晰；时间分配不合理</td></tr>
<tr><td>1.3 教学内容</td><td>1. 是否突出重点
2. 是否丰富</td><td>教学内容重难点突出；内容丰富，形式多样</td><td>教学内容重点比较明确；内容比较丰富</td><td>教学内容重点不够突出；内容单一</td></tr>
<tr><td>1.4 教学方式</td><td>1. 教学策略与方法是否灵活、有效
2. 课堂提问与反馈</td><td>教学策略与方法灵活多样，活动方式多样，解决问题多样化；问题设置难度适中，具有启发性；面对全体学生有充分的思考时间，对回答有及时而准确的反馈</td><td>能综合运用教学策略；部分问题有利于调动学生的积极性；有适当的反馈</td><td>策略与方法单一；提问过于频繁，没有质量；教师不会倾听，教学针对性不强</td></tr>
</table>

① 魏悦心、马云鹏：《基于数学本质的小学数学课堂教学评价指标》，《教育测量与评价》（理论版）2015年第1期。

续表

维度			等级标准		
			A. 优秀	B. 可以接受	C. 有待改进
教学活动的维度	1.5 学生状况	1. 学生参与状况 2. 学生兴趣保持 3. 学习效果	学生积极参与，融入课堂积极参与；学生的学习兴趣浓厚；有很好的学习效果，在知识技能、过程方法、情感态度多方面都得到培养	学生参与度较高，多数学生在教师的引导下学习；学习兴趣比较高；学习效果比较好，学生能够掌握本节课所学知识	学生参与度不高，学生被动听课；学生学习没有兴趣；少数学生能得到较好的学习效果，能用自己的语言表述学习内容
	1.6 整体状况	1. 气氛是否和谐 2. 节奏是否有条不紊	各种关系融洽，各个环节有条不紊；充分尊重学生的人格和个性	课堂教学顺利进行；教学目标基本达成；基本考虑学生的个性需要	秩序混乱，脉络不清；教学目标未能达成，多数学生未能有所收获
体现数学本质的维度	2.1 数学知识的正确理解与呈现	1. 教材的定位和挖掘 2. 对数学知识的内在联系的把握 3. 学生先在知识的了解和教学策略 4. 迷思概念和学习困难的了解和教学策略	合理恰当地使用教材；注重知识的内在联系（横向与纵向）；充分做好课堂的预设，能够对学生的迷思概念和学习困难选择恰当的教学策略	比较灵活运用教材；注重知识的内在联系；对学生的先在知识、迷思概念、学习困难有一定的了解	没有理解教材，完全照搬；对数学知识没有准确理解；对学情没有充分分析

续表

维度			等级标准		
			A. 优秀	B. 可以接受	C. 有待改进
体现数学本质的维度	2.2 数学核心概念的理解和把握	1. 数感 2. 符号意识 3. 空间观念 4. 几何直观 5. 数据分析观念 6. 运算能力 7. 推理能力 8. 模型思想 9. 应用意识 10. 创新意识 （体现其中的一项或几项）	对本节课涉及的核心概念有深入而准确的理解；并能适当灵活运用教学策略和方法处理核心概念	对核心概念有一定的理解但不能灵活运用教学策略和方法处理	没有准确把握数学核心概念
	2.3 数学思想的提炼	1. 抽象 2. 推理 3. 模型 （体现其中的一项或几项）	对数学思想有深入的理解，并能在教学中渗透数学思想	对数学思想有一定的渗透	没有提炼数学思想
	2.4 数学文化的渗透	1. 数学史 2. 数学与生活 3. 数学美 （体现其中的一项或几项）	相关数学文化深入而全面的渗透	仅形式上与相关数学文化产生联系	没有渗透相关数学文化内容

第三节
小学数学教学研究的总结与展望

一、小学数学教学研究的总结

（一）形成了相对稳定的研究领域

经历了长期的理论探索与实践探究，我国的小学数学教学研究已经形成了稳定的研究领域。翻阅历年出版的小学数学教学论的教材或著作，可以发现小学数学教学研究或多或少涉及小学数学教学原则、小学数学学习理论、小学数学教学方法、小学数学教学设计、小学数学教学组织、小学数学教学手段、小学数学教学评价这几个板块。当然，也有研究者从小学数学教学内容出发，从具体数学概念教学、计算教学、应用题教学、几何初步教学四个方面，或者从数与代数、图形与几何、统计与概率、综合与实践这四个教学领域阐明。

（二）探索出丰富多样的教学方式方法

1. 不同时期发展不同特色的教学方式方法

新中国成立初期，俞子夷等教育家已经开始探索中国式的算术教学法，20世纪50年代的算术教学重视直观教学，应用题教学多使用谈话法和演示法。60年代前后，“黑山经验”的精讲多练，学、练、用三步走为教学法树立了典型，这一时期的教学法主要关注如何贯彻少而精原则，注重讲清概念，加强练习。80年代后，我国又广泛开展了各种新教法的实验，教学观念转向“教”为“学”服务。90年代，裴娣娜主持的“发展性教学”使用了“在活动中学数学”“创设情境”等方法，着力培养学生的自主性、主动性和创造性。新课改以来，我国对教学方法的研究更加注重对学生创新精神的培养，对学生差异的关注。“导学案教学法”“分层异步教学法”等众多教学方法纷纷出现，如何对各式各样的教学法进行选择与优化成为研究的热点。2012年至今，随着信息技术的快速发展，科技对教学方式与方法的转变发挥了重要作用。教学方式打破了固定的学习时空要求，实现了个性化的教学指导。“核心素养”提出后，理论研究者和一线教师将研究的视角转向通过教学培养学生的数学核心素养。

纵观我国教学方式的发展历程，每次教学方式方法的变革背后大都蕴藏着时代变革的呼唤。不同时期探索不同的教学方式方法，一方面回应了社会发展对教育教学改进的关切，另一方面也符合教学理论深入发展的内在要求。

2. 鼓励动手操作、自主探究、合作交流等学习方式

在“教为学服务”的理念指导下，小学数学教学研究十分重视学生的动手操作。例如课程教材研究所（人民教育出版社）从1984年起开展的实验研究就按照儿童认知规律，把动手操作同思维和语言表达紧密结合起来。随着建构主义理论的发展，人们逐渐认识到学生的数学学习过程是一个自主构建对数学知识的理解的过程，即学生带着自己原有的知识背景、活动经验和理解走进学习活动，并通过自己的主动参与活动，建构对数学的理解。也就是说，学生是学习的主体，所有的新知识只有通过学生自身的“再创造”活动，才能纳入其认知结构中，成为有效的知识。于是，动手操作、自主探究、合作交流成为重要的学习方式。

20世纪末，活动教学研究在我国得到了发展。它力图使教学过程真

正建立在学生自主活动、主动探索的基础上，通过学生全面、多样的主体实践活动，促进他们主体精神、实践能力和多方面素质的整体发展。史宁中、张奠宙等对数学活动经验的重点关注，引起了数学教育研究者对数学活动经验相关问题的思索和探究。例如有学者发出疑问，“无论就情境设置、合作学习、学生主动探究或动手实践而言，都可为我们深入开展教学研究提出很多重要的课题，像究竟什么样的情境设置是一个好的情境设置？我们又应从哪些方面去对合作学习的成功与否做出具体判断？在积极提倡学生主动探究的同时教师应当如何去发挥指导作用？”①

3. 教师成为组织者、引导者、合作者

纵观70年的小学数学教学改革历史，可以发现一线教师在教学研究中扮演着重要的角色。他们从数学课堂单一的数学知识传授者的角色，逐步向数学学习活动的组织者、引导者和合作者转换，教和学开始向和谐统一的方向发展。数学教师不再只是研究数学习题的设计者，而是拥有先进教育理念、懂得现代教育技术、善于学习、善于合作的探究者。

（三）构建了科学的课堂教学评价体系

课堂教学评价是课堂教学质量提升和课堂教学深化改革的关键环节，20世纪70年代末，我国课堂教学评价的研究逐步恢复。80年代中期，我国课堂教学评价的研究快速发展，输入和借鉴了一些西方优秀教学评价理论和实践经验。21世纪初，随着新课程改革的实施和持续推进，我国课堂教学评价的研究全面展开。总结课堂教学评价的研究成果，具有以下

---

① 郑毓信：《回顾与展望——在2004年数学教育高级研讨会上的发言》，《数学教育学报》2005年第1期。

特点。

1. 从关注预设到注重有价值的生成

传统的课堂教学评价研究将课堂教学视为静态的、孤立的和线性的教育活动，课堂教学评价研究重点在于分解课堂教学评价要素，评价教学目标的设计是否合理，评价学生、教师、教学方法和教学管理、教材的处理等。这样的教学评价忽视了课堂教学的动态生成，实际上是对教学设计的评价，关注教学的预设是否能实现。在新课改的推动下，课堂教学评价更加侧重于有价值的生成。课堂教学评价研究追求教学准备、教学过程和教学结果三者的动态统一，兼顾目标取向、过程取向和结果取向，强调教学评价的整体性、情境性、动态生成性和发展性。

2. 发展性教学评价成为重要的评价理念

传统的课堂教学评价功能定位相对简单，概括起来主要有三点：一是筛选优秀教学经验，推动课堂教学改革；二是提高课堂教学质量；三是推动教学质量管理的发展和深化。发展性课堂教学评价承认学生的个体差异，重视学生的个性发展，相信学生的判断能力，承认学生在课堂教学中的独立价值，尊重学生各方面的发展需求。[①]它通过对教师教的行为和学生学的行为进行分析，研究课堂教学的发生机制、运行机制和实现机制，从而推动课堂教学发展。

3. 质性评价方法受到重视

数学课堂教学评价量表的制订深受科学主义及量化思维的影响，认为评价项目制订得越详细越好。人们逐渐认识到定量评价具有一定的局限性：数学课堂教学活动作为一个复杂系统，其中的各种要素相互联系，不

① 蔡伟：《发展性课堂教学评价的基本特征》，《中国教育学刊》2003年第3期。

可截然分开，且数学课堂教学中也的确存在一些无法直接量化的内容。在这种背景下，质性评价方法在数学课堂教学评价领域开始受到重视并逐渐推广。质性评价方法就是评价者通过特定方法（观察、记录、实物分析以及与评价对象进行对话、交流），收集反映评价对象发展状况的丰富资料，对资料进行整理分析，并用描述性、情感性的语言对评价对象的能力发展和人文素养等方面的进步作出评价。①

二、未来我国小学数学教学研究的展望

针对已有研究的分析，未来教育将会更关注学生的主动学习，未来的研究也朝向本土化、跨学科、应用性、大数据等态势发展。基于此，未来小学数学教育教学研究将会重点关注问题引领下的深度学习以及“核心素养”下的教学改进。

（一）问题引领方式下的深度学习

在相当长的时期里，“教学即传递”是人们对教学活动的定位。这种观点及相应的实践本身与深度学习的理念背道而驰，很大程度上弱化了知识本应有的意义与作用，降低了教学活动应有的地位。而且在信息时代，知识的传递不只有教师能够做到。为此，我们必须要思考：教学如何让学生体会知识的价值和意义？信息时代把我们以前本应有但被忽略的思考与实践显现出来了，为此，深度学习的研究应运而生。深度学习克服了长期

---

① 涂艳国主编:《教育评价》，高等教育出版社2007年版，第19页。

以来的种种二元对立，使教师、学生、知识获得高度的统一，使教学内容实现本来应有的价值，使教师、学生在教学中获得最大发展，使学生形成了有助于未来可持续发展的核心素养。[①]深度学习不仅让我们重新认识到了学生学习的意义，更让我们重新认识了教学内容，认识了教师的价值所在。

随着课程改革的不断推进，“深度学习”越来越为教育工作者所熟知，并予以积极实践。目前，国内研究者关于深度学习的研究主要集中在分析深度学习教学设计的基本要素，剖析深度学习教学设计的实践模式，关注深度学习下的教学策略。可见，研究者对深度学习的理解还存在不足。如何从根本上理解深度学习，如何将深度学习有机地融入日常教育教学实践之中，如何基于已有的深度学习研究构建我国基础教育深度学习自身的体系，这有待对已有研究基础和教育实践进行更深层次的探究。

基于深度学习的理念，我国研究者也探索出了多种促进深度学习和培养深度学习能力的教学方式，成为当前教育改革发展的重要研究课题，问题引领教学便是其中一种重要的教学方式。通过问题引领让学生学会深度学习，成为撬动传统课堂真正转型的关键。问题引领学习作为深度学习的一种教学策略，是一种基于学生的真实问题而展开的学习。在问题引领学习的理念下，学生的发散思维和聚合思维有机结合，经历了发现问题、提出问题、分析问题、解决问题的全过程。在这一过程中，学生的思维和情感深度融合和持续交织，学生不仅获得了知识和经验，也发展了个人能力，养成了良好的品格。

然而，我国的大多数数学教育工作者在教学中虽然能对同一个问题的

---

① 郭华：《深度学习及其意义》，《课程·教材·教法》2016年第11期。

解答采取层层递进的方法诱导学生，能灵活把握问题的难易程度，以问题串的形式展开教学，但是这种问题往往是由教师而不是学生提出。在实际教学中，教师让学生自主发现和提出问题的机会比较少。①以往的研究也均以如何培养学生的分析问题、解决问题能力为主，忽视了学生自主发现问题、提出问题的能力，而学生能够自己提出问题才是发生真正学习的开始。教师应当在教学中切实做好“问题引领”与“问题驱动”。教师如何将学生自己发现、提出的问题作为重要的学习素材，教师可以从哪些方面开展此类研究培养学生发现问题、提出问题的能力，这些都是未来亟待研究和实践的问题。

（二）“核心素养”目标下的教学改进

数学教育的主要任务是帮助学生学会思维，特别是让学生能逐步学会更清晰、更深入、更全面、更合理地进行思考。②核心素养体现了数学教育的基本理念和总体目标，反映了数学的本质和价值。此外，培养学生核心素养的研究充分体现了以“学生发展”为核心的教育视角的变化，是深化教育领域综合改革的迫切需要和必然趋势，对于全面推进素质教育具有重要意义。③

综观目前国内研究，与总体核心素养相比，数学学科核心素养的发展较为缓慢，研究者更多地关注高中阶段的数学核心素养，对小学数学核心素养的研究较为笼统，探究不够深入。如何将核心素养的理论体系有效地

---

① 张丹、刘晓:《“问题引领学习”的构建及单元教学研究》,《数学教育学报》2018年第5期。

② 郑毓信:《数学教育视角下的“核心素养”》,《数学教育学报》2016年第3期。

③ 辛涛、姜宇、林崇德、师保国、刘霞:《论学生发展核心素养的内涵特征及框架定位》,《中国教育学刊》2016年第6期。

落实到小学数学教学之中，如何在数学学科核心素养的指导下更好地进行学情分析，如何基于核心素养来设计数学教学，成为每一个数学教育工作者和研究者都应该思考的问题。

尽管一线教师一直在尝试通过单元整体设计教学，但他们在进行单元设计时往往只关注教材单元、知识单元设计，这种设计容易把教学内容碎片化，导致对知识点的处理缺乏对全局的把握。而指向核心素养的单元整体设计给我们带来了一个巨大变化，体现了单元设计的价值和作用，成为撬动课堂转型的一个支点。指向核心素养的单元设计，其起点不是教师备教材，而是学生的认知；单元设计下的学习不是“知识的传递”，而是“知识的建构”。在这个过程中，学生是主体，教师是帮助者、引领者。① 可见，以单元为整体进行教学设计，是挖掘数学本质、整体把握知识结构、渗透数学价值、发展学生数学核心素养最有效的途径。在以探究为理念的新课程改革下，单元整体教学成为国内教学的新趋向，为高质量、高效率的教学提供了“抓手”，也为小学数学核心素养的培养提供了落脚点，值得研究者关注。

---

① 陈彩虹、赵琴、汪茂华、汪晓慧、吁思敏、向荣：《基于核心素养的单元教学设计——全国第十届有效教学理论与实践研讨会综述》，《全球教育展望》2016年第1期。

第四章

小学数学教学研究（下）

本章所讨论的小学数学教学研究包括对计算教学、数学思维教学、空间观念教学、应用题与问题解决教学的研究。在每一节中，我们先对新中国成立以来这些重要专题的研究进行历史回顾，接着梳理相关研究主题的主要观点，最后对主要成果进行总结并展望未来的研究方向。

第一节
小学计算教学研究

计算与生活实际密切相关，也是数学学习的基础，它不仅贯穿于函数、不等式等代数知识中，还会出现在几何、统计中，是数学教学必不可少的一环。从北宋时期开始，算盘一直是我国劳动人民普遍使用的计算工具，因此，从清末兴办小学起，我国小学阶段的计算教学便涉及口算、笔算和珠算三种算法，这也是我国计算教学的独特之处。

一、小学计算教学历史回顾

自新中国成立至今，我国的计算教学经历了很大的变化。1977年以前，计算是我国小学数学教学的主要内容；到1978年，计算教学逐渐从数学教学的中心转变为数学教学的一部分，并在现代计算工具的影响下逐渐降低难度；2001年以后，“运算能力”作为数学学科十大核心概念之一走进人们的视野。除此之外，珠算的教学在小学数学教学中的占比越来越低，口算、笔算逐渐成为计算教学的主体。

(一)1949年至1977年：学习“三算”的算术课程

从1949年中华人民共和国成立至1977年之间，“小学数学”这门学科被称为“算术”，这一时期，我国针对“数学”教学颁布了一部课程标准和三部教学大纲，均以“算术课程标准”或“算术教学大纲”命名。根据这些教学大纲的要求，小学开设了算术（包括口算和笔算）、珠算两门课程，学习的内容也以这三种计算方法为主，其教学内容安排的变化如下。

1950年，中央人民政府颁布了《小学算术课程暂行标准（草案）》，从笔算、珠算两方面编写了教材大纲，指出心算是笔算的基础，珠算难度最大，因此应结合心算学笔算、结合笔算学珠算，并要求学生掌握三位数的整数四则运算、分数的四则运算，小数与小数的加减法计算和整数与小数的乘除法计算。1952年，我国以苏联的《初等学习算术教学大纲》为蓝本，制定并颁布了《小学算术教学大纲（草案）》和《小学珠算教学大纲（草案）》，在已有基础上，提升了整数四则运算的难度，要求学生学习十万以内的整数四则运算，但分数、小数四则运算的难度依然不高，分数的计算难度进一步降低，仅需要学习同分母分数、倍数分母分数的加减法和用整数乘除法计算分数乘除的方法。在内容安排方面，要求学生先学习口算，到第三学年再学习正式的笔算，珠算则需要在掌握口算和笔算的基础上再进行教学。

当时，我国学生在完成小学阶段的学习之后，通常会选择加入到生产劳动中去。在这样的社会背景下，小学高年级的计算教学中也涉及了诸如合作社经营法、记账法等内容，将数学计算的知识与实际生活联系起来，以保证学生能够在生活中灵活运用不同的计算方法，满足社会的需要。

由于学习苏联时期我国教学进度较慢，因此在后续的教学中，我国把初中计算知识逐渐下放到了小学进行教学。1956年，我国颁布了《小学算术教学大纲（修订草案）》，将整数四则运算的范围扩大至百万，分数和小数的计算则没有变动。在内容安排方面，延续了先学口算、再学笔算的安排。这一时期，笔算与口算的教学仍是割裂的状态，但也在一定程度上强调了知识点的联系，如应在除法教学时渗透简单的分数知识、学习分数时也应结合乘法表。1963年，我国的小学数学教育进入了独立探索的阶段，颁布了《全日制小学算术教学大纲（草案）》，整体提升了小学阶段计算教学的难度，要求学生掌握亿以内的整数、分数、小数的四则运算，首次提出了“估算”的概念。除此之外，这个大纲更加强调知识点之间的联系，比如口算和笔算是相辅相成的，口算可以为学习笔算做准备，笔算也可以帮助学生理解较难的口算，因此口算和笔算应结合起来教学。但由于珠算是在算盘的基础上发展而来的，与口算、笔算的计算方法存在不同，还需要算术知识的支持，应在学生有一定计算能力的基础上进行讲授。

1963年的教学大纲颁布以后，上海市崇明县新河小学开展了初步的“三算结合”的教学实验。之前已经提到，这里不再赘述。

综观这一时期的课程标准和教学大纲，小学阶段计算教学均强调“准确”与“迅速”；教学内容的编排也逐渐重视知识点之间的联系，从直线式逐渐向螺旋上升式靠近，更加贴近学生的心理发展规律；知识难度逐渐提升，还增加了估算的内容。在实际教学中，逐渐形成了口算、笔算、珠算的“三算”结合的教学方法。

（二）1978年至2000年：现代计算工具的影响

自1978年起，算术课和珠算课被合并为“数学”一门课程，计算成为小学数学教学中的一部分。这期间共颁布了四个大纲，根据大纲的指导，小学数学中有关计算的教学内容发生了很大变化，计算的难度逐渐降低，但增加了更多知识点。

1978年，我国颁布了《全日制十年制学校小学数学教学大纲（试行草案）》，与之前相比，这个大纲在整数、小数、分数的四则运算方面改动较少，另外又增加了简单的正负数的四则运算和最大公约数、最小公倍数的知识。珠算被降至第三学年开始学习，并且降低了珠算乘、除法的难度。此后，1986年国家教委颁布了《全日制小学数学教学大纲》，其中针对计算部分的要求与1978年大纲基本相同。

随着科学技术快速发展，现代计算工具逐步普及，因此我国1992年颁布的《九年义务教育全日制小学数学教学大纲（试用）》精简了大数目的计算和比较复杂的四则混合运算。将笔算加减法的最高数位降低至万位、乘除法降低至百位，四则混合运算的步骤以二、三步的为主，珠算的难度降低，仅要求学生学习珠算加减法。但口算的训练得到了加强，大纲指出，学生应当能通过口算完成较简单的计算。

经济、科技的进步使现代计算工具得到了广泛使用，人们可以借助计算器进行复杂计算，在这样的社会背景下，2000年《九年义务教育全日制小学数学教学大纲（试用修订版）》进一步精简了笔算和四则运算的内容，笔算中较少出现数目大于四位数、混合运算多于三步的内容了。但口算、估算在生活中有着广泛的应用，在教学中得到了加强。小学中高年级增加了介绍和使用计算器的内容，珠算被进一步削弱，仅将算盘作为计算工具介绍给学生。

这一时期，数学中的其他知识得到了应有的重视，计算不再是数学教学唯一的中心，其教学内容也随着科技的发展，发生了极大的转变。起初，教育界对“三算结合”的教学方法抱有很大希望，但那时的人们也无法预测到现代计算工具的产生和广泛使用，在迅速、快捷的现代计算工具的影响下，珠算的地位被不断削弱，学生学习繁难的笔算的意义也不再那么重要。

（三）2001年至今：数学学科十大核心概念之一——运算能力

2001年，我国颁布了《全日制义务教育数学课程标准（实验稿）》，提出了六个核心概念，当时未单独将计算作为核心概念之一，但对计算能力提出了要求。2011年教育部又在此基础上颁布了《义务教育数学课程标准（2011年版）》，将六个核心概念增加至十个，其中就包括“运算能力”。从此，计算不再被单独地看作一项技能，而是成为数学学习应当培养的基本数学素养。

如今的计算教学更加注重以学生为本。2011年版课标对运算能力做出了如下定义：“运算能力主要指能够根据法则和运算律正确地进行运算的能力。培养运算能力有助于学生理解运算的算理，寻求合理简洁的运算途径解决问题。”[①]课程内容的安排也更多地关注了运算能力的培养，如“能结合具体情境，体会整数四则运算的意义”，“在具体运算和解决简单实际问题的过程中，体会加与减、乘与除的互逆关系”，“经历与他人交流各自算法的过程，并能表达自己的想法”，这些课程内容更加注重运算能力与解决实际生活问题的结合，强调理解算理的重要性，追求算法的多样化和最优化。另外，2011年版课标还强调计算教学应结合儿童思维由具体到抽象的发展规律。在教材的编写和实际教学中，也结合2011年版课标的要求和学生思维发展的特点，设计“动手操作—结合情境—抽象算式”的流程，为学生提供可以拨珠的十进制计数器，设计“分水果”等教学情境帮助学生理解算理。

新中国成立以来，小学计算教学发生了巨大的变化。过去，算盘是我

① 中华人民共和国教育部：《义务教育数学课程标准（2011年版）》，北京师范大学出版社2012年版，第6页。

国重要的计算工具，因此在小学阶段的数学教学中，口算、笔算、珠算是重中之重，但随着科技的发展，现代计算工具可以代替人类进行难度大、复杂程度高的计算，我国顺应了时代的发展，降低了四则运算的难度，同时增加了估算、计算器的使用等更加贴合生活需要的教学内容。此外，教育学和心理学的发展也影响着小学阶段的计算教学，教学内容的安排由简单的直线式逐渐向螺旋上升式转化，机械的计算教学逐渐向理解的计算教学转化。从教会学生计算的方法转变为培养学生计算的能力，从更科学、更以人为本的角度，安排并设计了小学阶段计算教学的内容和目标。

（四）珠心算对小学计算教学的作用

珠心算的全称为珠算式心算，这一名字于1993年被正式确定下来。珠心算是在头脑中模拟想象珠算中的拨珠形成珠像运动，进而进行心算的一种计算技能。在我国小学的珠心算教学中，一般需要经历三个阶段：从一开始的算盘使用训练，到脱离算盘的模拟拨珠训练，再过渡到在头脑中映像拨珠，从而完成“想象打算盘”的计算方式，运用多种感官将抽象的数字转变为直观的算珠想象，提高学生计算速度和计算正确率。新中国成立以来特别是改革开放以来，珠心算对于小学阶段的计算教学有着极为重要的意义。

在小学计算教学中，珠心算作为一种计算技能的教学经历了若干个曲折的阶段。改革开放以前，珠心算教学处于探索研究阶段，与珠心算有关的教学理论和教学法发展缓慢；20世纪80年代，浙江省慈溪市鸣鹤镇中心小学开始进行“珠算式心算”教学改革实验，取得了良好的教学效果。①随后很多省、市均开始积极地推进珠心算教学实验，特别是90年代以来珠心算教学取得了有组织、有计划的蓬勃发展，发展出了许多算法、教法和教材，如1991年出版的《实用珠算式心算技术》、1995年出版的《珠象脑算学》等。但随着信息技术的蓬勃发展和小学数学教育的逐步信息化，计算器和计算机在小学数学教学中发挥着越来越重要的作用，珠心算教学热度随之降低。特别是2001年《全日制义务教育数学课程标准（实验稿）》中取消了"珠算"内容的教学要求，珠算式心算在我国课程体系中开始作为地方课程、校本课程存在。2011年版课程标准中对于"珠算"只做历史上的了解，珠心算在小学计算数学中的作用不再像20世纪80—90年代般重要。

许多研究者从不同的角度探讨了珠心算在小学计算教学中的作用。如有研究者探讨了珠心算有利于计算教学中的许多知识点的讲授，如算盘中数字呈现的直观性有利于学生数概念的建立，珠心算中的"补数"概念与算盘档位有利于加减法计算的教学，算盘中的"二元"示数有利于正负数概念的教学，珠心算中的"同码连加联系"有利于学生记忆乘法口诀以及乘法运算，算盘的具象性还有利于量与计量、计算问题解决等内容的教学。②还有的研究者探讨了数字在珠心算中的珠码符号与在现代计算教学中的阿拉伯数码符号的差异。还有许多研究者探讨了珠心算对于计算智力发展的关系，认为有利于开发右脑，提高思维水平，有利于促进数概念的发展，符合儿童形象思维占主导的特点；但也有研究者从统计学角度说明珠心算对数概念发展没有显著促进作用。

---

① 刘力：《小学生"珠象心算"教材教法实验研究——杭州拱墅区"珠象心算"实验班（1991~1995）研究报告》，《教育研究》1998年第1期。

② 刘芹英，文志芳，倪晓晶：《珠心算与小学数学教学融合研究》，《珠算与珠心算》2014年第5期。

随着信息化时代的到来以及课程标准去除珠心算内容，珠心算课程开始成为部分学校的校本课程，珠心算教学与珠心算课程的目标、地位、实施等都发生了很大的变化。今后的数学课程中，珠心算教学应处于什么样的地位、珠心算与信息化时代下的计算器及计算机软件如何兼容并存，是值得讨论的问题。

许多珠算协会也开始研究珠心算的课程实施策略，提出了珠算铺垫、识数先行、低段教学、突出重点等许多实用策略，还研究了珠心算的课程内容设置，如一至三年级设置珠心算基础知识的教学，凸显计算能力和脑像能力；四至六年级进行珠心算与数学计算的结合教学，凸显应用能力和迁移能力。总体说来，珠心算教学在今后应当服务于课程标准，吸收珠心算对算理的促进作用，更好地服务于计算教学实践中。

通过发挥珠心算的具象特点，珠心算教学也可以较好地运用于特殊教育领域中。例如在智力落后学生的生活数学课堂中，就可通过珠心算教学更好更快地完成数字计算。由于珠心算是在大脑里来完成珠算运算，通常需要依赖知觉、形象、记忆等过程，而智力落后学生的思维特点是形象为主，且在形象模仿与记忆方面不逊色于正常儿童，因此珠心算可以更有效地帮助智力落后学生习得计算知识，提升运算能力。根据上海市黄浦区辅读学校“珠心算”课程开发课题组的研究结果，珠心算形象生动、符合智力障碍儿童形象思维占主导的特点，有利于培养智力障碍儿童的注意力、听力和记忆力，有利于培养智力障碍儿童学习数学的兴趣，因此，对智力障碍儿童的数学教学具有重要意义和价值。也有的研究者通过对照实验研究发现，珠心算实验班学生在注意力、记忆力、手眼协调能力以及计算能力方面有了明显的进步，实验班学生在观察力、自信度以及个性品质等方面也有明显的改变，在脑瘫儿童手指精细动作康复方面也具有一定的成效。

今后珠心算教学的主要地位体现在各个学校的校本课程中，在数学课程中主要将珠心算作为一种计算工具进行介绍，评述珠心算在我国历史上的地位，培养学生的家国情怀。珠心算在特殊教育领域也会发挥更大的作用。

二、小学计算教学研究成果

（一）小学计算教学理论研究

新中国成立以来特别是自20世纪80年代以来，学者们对学生的计算策略与计算教学策略进行了许多研究，取得了许多理论上的重要进展。

研究儿童计算策略的选择与发展，以此了解儿童数学计算的规律，并将其应用于儿童数学教学是十分重要的。许多研究者研究了儿童在其数学能力发展的早期阶段所拥有的一些计算策略，主要是关于儿童加减运算策略的研究。如西格勒的研究认为，加减计算策略大致可以分为支持性策略与提取策略。而支持性策略又分为数手指策略、手指策略和言语数数策略。数手指策略是指解题过程中明显用手指表征问题中的加数，并通过数手指求和；手指策略是指儿童虽然用手指表征问题的加数，但看不到他们数手指的行为；言语数数策略是指儿童出声地计算问题，或者虽然没有出声，但可以看到他们的嘴唇在活动；提取策略是指儿童直接从长时记忆中提取一个现有的答案。

国内儿童的早期计算策略也有着独特性。有研究者对我国5至10岁儿童加法策略进行了研究，表明我国儿童简单加法策略主要有从开始数策略、从小数数策略、从大数数策略、凑十策略和心里盘算策略，其中心里盘算策略是中国儿童特有的策略，这体现了直至21世纪初，中国传统的珠心算对于学生计算策略仍然产生着重要的影响，通过珠心算与数学计算的结合教学从而影响儿童的计算策略。还有的研究从国际比较的视角上研究了中美儿童的加法策略模式，主要有计数手指、看手指计数、口头计数和检索。中国儿童在言语计数策略的使用频率上超过美国儿童，而美国儿童在计数手指策略的使用频率上则超过中国儿童。

四则运算是学生计算教学的主要内容，有学者提出了四则运算的四个教学策略：加强直观的教学策略，突出算理、以理驭法的教学策略，强化顺向迁移的教学策略，以及加强整理和综合的教学策略。有的研究者还研究了基于核心素养的小学数学计算教学的基本思路，其一是增强计算教学目标设置的导向性，力求使目标做到明确、具体，可以观察和测量，依据教学目标的指向，有效地运用各种教学方式组织学生展开各项学习活动；其二是提高计算教学内容处理的科学性，如从理解教材编写意图上整体把握教学内容，从关注计算知识本质上科学处理教学内容，从研究学生认知水平上合理优化教学内容；其三是提高计算教学课堂活动的有效性，从学生主体地位的角度去探索、研究计算教学的有效性。

（二）学生计算错误的研究

中国传统文化“经世致用”的观念根深蒂固，思维上“重实际而黜玄想”，因而在这种实用理性为特征的文化传统影响下诞生的中国古代数学表现出实用和功利的倾向，追求实际功用，其最大的特征就在于重视计算能力的培养。因此计算教学历来是我国数学教学中的重要内容，在数学教学中占据着重要的地位。计算能力不仅与生活密切相关，是一项必需的生活技能，同时对于提升数感、推理能力和抽象思维能力具有积极的促进作用。中国人一直以卓越的数学计算能力闻名于世，但在小学计算教学过程中，学生计算错误的现象屡屡出现，这极大影响着我国计算教学甚至数学教育质量，因此不少研究者开始专注于学生计算错误的研究，分析计算错误的成因，探究相应的解决策略。

1. 学生计算错误的成因研究

高亚兵以55名小学五年级学生为研究对象进行了为期一学期的跟踪研究，通过分析研究对象的作业总结归纳出学生计算粗心的主要类型，并且基于信息加工理论，对学生计算粗心的心理机制进行分析探究。结果表明，学生计算粗心的直接原因表现为知觉、记忆、思维的综合障碍，不同类型的计算错误原因也存在差异。①

杨庆余具体地探讨了学生计算出错的心理原因，并将其概括为九个方面：其一知觉不精细；其二错觉；其三注意的失配；其四记忆的问题；其五信息编码；其六信息的混淆与错位；其七定式的干扰；其八基本技能的影响；其九教学示范导向的负迁移。②

张树东通过对国外学生计算错误的文献进行整理与分析，针对常见的学生四则运算错误现象，总结了其出现的原因：其一，缺乏相应的计算知识，既包括与多位计算算法相关的程序性知识，又包括与计算规则、法则相关的概念性知识；其二，记忆缺陷，即工作记忆低下导致发展性计算障碍，阻碍对数字的加工和计算；其三，视觉—动作统合能力低下，这涉及与计算有关的多种能力，如视觉联想能力，视觉追踪能力等，这些能力的不足导致大脑在加工方向、位置和距离信息时出现问题。③

梅爽将学生计算错误的原因归结为知识因素和心理因素。知识因素包括

---

① 高亚兵：《对小学生计算粗心现象的心理学研究》，《浙江教育学院学报》2003年第1期。

② 杨庆余主编：《小学数学课程与教学》，中国人民大学出版社2010年版，第270—275页。

③ 张树东：《小学生计算错误的原因分析及对策》，《教育研究与实验》2006年第5期。

基础知识掌握不扎实、运算算法不理解、运算技能不熟练；心理因素则包括感知不准确、短时记忆差、注意力不集中、思维定式的干扰、情感不稳定。①

除了从整体上把握学生计算错误的成因外，还有一些研究者从具体的计算错误类型入手探究原因。

范士青与刘华山选取268名小学三年级学生作为研究对象，通过自编的测查问卷，运用认知心理学角度的规则空间模型对测查结果进行诊断，探究小学三年级学生整数减法错误的原因。研究结果表明，小学三年级学生整数减法计算错误主要是因为在空位处理、从0退位、从0—0的列退位以及从1退位方面有所欠缺。②

严瑾针对学生分数乘除法计算高错误率的现象做了研究，通过对问卷结果的统计、整理与剖析，发现计算错误的原因是：从外部原因来说，计算题目本身的特点影响学生解题的正确性。更为重要的是学生主体的内部原因：其一认知方面，知识基础差、感知不够精细、感知不够完全、学生的认知能力没有达到评价的水平都会影响到正确计算；其二思维特点方面，先前的知识经验，思维的灵活性和流畅性，情绪、情感以及意志等因素也会对计算产生影响。③

魏思晴等人运用访谈和测试的方式归纳了学生在口算心算中常见的六种错误类型，即加减法进退位错误、计算错误及其衍生错误、运算符号混淆错误、和0相关的错误、运算法则记忆错误以及小数点的位置错误。进

① 梅爽：《小学生计算错误产生的原因及对策研究——以锦州市实验学校六年级学生为例》，渤海大学硕士学位论文，2014年，第16—19页。

② 范士青、刘华山：《小学三年级学生整数减法计算错误的认知分析》，《教育研究与实验》2015年第5期。

③ 严瑾：《小学生分数乘除法计算高错误率的成因分析及矫正策略研究》，陕西师范大学硕士学位论文，2014年，第25—29页。

一步将错误原因归结为运算基本技能自动化程度低，运算法则掌握程度低，对运算的本质理解不足，短时记忆缺陷。①

李燕采用自编问卷对四年级、五年级和六年级的学生施测，分类整理了学生除法竖式计算错误的主要类型，并进一步分析讨论了错因，出错原因既有题目本身的影响，又会受到学生认知、思维、情感特点的限制。②

2. 如何纠正学生计算错误的策略研究

张树东提出了纠正学生计算错误的方式：首先要加强程序性知识和概念性知识的教学，但教学的前提是遵循学生的思维发展特点，采取合理有效的方法；其次要强化学生记忆能力的训练，运用具有趣味性的、学生易于接受的训练方式；最后要提高学生的视动整合能力。③

严瑾从教师和学生两个维度总结了规避学生计算错误的策略。就教师而言，一要充分了解和把握学生现状；二要重视算理的教学，培养学生的技巧意识；三要注重学生分辨比较能力的培养；四要积极发挥学生的主体能动作用；五要重视错误样例的教学；六要培养学生的演绎推理能力。就学生而言，一要掌握牢固的数学概念、公式与法则；二要理解算法和算理，不能机械地死记硬背、生搬硬套；三要加强训练；四要重视估算，培养习惯；五要重视在课堂学习的过程中感受知识；六要及时整理与反思错题集。④

王珺指出为了减少学生计算错误，提高学生计算能力，可以采取以下

① 魏思晴、赵继源、陈丽霜：《小学生口算心算的常见错误类型、原因以及应对策略探讨》，《教育与教学研究》2014年第10期。

② 李燕：《小学生除法竖式计算错误的主要类型及错因分析》，首都师范大学硕士学位论文，2007年，第52—65页。

③ 张树东：《小学生计算错误的原因分析及对策》，《教育研究与实验》2006年第5期。

④ 严瑾：《小学生分数乘除法计算高错误率的成因分析及矫正策略研究》，陕西师范大学硕士学位论文，2014年，第31—36页。

措施：首先让学生在探究中感悟算理，在反思中生成算法，在应用中形成技能；其次要重视算法多样化的教学，整理和优化算法，在这一过程中需要给予学生主动权和主动发挥的空间；最后要加强估算，有机融合估算与口算、估算与笔算，同时发挥估算的检验作用。①

还有研究者提到预防和矫正学生计算错误的策略，如增强口算训练，将口算训练日常化；注重运算法则的教学；注重首次感知；加强对比辨析，避免新旧知识的混淆；进行及时的反馈与强化；分类整理错题集锦；养成良好的学习习惯。

（三）小学计算教学的比较研究

在小学计算教学的研究中，关于不同地区计算教学的比较成为研究者关注的重要领域。从新中国成立至今，比较研究的广度和深度都有所拓展，比较的范围更加广泛，比较的内容更加深入，除了简单的介绍之外还有深入的反思和评价，同时，小学计算教学的研究更具国际视野，比较涉及的国别和地区逐渐增多。

1. 我国不同地区间的比较

赵倡从数学教科书中的数的运算教学内容切入，分析了内地北师大版与香港廿一世纪现代数学版小学三年级教材中关于数的运算教学内容的异同，指出二者的共性在于：首先两版教科书都遵从“数的认识”到“数的运算”的编排方式，从易到难，由浅入深，根据知识的难易程度安排教学，注重系统性和逻辑性；其次是两版教材都注重培养学生的运算能力，

---

① 王珺：《提高小学中段学生计算能力的教学实验研究》，云南师范大学硕士学位论文，2009年，第45—50页。

在“数的运算”方面编排了较多内容和知识点；最后是二者都重视估算与验算过程，通过强化学生数感的培养，促进学生真正地理解运算并且把握运算内在的数量关系。两版教材也各具特点，具有个性：首先，北师大版教材中的“数的运算”内容更加关注算理，重视学生的数学理论素养，注重学生对数学内在的概念与本质的深刻理解，而香港廿一世纪现代数学版教材更加关注算法，重视学生对于运算技能的掌握；其次，北师大版教材更加重视直观图策略、直观模型的运用，帮助学生以相对直观的方式理解抽象的数学关系。最后，香港廿一世纪现代数学版教材重视珠算内容，有专门的课时介绍算盘及其计数方法以及珠算的加法和减法内容。①

杨健综合比较了大陆与台湾现行的小学数学课程，对比发现大陆和台湾现行的小学数学课程内容体系均表现出一定的系统性和层次性，比较而言，大陆小学数学课程内容体系的层次性更加突出，不同层次的课程内容隶属关系明晰，台湾小学数学课程体系的综合性较强。在“数的运算”内容的比较上，大陆课程的内容广度稍稍小于台湾。在“图形与几何”“统计与概率”内容的比较上，大陆课程的广度和深度均大和深于台湾。从小学数学课程内容的整体来说，大陆的课程内容难度高于台湾。②

2. 中国与英国的比较

张新颜通过分析英国教育标准局颁布的《小学数学优秀做法：来自20所学校的成功经验》，归纳总结了英国小学计算教学的成功经验：一是鼓励学生运用发散性方法探索数字系统结构，探究应用数字的各种方式，

① 赵倡：《大陆与香港小学数学教科书的比较研究——以北师版和廿一世纪现代数学版小学三年级为例》，渤海大学硕士学位论文，2016年，第15—17页。

② 杨健：《中国大陆与台湾现行小学数学课程的比较研究》，西北师范大学硕士学位论文，2015年，第53—60页。

发现数字间的关系；二是重视教学的阶段性，教学重点从心算过渡到部分笔算，再过渡到可以提高计算有效性的更形式化的笔算；三是鼓励学生主动参与，重视利用学生熟悉的现实场景设置动态的现实问题情境开展计算教学；四是数学教师类型多元，既有负责教授所有科目的包班教师，也有解答疑难的助教，还有拥有深厚专业知识的专业性教师进行数学专题教学。由此总结经验，指出我国计算教学应该强化计数在计算教学中的作用，还要反思竖式笔算的教学时间，突出学生完整的数学活动经验的积累，同时也要关注教师结构的多元化。①

陈凌杰选择人教版和英国哈珀·柯林斯出版集团（Harper Collins）出版的小学数学教材中“数的运算”内容为对象进行比较研究。首先，在编写理念上中英两套教材的共性在于强调与本国课程标准一致，强调学习基础知识，注重培养数感和数学运算能力。但Harper Collins版的编写理念更加突出对学生数学探究能力、问题解决能力的培养，注重学生的个性和主动性，鼓励学生主动探索发现数学规律。而人教版教材更加注重学生数学知识的学习。其次，在学习内容上，二者都重视知识系统性和逻辑性，都关注“数的运算”内容的学习，重视心算、口算、估算内容的学习。但两版教材知识的侧重点不同，内容难度也有差异。最后，在呈现方式上，两套教材均重视栏目类别的设置，语言表述贴合儿童心理特点，版面设计注重运用插图，但同时两套教科书也存在较大差异，分别体现在栏目设置、语言呈现方式以及版面设计上。②

---

① 张新颜：《英国小学计算教学的成功经验及启示》，《上海教育科研》2013年第4期。

② 陈凌杰：《中英小学数学“数与代数”领域的比较研究——以小学数学教科书人教版、Harper Collins版为例》，上海师范大学硕士学位论文，2017年，第67—75页。

3. 中国与新加坡的比较

黄勇从中、新两国数学课程总目标的层面开始比较，宏观上介绍了两国小学数学教材编写的理念和基本思想。同时对人教版和新加坡《数学培养》(*Shaping Maths*)教材“数的运算”内容的整体结构、年级分布、编排体系、呈现方式以及例题、习题等维度进行了综合对比研究。与我国教学大纲相比，新加坡小学数学教学大纲在“数的运算”内容的要求方面，注重数学思考，强调学生掌握数学运算过程。在课程内容的年级分布方面，新加坡教材各个内容的联系和衔接表现出明显的螺旋式排列特点，内容间的难度跨度小，注重培养学生对不同知识点的总结能力和发现新知识的能力。数学课程内容呈现方式上，新加坡教材遵循建构主义，强调学习的本质就是建构知识的过程，激励学生将新旧知识联系起来，帮助学生在真实的情境中探究问题和解决问题。在例题和练习的设置方面，新加坡教材例题展现的情境大多与实物相关，表现出更强的数感，有益于培养学生的实践动手能力。①

王玥对我国人教版和新加坡名创教育(Marshall Cavendish)版小学数学教材进行比较，从内容布局、运算规则的呈现方式、例题与练习的编排、插图以及栏目等层面对“整数四则混合运算”内容进行分析对比，研究结果表明：两套教材的编写具有相似之处，都符合学生认知发展的特点和规律，注重与现实生活相结合。两版教材的不同点具体表现为：第一，人教版教材为了满足各地区不同层次以及不同学校的需求，教材内容选取的难度小、范围广，例题和习题以基础题为主，而名创版更具逻辑性和概

① 黄勇:《中、新小学数学教材“数与计算”内容的比较研究》，宁波大学硕士学位论文，2013年，第46—47页。

括性；第二，人教版在解题过程中重视启发与引导，名创版更加注重学生的自主探究；第三，内容分布上，人教版注重新旧知识点的联系和衔接，名创版独立性特征更加明显；第四，人教版小学数学教材插图丰富多样，色彩鲜明，名创版插图简单、色彩朴素。①

4. 中国与日本的比较

潘冠将“数与代数”内容作为切入点，从宏观和微观层面对比了我国北师大版和日本东京版的小学数学教科书，对中日小学数学“数与代数”的发展概况以及其在教科书中的内容结构、编排体例、组织体系、版式设计等维度进行了比较研究。②

胡旺对比分析了中日小学数学教科书“数与代数”的内容。从编排特点来看，二者都采用符合儿童认知特点的混合式和螺旋式前进的编排方法，但中方的编排循环少，追求严密简洁的逻辑顺序，日本循环多，不追求严密简洁的逻辑顺序；从内容设计来看，双方均以丰富的数概念的内容来培养数感，均重视计算与问题解决的有机结合，帮助学生在学习计算技能的过程中体验解决问题，同时都鼓励算法多样化，激励学生独立探索计算的不同方法，并且都注重在传统算术内容中渗透代数思想。而区别在于：第一，两国小学数学教材中介绍的数域范围不同，除自然数、分数、小数和百分数外，中方还介绍了负数；第二，日本重视珠算；第三，关于四则混合运算的内容，日本注重从数量关系的维度来认识和理解四则混合运算式，但中国是将四则混合运算作为一项必须掌握的运算技能。③

① 王玥：《中新两国小学数学教材中“整数四则混合运算”的比较研究——以人教版和Marshall Cavendish版为例》，扬州大学硕士学位论文，2018年，第41—44页。

② 潘冠：《中日小学数学“数与代数”领域比较研究——以小学数学教科书东京版、北师版为例》，东北师范大学硕士学位论文，2009年，第53—54页。

③ 胡旺：《中日小学数学教科书比较》，湖南师范大学硕士学位论文，2008年，第10—18页。

5. 中国与美国的比较

亢红道等人对中美数学课程标准的内容进行对比，发现中美数学在“数与代数”内容标准上各有特点：中国更加重视知识的连贯性和系统性、注重规律、重视联系、重视估算，而美国更强调培养数的意识、重视估算和心算、重视计算器的使用、重视模式的辨认和应用、反对过度的纸笔计算训练。①

张雨薇也从中美小学阶段数学课程标准入手，分析比较了中美两国“数与代数”内容。两国第一学段数的运算标准在内容方面有着相似之处，都重视在第一学段培养学生的运算基础，并且都强调算法的多样化。但是我国数学课程标准更加侧重对计算能力的要求，美国则更加强调对位值制（数位）的理解和运用。美国重视借助实物运算，我国更加重视培养学生笔算、口算的能力。两国在第二学段数的运算上涵盖四则运算、运算律及估算，但是我国计算的难度要求高于美国。②

6. 中国与俄罗斯的比较

张星婷在比较中俄小学数学课程标准的研究中分析了两国小学数学课程内容中“数与代数”领域的异同，指出在“数与代数”部分的内容要求上，俄罗斯明显少于我国。两国在“数与代数”部分都涉及“数的认识”“数的运算”“常见的量”方面的知识。但是与我国相比，俄罗斯缺少了“式与方程”“正比例与反比例”“探索规律”三方面内容。可能的原因在于俄罗斯小学学制仅四年，所以与我国六年制的小学相比在学习内容的深度与广度方面要求相对较低。③

---

① 亢红道、宋宝和、王文武:《中美国家〈数学课程标准〉“内容标准”的比较分析》,《当代教育科学》,2003年第16期。

② 张雨薇:《中美小学阶段数学课程标准比较研究》，扬州大学硕士学位论文，2013年，第36—42页。

③ 张星婷:《中俄小学数学课程标准比较研究》，扬州大学硕士学位论文，2015年，第32—39页。

7. 中国与韩国的比较

申丹将我国人教版和韩国国定版小学数学教材中有关“数与代数”部分的内容进行对比分析，发现在认识数的顺序上，两套教材都安排为“整数—分数—小数—百分数”，根据知识的内在逻辑和学生的认知特点设置编排；在数的认识范围上，人教版要求简单认识几十亿，并在六年级下册中简要介绍了负数，但韩国国定版教材中的数字范围扩展到“兆”（万亿），这与韩国实际生活中常常涉及亿单位以上的大数不无关系；在数的运算上，我国人教版教材介绍了算盘、计算器等运算工具，并且系统介绍了算盘的计数法，从而在一定程度上体现了中国传统文化，韩国国定版教材对于运算工具并无太多介绍。①

8. 中国与印度的比较

夏季以我国人教版和印度国家教育与培训委员会出版的《魔力数学》（*Math-Magic*）两版小学数学教材为例，从二者的总体概况、内容领域、编排体系、呈现方式和版式设计等方面做了比较。从宏观看，人教版所包含的“数与代数”领域知识点较多，《魔力数学》版仅包括认识数和运算两个部分。从微观的知识点来看：《魔力数学》版侧重于使学生正确掌握数的概念，培养学生数的意识；《魔力数学》版教材在数的分解与组合上花费较大篇幅，而人教版中数的读写占较大比重；《魔力数学》版教材较重视渗透运算法则的意义，而人教版更加重视运算的过程。②

9. 中国与南非的比较

黄燕以中国《义务教育数学课程标准（2011年版）》和南非2012年颁

---

① 申丹：《中韩小学数学教科书比较研究》，延边大学硕士学位论文，2011年，第35—60页。

② 夏季：《中印小学数学教科书比较研究——以印度MM版与我国人教版为例》，东北师范大学硕士学位论文，2010年，第23—27页。

布的《课程与评估政策声明》为研究对象，针对两国小学数学课程内容的“数与代数”领域进行分析比较，研究者认为中国和南非课标中有关“数与代数”部分的主要内容基本一致，但总体来说，中国对运算的要求更高。在第一学段（一至三年级）中国强调培养运算的基本知识和技能，南非则更加注重培养问题解决能力；在第二学段（四至六年级）南非强调四则运算及其在现实情境中的实际应用，中国则更强调学生理解和把握算理，重视加减乘除的混合运算以及学生解决实际问题的能力。①

三、小学计算教学展望

随着信息技术的发展，未来社会对学生计算能力要求越来越低。但片面依赖计算器等现代计算工具而忽视计算技能的培养，不利于学生今后数学能力的发展。《义务教育数学课程标准（2011年版）》又重新提出了“运算能力”，强调数学课程应当注重发展学生的运算能力。数学教育应当促进学生积极思考，是否能够有效地促进学生的思维发展已经成为评判数学课程成功与否的重要标准。

当前的计算教学对于计算准确率过分强调，重视运算规则的记忆，但对于算理的重视程度较低。今后的小学计算教学可以进一步强调数感的培养，降低口算和笔算的难度，明确估算的教学目标，注重对运算原理的启发。学校层面还应当在硬件设备上给予支持，开设借助计算器等现代计算设备进行问题解决的课程。计算教学与问题解决有机结合，可以使学生学

① 黄燕：《中国和南非小学数学课程标准比较研究》，扬州大学硕士学位论文，2015年，第34—43页。

习计算的同时经历解决问题的过程。同时还可降低笔算的繁难程度，使得教学思路更为清晰。在教学过程中，还应加强估算的练习，培养学生的良好数感，重视估算与口算、笔算相结合。此外，还应在日常教学中鼓励算法多样化，鼓励学生自己探索计算的具体方法。

第二节
小学数学思维研究

数学是思维的科学。一直以来，数学教育界对数学思维的探索持续不断，研究范围涵盖数学思维的内涵和特征、数学思维品质以及数学思维的培养等。本节将回顾新中国成立以来关于小学数学思维研究的基本概况及主要成就，并提出进一步研究的方向和思考。

一、小学数学思维研究的历史回顾

（一）萌芽起步阶段（1949年至1977年）

这阶段，数学思维研究经历了从无到有的过程。尽管教学大纲（课程标准）中对思维的表述略有差异，从“推理、分析、综合”等具体思维方法到“发展儿童的逻辑思维”，到“儿童智慧的发展”，再到“具有初步的逻辑推理能力”，但培养学生初步的逻辑思维能力的目标始终是十分明确的，因此这阶段的研究主要围绕“发展逻辑思维”展开。

1949年以前的《小学算术课程标准》中的基本目标有三个方面，以计算为核心，同时包括关于数量的观念和习惯，对思维方面没有任何要求。[①]1950年7月，教育部颁布制定的《小学算术课程暂行标准（草案）》

① 马云鹏主编：《小学数学教学论》，人民教育出版社2013年版，第35页。

虽然没有出现“思维”二字，但指出了具体思维方法，要求训练儿童善于运用思考、推理、分析、综合和钻研问题的方法与习惯。1952年思维的培养主要体现在《小学算术教学大纲（草案）》中，该大纲明确提出了培养和发展儿童逻辑思维的要求，算术教学应该培养和发展儿童的逻辑思维。同时大纲还提出了落实思维培养的途径与方式，如“在解答典型应用题时，应使儿童掌握每一种应用题的基本特征，多利用图解进行分析，这样可以促进儿童数学思维能力的发展”。俞子夷结合算术应用题教学指出，在一般复合应用题的解答，教儿童分析的方法，对培养儿童的逻辑思维能力能发挥很好的作用。[①]此外，他在杭州召开小学教师座谈会时，发现一线教师也将目光聚焦到了“怎样发展儿童的思维能力，使他们能思考问题？”[②]当时的研究除了结合应用题教学培养学生的逻辑思维能力，也提出在计算教学中发展学生的逻辑思维。[③]相较于“培养儿童数学逻辑思维能力”，1956年《小学算术教学大纲（修订草案）》提出算术教学必须有助于儿童智慧的发展，发展的内涵得到了拓展。1963年《全日制小学算术教学大纲（草案）》在教学目标中指出使学生具有初步的逻辑推理能力。同年《人民教育》发文指出“中小学数学学科中基本技能的训练，主要是培养学生的计算能力、逻辑推理能力和空间想象能力”[④]，第一次明确将逻辑推理能力提到与计算能力同等重要的高度。

1966年至1976年，我国教育事业遭到了严重破坏。据亲历者回忆，这个时期“以应用教学代替知识教学，原来的教材系统被打乱，缺乏基础知识和基本技能的训练，根本谈不上逻辑思维能力和空间观念的

①② 俞子夷：《关于算术应用题教学的几个主要问题》，《小学教育通讯》1954年第6期。

③ 倪平方：《谈口算教学》，《文汇报》1952年9月11日。

④ 刘久成著：《小学数学课程60年（1949—2009）》，江苏大学出版社2011年版，第70页。

培养”[1]。

总体来讲，新中国成立初期关于思维的研究，大多体现在如何培养儿童逻辑思维能力上，表现为与应用题相结合来发展儿童的逻辑思维。有研究者开展实验研究，揭示了思维水平的高低直接影响应用题的解答，并发现解题出错表现出的思维特点。[2]还有研究发现，结合成对相反的概念或彼此有紧密联系的概念，开展可逆对比教学，可以帮助儿童建立双向联系，提高解答变式应用题能力，这是发展儿童思维灵活性的有效教学措施之一。[3]

（二）探索实验阶段（1978年至1999年）

探索实验阶段进一步体现了对“培养能力、发展智力”的重视，研究主要围绕“逻辑思维”深入展开。以林崇德为代表的研究团队开启了对思维品质的系列研究，地方教育教研展开了更多“逻辑思维”专题性的实验研究和讨论。同时为适应不同地区、不同程度的需求，各地展开了教材改革实验，这些实验教材也大多体现了对“初步的数学思维能力”培养的探索。

1978年2月，《全日制十年制学校小学数学教学大纲（试行草案）》指出，要让学生具有初步的逻辑思维能力。大纲中关于“教学中应注意的几点”，首次提出要“注意逐步培养学生的逻辑思维能力”，“小学数学教学，要使学生不仅长知识，还要长智慧”，并提出了相应的教学建议。教

① 刘久成著：《小学数学课程60年（1949—2009）》，江苏大学出版社2011年版，第75—80页。

② 朱玉英：《小学一年级第二学期学生解答算术应用题产生错误的思维特点》，《心理学报》1965年第1期。

③ 吕静、汪文鋆、郑月旦：《小学低年级儿童掌握算术可逆推理与思维的灵活性》，《心理学报》1964年第3期。

学内容中首次增加了解现代数学思想的要求，要求通过直观方式使学生尽早接触集合、函数、统计等现代数学思想。无论是目标陈述的变化，用“逻辑思维能力”取代“逻辑推理能力”，还是内容上对现代数学思想的增加，抑或是对落实逻辑思维能力的教学建议，1978年的教学大纲从多层面体现了对逻辑思维能力的重视。

这一阶段全国各地广泛开展对发展智力的研究，关于小学数学教学中如何进行思维训练成为重点研究，这些研究的推进体现在教育教学理论研究工作者、心理学研究工作者与教育实践工作者合作工作中，体现在教材改革实验中，也体现在一线教师教学与科研相结合过程中。林崇德围绕思维品质开展了一系列实验研究，他还结合运算教学揭示了儿童思维品质灵活性的实质，探讨了发散思维与辐合思维的辩证关系，以及思维灵活性的培养①;还指出自编应用题是发展思维的独创性智力品质的重要途径②。北京师范大学教育系和北京景山学校合编《小学实验课本·数学》，教材在加强“双基”的基础上，突出数学能力的培养，提出培养初步的数学思维能力，包括初步的逻辑思维和直觉思维③；中央教育科学研究所编写的教材在内容的安排上既重视形式逻辑，又重视辩证逻辑，培养全面的逻辑思维能力④；1981年中国科学院心理研究所主持了“儿童数学思维发展”课题，开展了“现代小学数学”教学实验，编写了《现代小学数学》实验课本，重视辩证思维启蒙。北京市幸福村中心小学的马芯兰探索创设了“系统思维训练课”“思维分析课”等课型，使“加强双基，发展智力”的思

---

① 林崇德:《小学儿童运算思维灵活性发展的研究》,《心理学报》1983年第4期。

② 林崇德:《自编应用题在培养小学儿童思维能力中的作用》,《心理科学通讯》1984年第1期。

③ 周玉仁、胡克英主编:《小学数学教学》，教育科学出版社1988年版，第116页。

④ 邱学华主编:《中国小学数学四十年》，河北教育出版社1989年版，第58页。

想得到了进一步发展和落实。[①]除了上述代表人物以外，还有周玉仁[②]、金成梁[③]、顾汝佐[④]等。

1986年《全日制小学数学教学大纲》关于思维的描述基本与前一版大纲保持一致，但在“教学中应注意的几点”中提出了教学指导，“要通过直观教学和实际操作，引导学生在感性材料的基础上，理解数学概念，进行简单的判断、推理，掌握数学中最基础的知识，逐步发展学生初步的逻辑思维”。随后1988年、1992年两版大纲对思维教学目标的描述维持不变。但1992年大纲增加了对“什么是初步逻辑思维能力”的说明，指出“结合教学内容，培养学生进行初步的分析、综合、比较、抽象、概括，对简单的问题进行判断、推理，逐步学会有条理、有根据地思考问题；同时注意思维的敏捷性和灵活性”。

为了研究数学中的思维问题，给改革教学提供科学依据，1984年11月中国教育学会数学教学研究会筹组了第一个专题协作组——“思维与数学教学”协作组，由郭思乐主持，深入研究数学思维教育与人的素质发展，结合学生年龄特征和数学教学内容加深与广度扩大，研究思维发展的规律，探究认知结构的发展与完善。[⑤]1985年全国数学教学研究会发起成立了“思维与数学教学”专题协作组，开展各种形式的研讨活动，例如同年在广州召开了学术讨论会，极大地激发了学界与实践一线对于数学思维研究的热情，提升了研究的水平。《江西教育》杂志以“小学数学思维能

---

① 邱学华主编：《中国小学数学四十年》，河北教育出版社1989年版，第74页。

② 周玉仁：《要重视数学能力的培养》，《小学教学研究》1985年第5期。

③ 金成梁编：《小学数学教学与逻辑思维能力培养》，江苏人民出版社1983年版，第57—83页。

④ 顾汝佐：《第五讲　培养学生的逻辑思维能力》，《江苏教育》1984年第14期。

⑤ 丁尔升：《再接再厉探索创新——在中国教育学会中学数学教学专业委员会20周年纪念会上的讲话》，《课程·教材·教法》2003年第3期。

力的培养”为题摘录了全国各地教育刊物对小学数学思维的探讨。[①]此阶段出现了关于数学思维的专栏报道，数学思维研究达到了一个高潮。逻辑思维仍然是这阶段研究的核心，与发展学生智力紧密联系，研究还关注逻辑思维能力与计算能力和空间观念之间的关系，绝大多数研究认为逻辑思维能力在三种能力中占主导和核心地位。此外，关于思维研究的论题覆盖也有了较大扩展，伴随着思维科学的发展，认识也在不断加深。学生数学思维品质、思维规律及过程得到进一步研究；学界还关注到不同类型的思维，如直觉思维、求异思维、发散思维、复合思维、辩证思维等；探究了不同思维方式之间的关系，如形象思维与逻辑思维之间的关系、思维与语言之间的关系等。

（三）全面深入阶段（2000年至今）

这阶段有关思维的研究种类呈现多元样态，除了关于思维品质、思维过程、不同思维类型、不同思维形态的研究，还有从认知策略角度对数学思维策略进行的研究，也有关于数学思想方法、问题解决、数学学习力等综合能力的研究。

2000年《九年义务教育全日制小学数学教学大纲（试用修订版）》把“培养初步的逻辑思维能力”改为“培养初步的思维能力”。这一改变，拓展和提高了通过数学培养学生思维能力的范围和要求，比较全面地反映了数学学科培养思维能力的功能。2001年颁布的《全日制义务教育数学课程标准（实验稿）》，改变以往“培养初步的思维能力”的表述，在总目标中指出，“通过义务教育阶段的数学学习，学生能够初步学会运用数

①《小学数学思维能力的培养》，《江西教育》1992年Z1期。

学的思维方式去观察、分析现实社会，去解决日常生活中和其他学科中的问题，增强应用数学的意识”。《标准（实验稿）》还进一步阐释了“数学思考”的具体目标，提出发展抽象思维、形象思维、合情推理和演绎推理的能力，突出在丰富对现实空间及图形的认识，建立初步空间观念的过程和基础上，发展形象思维能力。《义务教育数学课程标准（2011年版）》总目标第一点提出“获得适应社会生活和进一步发展所需的数学的基础知识、基本技能、基本思想、基本活动经验”。在原有“双基”的基础上，发展为“四基”。“数学的基本思想”主要指数学抽象的思想、数学推理的思想、数学建模的思想。数学活动经验并不仅仅是实践的经验，也不仅仅是解题的经验，更重要的是思维的经验，是在数学活动中思考的经验，思维的方法是靠长期活动经验积累获得的。总目标还提出学生通过数学学习学会数学思考的目标。这种思考是“运用数学的思维方式进行”的思考，是“数学方式的理性思维”，培养学生以数学的眼光看世界，从数学角度去分析问题的素养，使学生终身受益。

有研究者指出，数学化是数学思维的基本形式；凝聚是算术思维的基本形式；互补与整合是数学思维的一个重要特征，小学数学的教学内容也同样体现了一些十分重要的数学思维形式及其特征性质。①这阶段关于数学思想的研究较多，主要涉及数学思想的内涵、因素、培养策略的研究。相关的著作也比较多，如《小学数学和数学思想方法》《数学教学思维导向的研究》《数学思维方法》《数学思想方法》等。江苏省教育科学“九五”规划立项课题研究了中小学数学学科中数学思想方法的基本理论，包括数学思想的含义和特征、数学思想方法的分类，数学思想方法教学目

① 郑毓信：《数学思维与小学数学教学》，《课程·教材·教法》2004年第4期。

标的设置、教学策略、教学原则、教学的基本途径，数学思想与培养观念、提高素质关系的研究，数学思想方法与培养能力、解题教学关系的研究。[①]还有一些研究从“数与代数”“空间与图形”“统计与概率”不同领域探讨了在课堂教学中渗透数学思想的方法。

此外，有研究者研究了培养学生数学形象思维的教学策略[②]；还有研究结合“儿童在数学问题解决中图式与策略的获得”，围绕思维目的性进行探讨[③]。同时，也有围绕思维过程展开的研究，有研究者对学生等量关系运算和几何图形预见表象等认知过程进行了信息加工过程和思维过程的分析。[④]还有相关研究指出，学生在小学阶段若能接受较好的认知策略与元认知策略训练，对培养学生的数学思维大有裨益。[⑤]

这阶段，有众多学者将研究指向数学能力，分析数学能力结构，而数学思维则是其中重要构成部分，如林崇德认为数学能力结构是由三种基本数学能力（运算能力、逻辑思维能力、空间想象能力）和五种数学思维品质（思维的深刻性、灵活性、独创性、批判性、敏捷性）交叉组成的动态开放系统。[⑥]张士充认为数学能力的本质是（形式和辩证）逻辑思维能力。[⑦]喻平从数学元能力、共通任务的能力和特定任务的能力三个层面构建数学能力结构，并指出逻辑思维能力和空间思维能力属于共通任务能力，归纳思维能力、类比思维能力、直觉思维能力、发散思维能力、批判思维

① 满慧：《小学数学思想方法教学的研究与实践》，南京师范大学硕士学位论文，2011年，第5页。

② 董晶晶：《培养小学生数学形象思维的教学策略研究》，天津师范大学硕士学位论文，2010年，第25—35页。

③ ④ 林崇德著：《智力发展与数学学习》，中国轻工业出版社2011年版，第78—79、79—80页。

⑤ 孔彤彤：《元认知策略与认知策略对提高小学生数学解题水平的研究》，杭州师范大学硕士学位论文，2018年，第3页。

⑥ 林崇德主编：《中学生能力发展与培养》，北京教育出版社1992年版，第158页。

⑦ 张士充：《数学能力的分析研究与综合培养》，《数学通报》1985年第6期。

能力属于数学发现能力。[①]孙以泽认为数学能力是由基础能力、核心能力、综合性能力三个不同层面的多种能力成分组成的动态的、多维度、多层次立体网络结构，其中核心能力包括数学思维能力，数学思维能力细分为数学抽象能力、数学逻辑思维能力、数学创造性思维能力、空间想象能力。[②]

总体来讲，这阶段有关数学思维研究的学位论文逐渐增多，且研究问题多样化，思维研究的内涵发生变化——思维研究不再局限于思维内部和思维的训练。除了进一步关注数学思维品质和思维培养，还基于学生全面发展的角度思考研究数学思维。一方面思维的研究更加深入，如问题解决过程思维表征的研究、数学思想方法与思维发展的研究等；另一方面将思维研究融入学生所需的综合能力，如对数学学习力的研究、对核心素养的研究。

二、小学数学思维培养的主要成果

（一）数学思维基本理论的研究

1. 数学思维的内涵

20世纪80年代，朱智贤和林崇德从心理学角度给出了思维的定义，思维是人脑对客观事物的本质和事物内在的规律性关系的概括与间接的反映。[③]我国学者对数学思维的认识，大多沿用了朱智贤和林崇德的上述定义，但同时也注意从数学思维的特殊性出发，突出数学思维与一般思维的区别，数学思维是以数学研究的对象——数学物象（数学物象是现实世界

---

① 喻平编著：《数学教学心理学》，北京师范大学出版社2010年版，第324页。

② 孙以泽：《数学能力的成分及其结构》，《南京晓庄学院学报》2003年第2期。

③ 朱智贤、林崇德著：《思维发展心理学》，北京师范大学出版社1986年版，第1—6页。

的空间形式和数量关系以及由此反映出的结构与模型）为思维对象，以数学语言符号为思维载体，对数学学科的本质属性与数学对象间的反映，并以认识和揭示数学规律为目的。①有研究者认为，数学思维有三种不同的形态：一是动作思维，就是在思维过程中依靠实际的动作做支撑展开的思维活动；二是形象思维，就是利用表象来进行分析、综合、抽象、概括的思维过程；三是抽象思维，是指离开具体形象，运用概念、判断和推理等形式进行的思维。有研究者还指出，数学思维的三种形态代表了学生思维能力发展的不同水平层次。②也有研究者针对小学数学知识来研究数学思维，提出"'从走向数学思维'，到'概念性数学思维与问题性数学思维'，再到'通过数学学会思维'"③。

总之，人们倾向于将数学思维表达成"理性认识形式"；在阐述数学思维时，多采用本质规律说，认为数学思维侧重研究人脑对数学学科的客观事物（定义、公式、定理、法则）的本质属性与规律性联系的反映④。

2. 数学思维的特征

在讨论一般思维特点的基础上，形成了数学思维特性的基本共识。数学思维具有高度概括性、问题性、高度抽象性、统一性、严谨性。有研究者还指出："数学是严密的，由于儿童身心尚处在发展之中，思维水平还不能达到数学严密性所要求的程度，但是这并不妨碍在小学生数学学习过程中，在儿童不甚严密的数学思维中，也存在严密性的一些主要特征：相信直觉感官、注重外在形式、认同合情推理和单维度的思维方式"⑤。

---

①④ 喻平、连四清、武锡环主编：《中国数学教育心理研究30年》，科学出版社2011年版，第280、280—281页。

② 李光树著：《小学数学教学论》，人民教育出版社2003年版，第430—431页。

③ 郑毓信著：《数学思维与小学数学》，江苏教育出版社2008年版，第1—2页。

⑤ 周东明：《儿童的数学思维呈现怎样的严密性》，《人民教育》2007年第9期。

3. 数学思维的方法

数学思维的一般方法是指数学思维过程中运用的基本方法，如观察与实验，比较、分类与系统化，归纳、演绎与数学归纳法，分析与综合，抽象与概括，一般化与特殊化，模型化与具体化，类比与映射，联想与猜想等。这些方法是数学思维操作的基本手段，它们和思维内容、思维形式以及思维品质相互连接，是数学思维结构的主要成分。[①]

（二）数学思维品质

1. 数学思维品质的特征

朱智贤和林崇德认为，“思维品质是智力或能力的表现形式，体现了个体思维的水平和智力、能力的差异。思维品质包括深刻性、灵活性、独创性、批判性和敏捷性”[②]。有研究者认为数学思维品质主要包括深刻性、广阔性、灵活性、独创性、目的性、敏捷性和批判性七个方面，数学思维的七种品质之间相互联系，互为制约，思维的深刻性是一切思维品质的基础，思维的批判性是在深刻性基础上发展出来的品质，而灵活性和独创性是在深刻性基础上引申出来的两个思维品质。[③]

2. 数学思维品质的发展

林崇德等对学生数学思维品质发展进行了实证研究，提出了测量思维品质的客观指标。测量思维深刻性的主要指标包括概括水平和推理水平；测量灵活性以一题多解的方法数量、一题多变的变化数量为客观指标；测量独创性以自编应用题的数量和难度为指标；测量思维敏捷性以完成任务

---

① 任樟辉著:《数学思维论》，广西教育出版社1990年版，第108页。

② 朱智贤、林崇德著:《思维发展心理学》，北京师范大学出版社1986年版，第578页。

③ 孔凡哲、曾峥编著:《数学学习心理学》，北京大学出版社2012版，第209页。

的速度和正确性为指标。研究结果表明，学生运算思维活动的敏捷性是可以培养的，运算思维的敏捷性不仅取决于学生的认知结构，而且取决于运算技能技巧的水平、行为习惯的水平和速算方法原理的概括、迁移能力的水平，并且学生的运算思维敏捷性的发展存在年龄特征和年龄的阶段性。归纳推理和演绎推理能力研究发现，学生在归纳推理与演绎推理能力的发展上，既存在年龄差异，也表现出个体差异。小学阶段，随着年龄的增长，儿童推理范围的抽象度不断提高，推理步骤更加简练，推理的正确性、合理性、逻辑性、自觉性也在增强。①

3. 数学思维品质的培养

在实证研究方面，林崇德等将横断方法与纵向方法相结合，围绕学生运算过程中思维的敏捷性、灵活性、深刻性和独创性四个思维品质的发展和培养，展开全面的实验研究。他们还制订了学生数学思维品质培养措施，如通过培养学生正确迅速的运算能力培养思维敏捷性；通过培养学生“一题多解”“一题多变”的能力提升思维的灵活性；通过培养学生逻辑思维能力提升思维的深刻性；通过培养学生数学的独立性、发散性和新颖性提升思维的独创性。②又有研究者基于复杂性思维对数学思维品质培养的理论与实践展开研究，对数学思维品质培养的现状和原因进行分析，探寻复杂性思维对于数学思维品质培养的启示，为数学思维品质培养实践提供有效建议。③另有研究者研究了学生的数学逆向思维培养教学，对教材进行了系统的分析，对学生逆向思维的现状做了一个测试研究，最后结合案

① 喻平著：《数学教学心理学》，北京师范大学出版社2010年版，第329—333页。

② 喻平、连四清、武锡环主编：《中国数学教育心理研究30年》，科学出版社2011年版，第302—303页。

③ 尹佐兰：《复杂性思维视域下的数学思维品质培养研究》，华中师范大学硕士学位论文，2018年，第33—48页。

例分析，指出培养学生的逆向思维有利于学生思维的深刻性、广阔性、灵活性、批判性等优秀思维品质的提升，并对数学逆向思维培养教学提出了教学建议。①还有研究者根据对数学思维品质的现状调查，提出关于数学思维品质培养的策略，如采用思维品质量化测评，从数学思维品质的九个特点（推理和心理定向敏捷，逻辑思维有系统、有顺序，数学抽象能力，迅速和广泛地概括数学材料的能力，思维的灵活性，解答问题时推理的迅速简略和“压缩”的倾向，能自如地从正面的思维进程转换到反面的思维进程，“节约思考”明显倾向，对数学材料迅速而牢固的记忆，对数学作业很少感到疲劳）设计学生调查问卷，以了解学生数学思维品质的具体表现。②

有研究者以数学思维品质培养的实践研究为主，结合数学教学和解题训练探讨思维品质的培养，提出采用一题多解、变题练习、同解变型、一题几带、同式几讲、变式图形，以及学生自编自解应用题等方式提升思维的灵活性。研究者指出在实践中一题多解比多题一解更为有效。③还有研究结合概念教学探索学生数学思维品质的培养。④

（三）数学思维能力

1. 数学思维能力的结构

邵光华构建了数学思维能力的塔式结构图，指出数学能力结构的整体

---

① 江小红：《四年级学生数学逆向思维的教学研究》，四川师范大学硕士学位论文，2018年，第62—64页。

② 赵雪：《小学生数学思维品质的调查研究》，华中师范大学硕士学位论文，2010年，第16页。

③ 王辅湘：《小学数学教学要重视培养学生的思维品质》，《小学教学研究》1981年第5期。

④ 李春霞：《小学数学概念教学中学生思维品质的培养研究》，《当代教育理论与实践》2009年第4期。

性和层次性的特征。[①]刘兰英认为学生数学思维能力主要可以分为三种，即逻辑推理能力、想象能力（对数量关系的想象能力与对空间图形的想象能力）以及分析与解决数学问题的能力，还从“学生数学思维能力结构”出发，测试发现不同等级学生的数学思维能力发展水平各具特点。[②]她还通过因素分析法，测试分析得出小学生数学推理能力结构，包括可逆推理能力、类比推理能力、归纳推理能力、整分变换推理能力和演绎推理能力5种分能力。[③]

2. 数学思维能力的发展

小学儿童思维的基本特点是从以具体形象思维为主要形式逐步过渡到以抽象逻辑思维为主要形式，但是这种抽象逻辑思维在很大程度上仍然与感性经验相联系，具有很大程度的具体形象性。[④]也有研究者持相同观点并指出思维发展过程的质变是通过新质要素的逐渐积累和旧质要素逐渐“消亡”和改造而实现；在数学方面，儿童往往要用实物或手指帮助，才能进行运算，他们的思维活动在很大程度上，还是和当前具体事物或其生动的表象联系着；另一方面，初入学儿童的思维具有明显的具体形象性，但并不等于说，他们的思维没有任何抽象性。[⑤]有研究发现，小学儿童形象思维向抽象思维发展的转折时期为小学四年级左右。[⑥]另有研究发现比起发散思维来，辐合思维发展要早些，对低年级更重要些，但这丝毫不影响对低年级进行发散思维的培养，也不影响对高年级进行辐合思维的要

① 邵光华：《数学思维能力结构的定量分析》，《数学通报》1994年第11期。

② 刘兰英：《小学生数学思维能力现状的调查与研究》，《现代中小学教育》1998年第1期。

③ 喻平编著：《数学教学心理学》，北京师范大学出版社2010年版，第317页。

④ 朱智贤著：《儿童心理学》，人民教育出版社1979年版，第89页。

⑤ 丁祖荫：《学龄初期儿童思维的发展》，《心理学报》1984年第2期。

⑥ 李德伟、范德金：《小学儿童辩证思维发展状况调查研究》，《心理发展与教育》1987年第4期。

求。[①]还有研究者发现，到了小学中高年级，学生会慢慢懂得区分概念的本质和表象，事物的主要方面和次要方面，能够掌握基础的数学定义，学会独立进行逻辑推理和论证，而这样的思维活动也离不开感性经验，仍然有很大部分的具体形象性。"即使是只要求儿童进行对抽象的数进行运算的项目，儿童往往会借助于直观的图像（原文误为象——编者注）来求解答，当他们解题遇到困难时，这种现象更为常见"。[②]此外，还有研究者研究了不同地区儿童思维能力和发展的差异，结果表明藏汉儿童数学思维能力及发展存在显著差异，而藏汉儿童相应的数学活动、语言素质、数学教学活动等是导致这种差异的主要因素。[③]

此外，特别值得提出的是关于形象思维发展的研究。从20世纪80年代开始，以钱学森为代表的一些学者构思出一个关于形象思维发展的重大构想，他们把形象思维归为思维科学内，从此开始构建思维科学，至此关于形象思维的研究引起了广泛关注。关于形象思维的实验研究可以追溯到1981年林崇德的研究，他研究了数概念的形成和发展，得到这样一个结论：刚刚入学的学生因为年龄过小，他们对数的理解只是对直观的依赖，只有借助实物和图片等教具才能帮助他们去理解数的含义，一旦离开了这些教具的帮助，他们就很难理解数的含义。任樟辉认为形象思维如果继续划分也有其独特的组成部分，分别是表象、直感以及想象，这三个重要的部分是构成形象思维的基本形式。徐国森的研究表明，形象思维活动就必须借助外界事物的表象来开展，将这些表象进行思考加工以展开形象思维活动。在他看来，形象思维的形式主要有三个部分，分别是意象、联

---

① 林崇德：《小学儿童运算思维灵活性发展的研究》，《心理学报》1983年第4期。

② 刘范等：《国内十个地区小学儿童属概念和运算能力发展的研究》，《心理学报》1981年第2期。

③ 孙杰远：《藏汉9—13岁儿童数学思维能力及其发展的比较研究》，《心理科学》1991年第5期。

想以及想象，三者共同体现形象思维。形象思维是以表象的感知记忆为基础，以表象、联想和想象为主要的思维形式，进行表象系统的分解与组合运动。[①]此外，温寒江负责的“发展形象思维的理论研究与教学实验”课题经过15年逐步深入的研究，形成了对形象思维和形象思维与抽象思维关系的新认识。[②]还有研究者认为，学生数学形象思维能力结构分为四个维度，分别为平面想象能力、空间想象能力、数形转化能力、思维综合能力；学生数学形象思维能力水平随年龄的增长而增长；学生从以具体形象思维为主要形式逐步过渡到以抽象逻辑思维为主要形式，但这种抽象逻辑思维在很大程度上仍然是直接与感性经验相联系的，仍然具有很大成分的具体形象性；学生数学形象思维能力存在一定阶段性，三至四年级及四至五年级在总体水平方面呈现两个飞跃阶段，而五至六年级则发展相对平缓；学生数学形象思维能力四个维度的发展也呈现一定的阶段性，但与总体能力的发展不太一致，并且不同维度呈现不同的阶段特点。[③]

3. 数学思维能力的培养

关于数学思维能力的培养，大体有两种研究取向，一种是基于实验实证研究，另一种是结合教学教法的研究。

实验实证研究方面，许多研究证实了思维的可训练性。张慕蕴等通过挖掘儿童思维发展潜力的训练，使一年级学生在第一学期就掌握了八位数的读法、写法，抽象思维能力提高很快。[④]吴天敏通过给学生增加一些

---

① 徐国森:《数学中形象思维的形式》,《数学通报》1991年第12期。

② 宗秋荣:《“发展形象思维的理论研究与教学实验”课题研究十五年成果汇报会综述》,《教育研究》2006年第2期。

③ 赵伟:《小学生数学形象思维能力的发展研究》，广西师范学院硕士学位论文，2011年，第47页。

④ 张慕蕴、王继桢:《儿童思维发展潜力初探——一年级小学生第一学期就掌握了八位数的读法和写法》,《心理学报》1980年第4期。

"动脑筋"练习，三个月后学生的智商提高了5至8分，证明智慧可以通过训练得到提高。①

张梅玲等在辽宁黑山进行的教学实验表明，进行系统教学后，学生的学习成绩有了提高，迁移能力大大增强，解题能力、思维灵活性和策略特点大大优于对照组。②此外，张梅玲领导的研究小组还提出，数学思维主要包括数与形的概括和推理能力以及可逆、互补、补偿、相对、关联、对应、转换等思考方法。组织合理的知识结构，寓辩证思维于形象教学，加强思考性训练，促使儿童主动建构知识，有利于儿童数学思维的发展。③

有研究针对"学生升入三年级后，教学内容加深了，学习成绩往往下降"这一现象，提出针对思维训练的相关实验研究。实验结果显示，基础知识与思维能力呈正相关，因此发展学生思维能力必须打好知识基础，但片面地加强基础而忽视能力培养，有可能出现高分低能现象。④还有关于"小学数学思维训练序列"专题实验，从认识上和实践上研究小学数学"双基"教学与思维训练、开发智力之间的关系。以小学数学教学任务为基本出发点，以当时统编教材为依据，充分发掘教材内在的智力因素，探索在日常教学中结合知识教学进行有计划、有系统的思维训练的途径和方法，以便尽早开发儿童的抽象思维，发展学生智力，培养能力。⑤

除了实验研究，还有研究结合数学教学和解题训练探讨思维能力的培养。金成梁结合教学探讨了逻辑思维能力培养的问题，从发展智力、培养能力和开发创造力的总目标出发，讨论小学数学教学中如何培养学生的逻

① 吴天敏：《提高智慧的初步研究》，《心理学报》1983年第3期。
② 汪安圣主编：《思维心理学》，华东师范大学出版社1992年版，第371页。
③ 张梅玲：《促进儿童数学思维发展，提高小学生教育素质》，《心理科学通讯》1989年第3期。
④ 陈德煜、李根娣、程卫：《小学三年级数学思维能力训练报告》，《上海教育科研》1985年第4期。
⑤ 程光第：《"小学数学思维训练序列"实验报告》，《江西教育科研》1988年第2期。

辑思维能力，并根据小学数学教师的需要，提供了最基本的逻辑知识，以及反映教学实践的若干教例。他也阐述了培养学生逻辑思维能力的缘由、基本要求和一般方法，并就具体课型阐述了逻辑思维能力的培养，如概念教学、计算教学、应用题教学，还阐述了创造力思维的培养。①

此外，还有针对不同类型思维能力培养的研究。有研究者将数学思维方式按照思维活动的形式分成逻辑思维、形象思维和直觉思维三类。数学逻辑思维是以数学的概念、判断和推理为基本形式，以分析、综合、抽象、概括、（完全）归纳、演绎为主要方法，并能用词语或符号加以逻辑地表达的思维方式。数学形象思维是以数学的表象、直感、想象为基本形式，以观察、比较、类比、联想、（不完全）归纳、猜想为主要方法，并主要通过对形象材料的意识加工而得到领会的思维方式。数学直觉思维是包括数学直觉和数学灵感两种独立表现形式，是能够迅速地直接地洞察或领悟对象性质的思维方式。②

关于逻辑思维能力的培养，陈梓北研究了算术教学中逻辑思维的发展，指出逻辑思维是从数量间的内在联系中，统一了一系列的矛盾而发展起来的。③东北师范大学的王广福还就小学算术教学中如何培养和发展儿童的逻辑思维展开了研究。④李润泉、周玉仁主编的《小学数学教学新论》中论述教学观念对培养学生逻辑思维能力的重要性，从“面向全体”“掌握尺度”“改进教法”三方面阐述了落实培养逻辑思维能力的基本思路。其研究指出了培养学生初步逻辑思维能力的基本途径：示范——

① 金成梁、张存编著：《小学数学教学与逻辑思维能力培养》，江苏教育出版社1986年版，第1—2页。
② 孔凡哲、曾峥编著：《数学学习心理学》，北京大学出版社2012年版，第207—208页。
③ 陈梓北：《关于算术教学中逻辑思维的发展问题》，《教育半月刊》1954年第13期。
④ 王广福：《在小学算术教学中怎样培养和发展儿童的逻辑思维》，《吉林教育》1956年第11期。

结合知识的教学，直观、浅显地给学生以“怎样正确思维”的信息；点拨——对于新旧知识联系较紧密的，可以扣住解决新课题的基本思路，启发学生在已有的知识基础上推导出来；训练——结合有关内容的教学，有目的、有计划地训练学生逐步有条理、有根据地思考问题，比较完整地叙述思考过程。[①]《小学数学教学研究》编写组还分别从比较能力、分析综合能力、抽象概括能力、推理能力、判断能力几个方面结合教学提出具体的培养方法。[②]

关于形象思维的培养，有研究者提出，学生数学形象思维能力的培养需要教师和学生的共同努力，教师需要改善教学方法以及观念，在数学课堂教学中不仅要传授知识，还要刻意对学生进行数学形象思维训练。[③]还有研究者提出形象思维整合，探索了形象思维在数学问题解决中的作用。[④]此外，也有研究者结合教学，指出丰富的表象积累是进行形象思维的基础，表象是形象思维的材料，没有表象的活动就没有形象思维，在日常教学中可以借助演示、引导操作、指导默想积累表象；该研究还指出，数形结合是进行形象思维的主要途径，开展想象活动是进行形象思维训练的重要手段。[⑤]

关于直觉思维的培养，有研究者提出，直觉思维应从整体入手，以熟悉迁移到的知识领域及其结构为依据，思维可以跃进、越级和采取捷径为其主要特征；直觉思维能够迅速接近问题的核心并使之快速解决；还有研究结合教学实践提出抓问题的本质培养直觉思维能力，重视实际操作培养

---

① 李润泉、周玉仁主编：《小学数学教学新论》，华夏出版社1994年版，第142—153页。

②《小学数学教学研究》编写组编写：《小学数学教学研究》，江苏教育出版社1993年版，第123—139页。

③ 杩超：《小学生数学形象思维能力培养研究》，渤海大学硕士学位论文，2017年，第40—44页。

④ 廖煊如：《形象思维整合与数学问题解决》，华中师范大学硕士学位论文，2001年，第1—2页。

⑤ 张兴华著：《儿童学习心理学与小学数学教学》，江苏教育出版社2011年版，第168—175页。

直觉思维能力，发挥图示作用培养直觉思维能力。[①]

此外，还有研究者认为，思维能力是各种能力的支柱，创造性思维则是思维能力强弱的标志。在小学数学教学中加强学生思维能力的培养，特别是把创造性思维能力的开发作为教育的最高目标，这是培养创造型、开拓型人才的需要，同时处理好创造性思维与再现性思维的关系，思维创新性与思维批判性的关系。当我们强调培养学生的创造性思维时，尤其应该注意把握其他几种思维品质的协同发展。[②]小学数学课堂中，教师要打破传统的知识传授的观念，要对学生的思维能力和创造力加以培养；在小学数学课堂教学中，设计数学问题是培养学生创造性思维能力的关键；好奇心是培养学生数学创造力的动力和先导。[③]

三、小学数学思维研究的总结与展望

（一）小学数学思维研究的总结

综观70年来国内关于小学数学思维的研究，无论是理论研究还是实验实践的研究都取得了一系列成果。

1. 在数学学习活动中发展学生数学思维已成共识

数学思维的研究范畴已不仅仅是数学思维的本体研究，不只在运算、应用题两个方面，也体现在“数与代数”“空间与图形”“统计与概率”领

---

①《小学数学思维能力的培养》，《江西教育》1992年Z1期。

② 朱永祥：《小学数学培养学生创造性思维若干关系的处理》，《中国教育学刊》1999年第6期。

③ 吴宁：《小学数学课堂学生创造性思维的培养策略研究——以H地区D乡小学1—3年级为例》，东北师范大学硕士学位论文，2018年，第5—6页。

域以及问题解决研究中。思维的形式不仅体现在对逻辑思维的研究上，还表现在对直觉思维、形象思维、创造性思维等非逻辑思维的研究上。逻辑思维和非逻辑思维对学生的思维发展有着同等重要的作用，在数学学习活动中协调发展，思考的经验、思维的方法需要在长期活动中积累获得，两种不同的思维方式在活动中取长补短、相辅相成。

2. 数学思想作为数学思维的结晶被纳入数学课程目标

数学思维有不同于一般思维的特征。弗赖登塔尔提出的“数学化”对应的思维就是数学思维的一种特性，这是一般思维方式难以囊括的。思想方法本身就是思维的结晶，应该从数学思想方法去追溯、挖掘数学思维的特殊性。将数学思维作为数学课程目标提出，既体现了其重要地位，也突出了其与基本知识、基本技能和基本活动经验之间不可分割、相互依存的整体联系。

3. 通过数学学会思维

从发展“数学思维”到“通过数学学会思维”，从把数学思维作为学习的对象、学习的目标，到把数学作为学习思维的载体，不仅体现了思维研究内涵的扩大，还体现出对数学特有思维的研究不断发展，同时也体现出思维学习渠道的特殊性和学习结果的丰富性与综合性。通过数学学会思维，学生需要在数学活动中体会数学知识之间、数学与其他学科之间、数学与生活之间的联系，增强发现和提出问题的能力、分析和解决问题的能力。

（二）未来我国小学数学思维研究的展望

尽管已有数学思维的研究成果较为丰富，然而就小学数学思维特定的研究来看，在研究的深度和广度上均有一些值得再研究的方面。

1. 高阶思维

首先是目前呼声较高的“高阶思维”。按照美国著名教育学家本杰明·布卢姆的“教育目标分类学”，学生的数学思维可以分为：记忆、理解和运用，分析、评价和创造。前者是学生在已知状态下的学习，属于低阶思维；后者是学生在未知状态下的学习，属于高阶思维。而从目前实践层面的需求来看，如何改变当前课堂教学难跨上“高阶思维”的现状，还需要在理论层面着重探讨，理论与实践领域要努力为学生构筑高阶思维的外部情境、心理场境和实践场域，让学生能够超越低阶思维认知，形成高阶思维能力，从而有效地提升学生的数学核心素养。

2. 教育技术、脑科学成果对数学思维的影响

多元表征对数学思维有促进作用。随着教育技术的不断改进，基于计算机的模型使得多元表征形式具有可用性，有助于呈现表征形式上的多元化，尤其有助于表征形式上活动的实现。此外，思维与脑科学密切联系。伴随着脑科学研究的最新成果层出不穷，这些将会给数学思维的研究带来新的方向。

3. 数学思维与其他因素的关系

当下探讨影响数学思维发展的因素关系的研究成果较少，而事实上这又是一个非常有价值的问题。因为影响数学思维发展的因素来自两个方面：学习者内部心理因素和外部因素。在内部因素方面，如多元表征与学生数学思维的关系、学生数学思维与认知结构的关系、数学思维与工作记忆的关系、数学思维与元认知的关系等都是值得研究的。在外部因素方面，应当思考如下问题：合作学习对个体数学思维发展的影响、教师的数学思维对学生数学思维的影响、教学内容组织和结构差异对学生数学思维的影响等。

第三节
小学数学空间观念研究

一、小学数学空间观念研究的历史回顾

图形与几何是小学数学的主要领域之一，它是在以往“几何初步知识”的基础上发展而来，培养学生空间观念是图形与几何教学的重要目标。

那么，什么是空间观念？曹才翰提出，空间观念至少要反映如下五个方面：(1)由形状简单的实物抽取出空间图形；(2)由空间图形反映出实物；(3)由复杂图形中分解出简单的、基本的图形；(4)由基本的图形中寻找出基本元素及其关系；(5)由文字或符号做出或画出图形。[①]这五个方面既反映学习者认识实物与空间图形的关系；还反映了学习者能够从复杂图形中分解出简单的、基本的图形，并找到基本图形中包括哪些基本元素以及这些元素之间的关系；也要求学习者具备作图的能力。与之类似，我国《义务教育数学课程标准(2011年版)》提出，空间观念应该包括以下四个主要方面：(1)根据物体特征抽象出几何图形，根据几何图形想象出所描述的实际物体；(2)想象出物体的方位和相互之间的位置关系；(3)描述图形的运动和变化；(4)依据语言的描述画出图形等。这表明，空间观念是指学习者能够根据物体特征抽象出它的几何轮廓，也能根据几何图形想象或者用言语描述出实际物体的形状。也有研究者认为，空间

---

① 曹才翰编著：《中学数学教学概论》，北京师范大学出版社1990年版，第97页。

观念与空间知觉相关，是在认知层面上对物体空间特点的整体把握。如李光树认为，空间观念是指在空间知觉的基础上，形成的关于物体形状、大小、位置关系的表象。[①]国外教育界对空间观念的认识与我国研究者类似。全美数学教师理事会（NCTM）指出，空间观念是一个人对周围环境和实物的直接感知；对于二、三维图形及其性质的领会和感知，图形之间的相互关系和变换图形的效果是空间观念的重要方面。[②]总结以上我们可以看出，空间观念需要学习者能够根据实物抽象出物体的图像、分解简单图形、寻找图形中的基本元素等。

下文将梳理我国小学数学空间观念研究的历程。梳理我国小学数学空间观念的发展过程与主要成果有助于教育者全面地认识数学课程，促进图形与几何课程的顺利实施。

（一）萌芽起步阶段（1949年至1977年）

1929年至新中国成立之前，有关平面图形的内容已经在小学数学课程中出现，但是在《小学课程暂行标准·小学算术》里面并没有给予其具体的目标定位。从1949年至1977年，我国正式颁布并实施的小学数学教学大纲共有4个，分别是1950年的《小学算术课程暂行标准（草案）》、1952年的《小学算术教学大纲（草案）》、1956年的《小学算术教学大纲（修订草案）》、1963年的《全日制小学算术教学大纲（草案）》。这些小学数学教学大纲逐渐增加了图形与几何方面的内容。1950年颁布的《小学算术课程暂行标准（草案）》（以下简称《暂行标准》）中规定四年级下学

① 李光树著:《小学数学教学论》，人民教育出版社2003年版，第449页。

② 全美数学教师理事会著:《美国学校数学课程与评价标准》，人民教育出版社1994年版，第107页。

期主要学习几何的初步知识，其中包含简单几何的认识、面积的认识和简单计算以及体积和容积的认识和简单计算等具体内容。受苏联教育经验的影响，我国参照苏联初等学校算术教学大纲，于1952年颁布的《小学算术教学大纲（草案）》（以下简称《大纲（草案）》）在课程内容上安排了直观几何的具体学习内容，如明确指出直观几何认识的对象：认识正方形、长方形、正方体、长方体以及周长、面积、体积的计算，学会使用工具进行测量和作图。在课程目标上明确指出这一阶段的学生算术教学任务之一便是“保证儿童自觉地和巩固地掌握算术知识和直观几何知识”。[①]与1950年的《暂行标准》相比，1952年的《大纲（草案）》丰富了直观几何的具体内容，并进一步明确了学习、掌握和运用直观几何知识的重要性。1956年，在初步总结苏联数学教育经验后，我国编订了《小学算术教学大纲（修订草案）》（四二学制）（以下简称《大纲（修订草案）》）。与1952年的《大纲（草案）》相比，该《大纲（修订草案）》要求学生学习几何的初步知识和掌握实际应用这些知识的技能，将“直观几何知识”改称为“几何初步知识”，第一次提出了“发展学生空间观念”的要求。课程内容还增加了三角形的认识，以及三角形和不规则多边形的面积计算，补充了面积单位平方公尺、平方公寸、平方公分以及体积单位立方公尺、立方公寸、立方公分等内容[②]。从这里可以看出，在新中国成立初期，我国课程大纲在空间观念的目标和定位由模糊逐渐到具体，内容从单薄到丰富，形式也更加完善和系统。

随着我国社会主义革命和建设事业的不断发展，人们对小学算术的学

① 刘久成著：《小学数学课程60年（1949—2009）》，江苏大学出版社2011版，第24页。

② 公尺、公寸、公分均是非法定计量单位，现改为米、分米、厘米。

习内容提出了越来越高的要求。1957年至1961年我国进行了第三次课程改革，受“大跃进”影响，小学数学课程与教材都进行了一定的调整。在课程、教材改革实验过程中，北京师范大学数学系课程教材改革实验研究小组和华东师范大学数学系课程教材改革实验小组编制了相应的教材，学生从二年级下学期开始需要学习几何初步知识，五年级上学期增加了圆柱、圆锥、圆台、球的一般概念和侧面积计算等较为复杂的几何内容。这些教材内容体现了当时我国关注学生的生活实际需要，注重几何测量和计算内容的教学，但由于受“大跃进”浮夸风的影响，在课程目标和内容等方面都没能按照学生的认知发展规律制订和设置，因此课堂教学中并没有培养学生的空间观念。第四次课程改革注重从实际出发，1963年颁布了《全日制小学算术教学大纲（草案）》（以下简称1963年《大纲（草案）》）。在空间观念方面，课程目标提出“使学生具有初步的逻辑推理的能力和空间观念”，教学要求“掌握几何形体的初步知识，能够计算一些常见几何形体的周长、面积和体积”，教学原则上主张通过“数形结合”的形式来逐步培养学生初步的空间观念。在1956年第一次明确提出“空间观念”这一词的基础上，1963年《大纲（草案）》进一步完善了“空间观念”数学能力培养的具体要求，从这以后我国的教学大纲基本沿用了这一个教学大纲关于“空间观念”方面的要求。从这几次大纲可以发现，我国小学数学的空间观念在经历了数次变革后，人们对空间观念的认识逐步形成体系。然而，在1966年至1976年的“文化大革命”期间，小学数学教学的知识目标和智能目标被完全否定，以应用教学代替知识学习，片面强调联系实际和解决实际问题的能力，否定了逻辑思维能力和空间观念培养的重要性，使学生对逻辑思维和空间观念的学习出现了断层，教学质量严重下降。

（二）初步探索阶段（1978年至2000年）

“文化大革命”结束后，党中央立即开始整顿教育，着重抓教材建设工作。[①]1977年，教育部召开了中小学教学计划座谈会，专家们反复讨论《全日制十年制中小学教学计划（试行草案）》，并于1978年1月18日正式颁布了《全日制十年制学校小学数学教学大纲（试行草案）》（以下简称1978年《大纲（试行草案）》）。与以往大纲不同的是，1978年《大纲（试行草案）》最大的特点是结合新中国成立以来的小学数学教学实际以及国外教学经验，制定了符合我国实际情况的教学大纲。1978年《大纲（试行草案）》课程目标规定小学数学教学的目标之一是培养学生“具有初步的逻辑思维能力和空间观念”和“掌握简单几何图形的基础知识”；较为全面地提出了知识、能力和思想教育的三维教学目标，其中在知识目标上要求学生“掌握简单几何图形的基础知识，能够计算一些几何形体的周长、面积和体积，并能进行简单的土地丈量和土、石方等的计算”。[②]能力目标强调在获得几何初步知识同时，还着重培养学生通过观察、制作、画图等获得有关物体的形式、大小和相互位置关系的表象的能力。[③]相应地，在教学内容安排上，1978年《大纲（试行草案）》在1963年《大纲（草案）》的基础上增加了平面图形性质的知识，如轴对称、等腰三角形、三角形内角和、扇形等几何初步知识[④]；教材编排上，从一年级开始，注重运用正方形、三角形、圆形等实物和图形作为直观教具；同时强调通过观察、操作、制作、测量、画图等实践活动，使学生初步地、直观地认识这些图形并掌握长度单位、面积单位和体积（容积）单位的实际大小，

---

① 邱学华主编：《中国小学数学四十年》，河北教育出版社1989年版，第11页。

②③④ 刘久成著：《小学数学课程60年（1949—2009）》，江苏大学出版社2011年版，第92、93、95页。

最终引导学生抽象出几何形体的特征，不断培养和发展学生的空间观念。由此可见，1978年《大纲（试行草案）》结合我国实际情况和学生发展规律，强调知识与能力、基础与提升的综合。许多研究者在此期间还对空间观念开展了相关研究。例如，有研究者以圆周率的学习为例，在教学策略层面探讨记忆水平、理解水平和发现水平三种不同教学方法对学生空间观念学习的影响。[①]有研究者结合1978年《大纲（试行草案）》提出了几何知识教学的具体要求，指出学生在学习几何知识时存在着基础不牢固等问题，并针对中小学几何教学衔接提出了具体的教学建议。由此可见，我国小学数学空间观念的培养经过初步探索，逐渐形成了更为明确和符合学生身心发展特点的课程目标和教学内容。

根据1978年《大纲（试行草案）》在试行阶段出现的问题，国家教育委员会组织专家对数学课程标准进行了修订，1986年12月国家教委正式颁布了《全日制小学数学教学大纲》。该大纲指出小学数学空间观念教学的目标就是使学生理解和掌握几何图形最基础的知识并具有初步的逻辑思维和空间观念。与1978年《大纲（试行草案）》相比，《全日制小学数学教学大纲》在教学要求上进一步明确了基础知识的重要性，指出“几何知识的教学要使学生通过观察、测量、动手操作等实际活动，加深对几何形体的认识，逐步发展学生的空间观念”[②]。为了更好地完成课程目标，我国在学生空间观念的培养要求和教学方面也做出了适当的调整，教学内容也更加具体，切合实际。

进入2000年后，我国经济得到了飞速的发展，基础教育及其课程政

① 邱学华主编：《中国小学数学四十年》，河北教育出版社1989年版，第872—877页。

② 刘久成著：《小学数学课程60年（1949—2009）》，江苏大学出版社2011年版，第112页。

策也相应地发生了一系列的变化。为了更好地适应我国经济的发展，更好地满足我国不同地区经济发展的需求，教育部制定了课程教材发展规划，把原先课程由国家统一管理的单一模式改变为实行国家、地方、学校三级管理模式，至此，我国开启了实施义务教育、全面建设中国特色社会主义教育体系的新时期。[①]1999年，教育部委托人民教育出版社、北京师范大学和相关省份承担了各个科目教学大纲的编写工作，并于2000年颁布了《九年义务教育全日制小学数学教学大纲（试用修订版）》（以下简称《大纲（试用修订版）》）。在空间观念培养方面，《大纲（试用修订版）》的教学目标要求学生理解和掌握最基本的几何初步知识，培养学生初步的空间观念。教学内容编排上，该大纲结合学生的认知规律以及知识本身的结构，按照“立体—平面—立体”的顺序来安排图形认识的教学。由此可知，此阶段我国小学数学空间观念的培养初步探索出了自己的道路。

（三）实验研究阶段（2001年至2010年）

2001年，教育部颁布了《全日制义务教育数学课程标准（实验稿）》（以下简称2001年版《课程标准（实验稿）》）。空间观念作为2001年版《课程标准（实验稿）》的核心概念之一，它的地位非常重要，“空间观念”是义务教育阶段培养学生初步创新精神和实践能力的一个重要学习内容。[②]2001年版《课程标准（实验稿）》指出，以往的几何课程内容多是计算和演绎证明，而以证明为主题的几何课程过于形式化，内容停留于平

---

① 刘久成著：《小学数学课程60年（1949—2009）》，江苏大学出版社2011年版，第131页。

② 教育部基础教育司组织编写：《全日制义务教育数学课程标准（实验稿）解读》，北京师范大学出版社2002年版，第140页。

面几何的研究，鲜有与“空间”相关的内容。这种停留于表面的、单调的几何课程无法满足学生在现代社会中的创新和实践需求。因此，2001年版《课程标准（实验稿）》重新界定了空间观念，主要强调以下三方面的能力。一是强调学生对实物和相应平面图形、几何体及其展开的三视图之间转换关系的把握，这要求学生有初步的空间感知和实际操作的能力，具体表现为“能够由实物的形状想象出几何图形，由几何图形想象出实物的形状”①，这里强调的是学生进行几何体与三视图、展开图之间转化的能力；其二，强调学生要掌握空间观念在分析和抽象层次的表现，如“能从较为复杂的图形中分解出基本的图形”“能描述实物或几何图形的运动和变化”和“能采取适当的方式描述物体间的相互关系”等等②；其三，对学生直观思考方面也提出了具体要求，“能运用图形形象地描述问题，利用主观进行思考”③。此外，为使空间观念能够落实，2001年版《课程标准（实验稿）》还从提法、课程内容、呈现方式以及教学策略上做出了新的阐释。在提法上，2001年版《课程标准（实验稿）》将以往的“几何”拓展为“空间与图形”，这表明2001年版《课程标准（实验稿）》反思了之前我国小学数学教学“重计算、轻三维”的问题，提倡全面发展学生的空间观念、几何直观以及推理能力的几何课程。由此可以看出，小学阶段的几何课程内容较以往更为丰富。具体来说，在呈现方式上，2001年版《课程标准（实验稿）》提倡三维空间与二维平面的转换包含直观和抽象两个方面。在教学策略上，2001年版《课程标准（实验稿）》主张教学应结合学生经验，提供多样的途径，借助具体情境提供自主探索和合作交流的氛

---

①②③ 教育部基础教育司组织编写：《全日制义务教育数学课程标准（实验稿）解读》，北京师范大学出版社2002年版，第141、142、142页。

围等。2001年版《课程标准（实验稿）》结合国内小学数学空间观念发展的脉络与国际研究趋势，对空间观念的培养提出了更为明确的内容和课程目标，并将课程内容与学生的生活经验等进行融合。

（四）新一轮课程改革阶段（2011年至今）

在2001年版《课程标准（实验稿）》实施的过程中，教育部于2005年对义务教育阶段数学课程实施状况开展了专项调研，了解2001年版《课程标准（实验稿）》的实施情况与成效。调研过程中超过30%的一线中小学数学教师反映“空间与图形”难度偏高，认为这一领域的内容太难或者比较难，对学生的要求过高，不符合学生的实际学习情况。[①]此外，有教师反映由于不了解2001年版《课程标准（实验稿）》中的某些核心概念，导致教学不够深入、全面。由于2001年版《课程标准（实验稿）》在空间观念这部分添加了新内容，如图形的位置与变化，这些内容对教师而言较新，教师缺少这方面知识储备和教学经验，因而认为空间观念的教学较为困难；教师也普遍反映难以实现空间观念的过程性目标，难以将这种过程性目标与学习内容有机结合；等等。针对以上问题，教育部于2005年成立了《课程标准（实验稿）》修订工作组，2010年完成了《义务教育数学课程标准（2011年版）》（以下简称2011年版《课程标准》）修订工作，新课标于2011年12月正式颁布。相比2001年版《课程标准（实验稿）》，2011年版《课程标准》在体例结构、文本表述、具体内容和实施建议等方面进行了修改。在几何知识部分，2011年版《课程

① 教育部基础教育课程教材专家工作委员会组织编写：《义务教育数学课程标准解读（2011年版）》，北京师范大学出版社2012年版，第26页。

标准》把2001年版《课程标准（实验稿）》的“空间与图形”改为“图形与几何”；数学核心概念除了保留空间观念外，还新增几何直观这一概念；课程内容结构没有发生变化。总体而言，新的课程标准中几何目标的重新定位以及与之相应的学习素材和内容的规定，是我国小学几何课程发展的一个重要阶段。①

二、小学数学空间观念研究的主要成果

根据已有研究文献可以发现，新中国成立以来小学数学空间观念的主要研究成果集中于内涵、目标定位以及教学策略三个方面，以下将对这三方面的研究进行简单的梳理。

（一）空间观念的内涵研究

这里，空间观念的内涵研究包括对空间观念的定义、要素及其内部关系等方面的研究。丁尔升等人在《中学数学课程导论》中提出空间观念包括四个方面：（1）可以根据形状较为简单的实物在脑海中抽象成几何图形，也可以根据简单的几何图形将实物形状描绘在大脑中；（2）能够对较为复杂的平面图形进行分解，分解出组成这个复杂平面图形的若干基本图形，即分解为多个简单图形；（3）能够在基本图形中将基本元素以及元素之间的关系找出来；（4）可以根据已知条件将图画出来或者做出实物。②

① 刘晓玫：《小学生空间观念的发展规律及特点研究》，东北师范大学博士论文，2007年，第22页。
② 丁尔升、唐复苏著：《中学数学课程导论》，上海教育出版社1994年版，第96页。

这四个方面表明，空间观念需要个体既能够根据实物的形状抽象出它的几何图形，也能够根据几何图形在头脑中想象出它的实物形状；能够将复杂图形分解成若干个简单图形，找到基本图形中元素之间的关系；能够根据给定条件画出图形的形状或者做出它相应的实物。它论述了实物、基本图形和复杂图形三者在空间观念中的地位、关系，说明空间观念需要个体具备一定的抽象、想象、分解图形的能力等。《义务教育数学课程标准（2011年版）》提出，空间观念是指能够根据物体的特征抽象出几何图形，能够根据几何图形想象出所要描述的实际物体，同时能够想象出物体的方位，以及相互之间的位置关系；描述图形的运动和变化；依据语言的描述画出图形。这表明，空间观念要求学习者能够抽象出物体中蕴含的几何图形形状，能够依据几何图形的形状想象实际生活中它代表的实际物体，想象出这种物体的方位、位置，能够用语言描述出图形的运动与变化规律。由此可知，空间观念要求学习者具备一定的想象能力，对实际物体有一定的位置感和方位感。刘晓玫的定义与之类似，她认为空间观念是指留在人脑中的表象（包括物体的大小、形状和相互间的位置关系），指个体能根据物体的特征抽象出几何图形，同时要通过图形对想象出的几何体进行相关描述，并理解空间物体的方位和物体之间的内在关系。这说明空间观念要求个体既要掌握物体的表象，也要能够描述出物体的几何形状，理解物体方位与物体间的内在关系。

邵光华从三个层面定义了空间观念，第一层是空间感，即能够将二维平面图形进行三维视觉化。如根据锥体或圆柱体的平面图形，在头脑中形成一个锥体或圆柱体的表象。第二层是实物的几何化。当人们运用几何图形来研究实物的空间形式或者将几何图形的性质运用于实际时，都是对实物进行分析、归纳、概括和抽象，即实物的几何化。第三层是空间几何结构的二维表示，由二维图形表示想象出的基本元素之间的空间结构关系，这是最高层次的属于纯几何范畴的空间观念成分。①这三个层次表明了个体在几何学习过程中认知、思维逐渐发展的过程。学习者首先要能够根据平面图形想象出它的立体形状，接着要能够用几何的眼光去分析、归纳实物的特征，最后要能够通过简单的二维图形想象出这个二维图形的基本元素及其内部空间结构的关系。与这种定义类似，有研究者认为空间观念包括四个方面：（1）能够描述出几何体的基本特征；（2）能够根据具体的条件将三视图和直观图进行相关的转化；（3）能够对几何体进行切割和拼接；（4）能根据几何体的旋转对几何体进行描述。同时，他将空间观念分为三个层次：（1）直接想象层次，要求学生能够根据几何图形想象出实际的模型；（2）直观想象与简单分析抽象层次，要求学生通过分析实际问题得出结论，并描述图形的运动及变换的规律；（3）直观想象与复杂分析层次，要求学生在以上基础上运用分类讨论、转化思想和方程思想等数学思想，学生要有较强的逻辑思维能力。②这三个层次依次递进，逐渐深化，形象地表明了个体认知思维发展的过程。有研究者认为，数学课程教学中所涉及的空间观念，主要是指学生的图形识别和理解能力、图形分解与组合能力、图形建构与探索能力以及对图形运行与变化的欣赏水平等。其中，识别和理解是基础，分解与组合是基本条件，图形运行与变化的欣赏则是对空间观念的深层次挖掘，是学生能够利用几何直观解决问题的标志。③这表明空间观念需要个体具备一定的图形识别、理解、分解、组合、建构等能力，能够运用图形去解决实际生活中的一些问题。

---

① 邵光华：《论空间想象能力及几何教学》，《课程·教材·教法》1996年第7期。

② 王运庆：《初中生空间观念培养的困难及其策略研究》，杭州师范大学硕士学位论文，2011年，第4页。

③ 王林全：《几何教与学的现代发展——ICME12几何组研究综述》，《数学教育学报》2014年第1期。

还有一些研究者从空间观念和空间想象力之间关系的角度阐述了空间观念的本质。曹才翰认为，空间想象能力就是以现实世界为背景，对几何表象进行加工改造，创造新的形象的能力。①这表明个体空间观念的发展依赖于现实世界，需要个体具备一定的加工、改造、创新能力。在王焕勋主编的《实用教育大词典》一书中这样描述了空间观念：空间观念是在空间知觉的基础上形成的关于物体的形状、大小及其相互位置关系（方位、距离）的表象，空间想象力是在空间观念的基础上形成和发展而来。②总之，多数研究者认为空间想象力包含三个不同的成分，分别为空间观念、建构几何表象的能力、几何表象的操作能力。对于这三者之间的关系，林崇德、曹才翰、王全林等学者认为，空间观念是基础，学习者没有空间观念很难构建出几何表象，对几何表象的操作更是无从谈起，也就无法培养其空间想象能力。空间观念是建构几何表象能力的前提，而只有具备了构建几何表象的能力才能对几何表象进行操作。

此外，还有研究者从我国课程发展的角度，结合我国学生空间观念的测评内容界定了什么是空间观念。将图形的运动与变换、立体图形的展开图与还原当作考查学生空间观念水平的要素，具体包含以下四个方面：（1）图形的运动与变换，主要有轴对称、平移、旋转；（2）方向与位置，主要有物体相对位置和数对表示物体位置；（3）视图，主要有立体物体展开图、三视图（投影）；（4）图形形状和物体空间大小的测量，主要是图形的面积、立体图形的表面积、体积的测量。③④这四个方面概括出了学

① 曹才翰编著：《中学数学教学概论》，北京师范大学出版社1990年版，第97页。

② 王焕勋主编：《实用教育大词典》，北京师范大学出版社1995年版，第237页。

③ 王智婕：《初中生数学空间观念现状的调查研究——以黑龙江省S市某中学为例》，沈阳师范大学硕士学位论文，2017年，第5—6页。

④ 韩龙淑、吕传汉：《空间观念的含义和特征及其教学策略》，《数学教育学报》2010年第6期。

习者在空间观念这个领域具体需要学习的内容。

（二）空间观念的目标定位

这部分研究主要包括空间观念的课程目标和教学目标两个方面。课程目标方面，1952年颁布的中小学数学教学大纲中提出，小学算术教学应该培养和发展儿童的逻辑思维，中学数学教学应发展学生的空间想象力，发展学生的逻辑思维力和判断力。以后的中小学数学教学在能力培养方面的要求一直是“通过数学教学，发展学生的逻辑思维和空间想象能力”。从这里可以看出，空间想象能力是这一时期中小学数学教学能力培养的重要内容。1963年，根据华罗庚、关肇直等专家的意见，教育部将中小学数学教学的能力培养任务修改为“计算能力、逻辑推理能力和空间想象力”（这也就是我们常说的数学教学的传统三大能力）。1978 年2月教育部颁布了《全日制十年制学校小学数学教学大纲（试行草案）》，并据此编写出了全国通用的教材，教材按照一定的逻辑体系对几何内容进行了综合，基本保留了欧氏几何的演绎体系，考虑到了学生进一步学习的需要和认知能力发展的特征，扩大了公理的数量，删减了繁难的证明，增加了实验几何的成分，降低了坡度。[①]同时，中小学数学教学大纲又增加了“培养学生分析问题和解决问题的能力”。其实早在20世纪70年代，有些研究者便开始对空间观念目标的定位进行了研究。张景中教授研究了更容易让学生学习、能够和欧几里得体系相竞争的几何体系。经过20年的努力，他建立了以“面积关系—共边定理—共角定理”为逻辑主线的几何新

① 陈嘉峰：《“空间与图形”的教学实践与思考》，东北师范大学硕士学位论文，2007年，第6页。

体系，并编写出了初中几何实验教材。[①]1988年，《九年义务教育全日制小学数学教学大纲（初审稿）》将能力培养任务改为“培养运算能力，发展逻辑思维能力和空间观念”，这种要求一直持续到今天，由此可知空间观念与运算能力、逻辑思维能力一样，都是数学教学对学生能力培养方面的要求。《国家数学课程标准（义务教育阶段）》（征求意见稿，2000年）明确提出，“应使学生在定量思维、空间观念、合情推理的演绎论证等方面获得发展”。这说明当时在征求专家们对义务教育数学课程目标的意见时，专家们都考虑到了空间观念在学生数学能力培养方面的作用。于是，2000年3月颁布的《九年义务教育全日制小学数学教学大纲（试用修订版）》指出，要“培养初步的思维能力和空间观念”。2001年颁布的《全日制义务教育数学课程标准（实验稿）》提出要“丰富对现实空间及图形的认识，建立初步的空间观念，发展形象思维”，同时把几何部分名称改为空间与图形，这是对2000年征求意见稿内容的细化和补充。有研究者认为，这不仅拓展了几何的内涵，也提升了几何教学目标体系及价值。[②]空间与图形部分按照图形的认识、图形与变换、图形与坐标、图形与证明四条线索展开。该部分突出几何知识的背景，强调课程内容与学生生活经验的有机融合，注重该部分知识与课程其他分支的联系和整合，通过拓展空间与图形的内容背景，帮助学生更好地认识、理解和把握生活的空间，发展学生的空间观念和几何直觉，培养学生的逻辑推理论证能力。2001年颁布的《全日制义务教育数学课程标准（实验稿）》将几何学习的目标定位为发展学生的空间观念，数学证明只是其中的一个部分。这一变化对

---

① 陈嘉峰：《“空间与图形”的教学实践与思考》，东北师范大学硕士学位论文，2007年，第7页。

② 黄翔著：《数学教育的价值》，高等教育出版社2004年版，第8页。

"图形与空间"内容的编写体系产生了重要影响。"图形与空间"的学习主题不再只是让学生掌握几何证明的过程和技巧，而是让学生在几何学习基础上建立起空间观念；学习活动也不再以逻辑论证为主要甚至唯一的形式，学生认识图形、空间的方式首先应当是具体的操作性活动，即借助展开、折叠、变换、作图等方式探索相应几何图形和几何形象的性质（其中也包括一定的推理成分）；随后才是想象、推理与论证等比较抽象的思维活动方式。①这强调要借助展开、折叠等具体的操作性活动让学生体会几何图形的特征，接着借助想象、推理和论证等抽象学习活动发展学生的抽象思维。由此可知，空间观念是学生几何学习的重要内容。

教学目标方面，研究者根据新课标并结合学生学习的实际情况，将教学目标分为基础性目标、发展性目标、可持续性目标三个方面。刘晓玫通过调查分析，发现不同学段学生的空间观念发展水平并不相同，在不同的测试内容中学生达到的水平也不相同，有些学生到了四年级才能完成空间观念相关概念的任务。基于该调查结果，她提出在小学第一学段适宜安排一些比较纯粹的想象方面的问题，但不涉及对概念的理解和运用，而概念认识、理解乃至运用等问题需要到了四年级甚至更高年级才适合教学。此外，她还对小学几何课程相关内容的设置提出了具体的建议（表4-1）。②有研究者探索了"空间与图形"的教学目标，思考基于该目标进行教学的方法。俞求是认为可以从学生的数学知识学习以及数学能力培养两个角度理解空间与图形的内容，这部分内容的主要教学目标是学习空间与图形的

---

① 陈嘉峰:《"空间与图形"的教学实践与思考》，东北师范大学硕士学位论文，2007年，第15页。

② 刘晓玫:《构建促进学生空间观念发展的几何课程——基于小学生空间观念发展水平的研究》，《课程·教材·教法》2008年第10期。

基础知识，建立空间观念和几何直觉、培养思维能力。①

表4-1 小学几何课程相关内容的设置建议②

学段	旋转	轴对称	方向与位置	视图
第一学段（一～三年级）	① 了解图形旋转的含义；② 直观认识并能够识别旋转自对称图形；③ 直观判断简单图形旋转后的图形。	① 了解轴对称图形的含义；② 直观认识与识别简单的轴对称图形；③ 想象或画出经一次折叠操作后得到的结果。	① 认识东、南、西、北、东北、西北、东南、西南八个方向；② 以坐标中心为观察点判断以上八个方向的物体的位置；③ 将方向与度量联系起来，确定物体的位置；④ 初步认识用数对可以描述物体的位置。	① 在生活场景下，判断从不同方向看到的画面，识别不同物体之间的相对位置关系；② 判断或画出从不同方向观察一个实物或见到的几何体所看到的物体的形状。
第二学段（四～六年级）	① 直观认识并能够识别较为复杂的旋转自对称图形；② 直观判断平面图形旋转后的相应图形；③ 在方格纸上画出一个图形绕一点旋转后的相应图形。	① 直观认识与识别较为复杂的轴对称图形（包括对其多条对称轴的认识）；② 判断经两次或两次以上的较为复杂的折叠操作后的结果；③ 画出经两次或两次以上的较为复杂的折叠操作后的结果。	① 初步认识如何用数对描述物体的位置；② 以坐标为中心以外的点为观察点，或在简单方向指示下任意选定观察点，判断物体的八个方向。	① 判断或画出从正面、上面和侧面观察到的物体或简单几何体的二维图形；② 能根据视图推断几何体的形状。

① 俞求是：《空间与图形教学目标和教材编制的初步研究》，《课程·教材·教法》2002年第6期。

② 刘晓玫：《构建促进学生空间观念发展的几何课程——基于小学生空间观念发展水平的研究》，《课程·教材·教法》2008年第10期。

（三）空间观念的教学策略

新中国成立以来，空间观念教学策略研究主要从教学理念、教学过程、教学方法和教学评价等方面展开。

教学理念方面。为了大面积提高空间观念教学质量，我国在几何课堂教学这方面进行了一些改革和实验，如“几何入门教学”实验、“目标教学及其评价”实验、“分层次教学”等实验①，积累了较为丰富的经验。顾泠沅主持的上海市“青浦县数学教改实验小组”总结了四条有效提高课堂教学质量、效率的措施：（1）让学生在迫切要求之下学习；（2）组织好课堂教学的层次（序列）；（3）在采用教授法的同时辅以“尝试指导”的活动；（4）及时提供教学效果的信息，随时调整教学。这四条措施又分别对应了四条教学原理：（1）情意原理；（2）序进原理；（3）活动原理；（4）效果反馈。根据以上四条教学原理，可以延伸出教学方法的大致步骤：诱导—尝试—概括—变式—回授—调节。②

教学内容方面。钟善基指出从1960年到1980年这二十年，中小学的几何课程改革是国内外数学教育工作者公认的一个难题。针对该问题，钟善基提出了自己对小学几何课程内容的设置和构想：小学几何内容要和算术内容一起安排，不能涉及原来属于中学的初等几何课的全部课题，只能包含平面几何课中的一部分课题和一些立体几何的内容。小学数学课程内容以算术为主线，将几何内容有机地穿插进去。小学几何的教学只要求到实验几何阶段，不存在逻辑推理的要求。③这表明，在20世纪80年代，小学几何内容的学习开始受到研究者的重视，但此时代数学习仍是小学数

① 陈嘉峰：《“空间与图形”的教学实践与思考》，东北师范大学硕士学位论文，2007年，第6页。

② 顾泠沅：《青浦县改革数学教学实验简介》，《江苏教育》1986年第2期。

③ 钟善基：《充实小学数学课中几何内容的一个设想》，《课程·教材·教法》1985年第6期。

学的主要内容，几何内容穿插在代数学习过程中。随着课程改革的推广和实施，教材编写出现了“一纲多本”的现象。中科院心理研究所刘静和主编的《现代小学数学》以“1”为基础标准，引导学生从部分和整体的角度去认识空间关系，进而促进学生空间观念的形成。有研究者以“图形的运动”为例，对不同版本的小学数学几何教材进行了内容分析和量化统计，发现尽管不同版本教材内容都注重联系学生熟悉的生活数学情景，力图采用具体—抽象的方式，遵循儿童认知发展的规律，且都注重观察、操作、语言描述等活动，但是不同教材在具体编排方式和练习的设计上差异较大。①

教学方法方面。曹霞等人从实现课程目标的角度，建议采用“五环节自主探究法”进行“圆锥的体积”的教学，即创设情境、自学教材、师生共振、练习应用、回顾概括五个环节，给学生充足的空间，让学生自己发现问题、解决问题，引导学生动手实验验证，动脑猜想思考，动手交流合作，培养学生自主学习、合作学习的意识和能力。整个教学过程贯穿“理论—实践—理论—实践”主线。②此研究主要是结合具体课例给出几何教学的方法，强调理论与实践之间的联系。有研究者根据学生思维从无序向有序过渡的特点，提出优化几何教学的操作性建议：① 通过有序操作，学生以具体的形象或图像为学习内容，能很快地形成表象，感悟概念的内涵；② 优化问题设计，问题从具体过渡到抽象，有利于帮助学生理解抽象的概念；③ 优化变式比较，所谓“变式”就是教师尽可能通过变与不

---

① 甘火花：《小学数学“图形的运动”课程内容比较分析与建议》，《内蒙古师范大学学报》（教育科学版）2016 年第10期。

② 曹霞、赵秀平、冯培东、陈明山：《〈圆锥的体积〉一课的导学设计与评析》，《教育理论与实践》2007年第27期。

变范式（即哪些方面需要变化，哪些方面保持不变）来帮助学生认识几何教学的关键属性、属性之间的关系，将部分与整体建立起联系。[①]这三个方面从活动设计（操作性活动）、问题设计和变式比较的角度帮助学生认识几何知识，提高学生的几何思维水平。有研究者借鉴国外几何教学经验，提出传统几何教学仅以静态方式展开，不利于培养学生几何表象的操作能力。因此研究者建议教学要坚持以动促静的原则，即在几何综合体系下通过图形“运动”来渗透变换思想，促使学生理解几何性质和规律，以此训练学生较高层次的空间想象能力（表象的操作能力）。[②]这说明可以通过图形运动去学习数学知识，培养学生的动手操作能力。还有研究者建议，利用启发式教学法和尝试教学法引导学生更好地学习几何知识。

教学策略方面。许多一线教师对教学策略进行了相关的研究。例如1986年有教师建议，在几何知识的教学中，根据知识点的内在联系，适当调整教学内容顺序，集中讲解，集中学习。这样能够揭示出图形之间的内在联系。[③]有教师提出了“图形与几何”的教学策略。第一，重观察感知，建立空间观念。这又包括四部分：① 摄取现实原型，唤醒生活经验，即采取生活中的材料激活学生的原创思维；② 抽象标准模型，建构概念表象，即引导学生的感知从实物表象提升至几何表象；③ 呈现变式图形，凸显本质特征，即教师通过变化图形的非本质属性，引导学生辨认出图形的本质差异；④ 依据几何图形，还原具体实物。第二，重操作体验，培养空间观念，即教学中教师要创设多种活动，让学生在折叠、拼搭、勾

---

① 卢锋：《发展空间观念　提升思维能力——以小学数学教学为例》，《教育理论与实践》2012年第11期。

② 邵光华：《论空间想象能力及几何教学》，《课程·教材·教法》1996年第7期。

③ 邱学华主编：《中国小学数学四十年》，河北教育出版社1989年版，第590页。

画、割补、测量等操作活动中，通过视觉、触觉和运动知觉等协调性活动，通过“做数学”过程获得空间观念。第三，重有机结合，激活空间观念，做到“内容结合、语形结合、数形结合”。第四，重想象推理，发展空间观念。第五，重实践应用，提升空间观念。①这项教学策略从感知、体验、操作性活动、实践应用等角度提出了提升学生的空间观念的方法，有助于一线教师在教学中进行具体的操作。总体而言，这一时期的研究者和一线教师提倡通过实例教学、实践教学、想象教学、生活教学和交流教学等形式，增强教学过程的趣味性和挑战性，提高学生探索、认识、运用图形的能力。②

教学工具方面。20世纪90年代以来各地进行了计算机辅助教学，特别是利用“几何画板”和“TI图形计算器”进行几何教学，使几何教学改革充满了活力。③同时由于电子计算机的发展与普及，计算机辅助教学（CAI）逐步发展，因此几何课程的现代化（或机械化）已经成为可能。为了更好地发展学生空间观念，目前教学中已经出现了“几何画板”、电子计算机等多种教学媒介，这些媒介的使用有助于学生认识几何知识的动态发展过程。

教学评价方面。有研究者认为要想正确地评价学生空间观念的发展状况，首先，需要转变教师的评价观念，教师需要认识到发展空间观念对未来发展的价值，只有做到这一点才能保证评价的有效性。其次，完善已有评价方法，增强评价的可控性、操作性。如在固定地点进行操作性活动，增加一些能够体现学生思考过程的试题。

---

① 王孙君：《探析“图形与几何”的教学策略》，《现代中小学教育》2014年第3期。

② 李宗泌：《小学数学“图形与空间”教学点滴谈》，《教育评论》2005年第1期。

③ 陈嘉峰：《“空间与图形”的教学实践与思考》，东北师范大学硕士学位论文，2007年，第6页。

三、小学数学空间观念研究的总结与展望

（一）小学数学空间观念研究的总结

1. 几何学习的目标定位已达成共识，空间观念占有重要地位

经过多次专家讨论、多年的教学实践探索，人们对小学数学几何学习目标的共识的形成经历了几个阶段。从新中国成立到20世纪50年代初，几何学习的目标只重视几何证明的过程与技巧；1952年中小学数学教学大纲开始重视在数学教学中发展学生的空间想象能力、逻辑思维能力和判断能力；1963年明确提出发展学生的空间想象能力是中小学数学教学需要培养的目标之一；1988年提出发展学生空间观念能力是中小学数学教学能力培养的重要任务；2001年《全日制义务教育数学课程标准（实验稿）》正式提出要丰富学生对现实空间及图形的认识，帮助学生建立初步的空间观念，发展学生的形象思维；2011年《义务教育数学课程标准（2011年版）》进一步强调要发展学生的空间观念，将几何直观当作数学核心概念之一。通过这一系列文件我们可以看出，目前学界对几何学习形成的共识几经变化，直到现在普遍认为几何教学的主要目标是帮助学生掌握几何与图形的基础知识，建立空间观念，培养学生的几何直觉，提高学生的思维能力。

2. 空间观念培养途径的多样化

如何培养学生的空间观念，研究者从各个方面进行了探究。例如教学理念方面，有研究者通过增加几何教学的课时、进行几何教学实验改革、采用多种教学方法等途径培养学生的空间概念。教学方法方面，为了提高几何教学的直观性，有研究者建议采用计算机辅助教学、结合“几何画板”等教学工具进行教学，引入直角坐标系促进几何教学的直观化。教学

内容方面，教材编写逐渐实现了多样化，不同版本教材，集聚多人智慧编写，按照儿童发展规律合理地进行几何知识的编排，设计多样的活动帮助学生在活动中认识图形、发展学生的空间观念；增强学生空间观念的应用意识，提高学生的应用能力，注重学生在一维、二维与三维空间之间的转换。《义务教育数学课程标准（2011年版）》主张要引导学生观察、感知实物和几何图形；加强实验操作，获得直观感知；关注学生几何思维的发展等。《义务教育数学课程标准（2011年版）》提倡的培养途径与空间观念的目标定位相统一，保证了几何知识学习四个步骤的落实。

3. 现代技术的发展有助于落实空间观念的培养

随着信息技术的发展，几何教学手段发生了变化，以前学生只能依靠教师板书、自己想象等方法发展其空间观念，如今教师可以借助多媒体技术（如CAI、"几何画板"等）动态地呈现出几何图形，学生更容易理解图形的移动、定格、闪烁、色彩变化过程，理解图形各个要素之间的关系。例如，借助多媒体技术学生更容易理解正方体的展开与折叠过程，理解正方体与正方形（二维平面、三维空间）之间的关系。因此可以说现代技术的发展将有助于激发学生几何图形学习的兴趣，促使空间观念任务的落实。

（二）未来我国小学数学空间观念研究的展望

1. 借鉴国际相关研究，丰富完善我国空间观念理论的构建

目前，国际上几何教学研究已经较为成熟，如范希尔夫妇提出的几何思维水平理论，认为儿童思维发展一般会经历视觉水平、分析水平、非形式化演绎水平、形式化演绎水平和严密性水平五个水平，这五个水平表明了儿童思维发展依次经历"辨认图形、画图或仿画图形—分析几何图形的

组成要素、特征—探索图形的内在属性、建立图形间的关系—证明公理、定理，了解几何定理间的关系—基于不同的公理系统建立定理”这五个过程①，揭示了儿童学习几何的基本步骤，数学教材编写者可以依据这一规律来编写教材，教师可以依据这一规律设计教学活动。20世纪80年代，范希尔夫妇又将这五个水平合并成“直观水平—描述水平—理论水平”这三个水平，认为学生思维水平依次经历“学前咨询—引导定向—阐明—自由定向—整合”这五个阶段。针对每个阶段，范希尔夫妇给出了教学的具体表现，这有助于教师根据学生思维发展规律进行教学，探索学生的思维发展状况。今后我国空间观念研究，应该在借鉴国外几何思维研究的基础上，结合我国实际教学状况和学生思维发展状况，细化空间观念的层次或水平。

2. 提高空间观念理论研究在教学实践中的可操作性

这里，可操作性是指可以按照一定的规范和要领来指导动作，从具体的行为、特征对变量进行操作，将抽象的概念变成可以观察、能够实践的活动。可操作性是判断一个理论能否应用、指导教学实践的重要指标。目前已有许多空间观念的研究，研究内容多样，范围较广，但许多研究多偏向于理论方面，且以学者的研究居多，一线教师的研究较少。今后这方面的研究，应注重空间观念的理论研究与教学实践研究两者之间的衔接，保证理论研究拥有具体的行为指标，能够解释教师在教学中的行为，人们可以依据理论寻找学生几何学习的思维轨迹，促使空间观念理论能够应用于各类教学情境。

---

① 鲍建生、周超著：《数学学习的心理基础与过程》，上海教育出版社2009年版，第4—5页。

第四节　小学数学问题解决研究

一、小学数学问题解决研究的历史回顾

(一)1949年至2000年：小学数学应用题研究

我国的应用题研究拥有非常悠久的历史。秦汉时期出现的《九章算术》是我国古代极具代表性的数学著作，这部著作也成为其后一千年中我国传授数学知识的主要教材。其最大特点就是以问题为线索，按照由问题归纳“术”的方式进行研究，具体包括了246个应用问题，如田地面积计算、土木工程问题、分配问题、盈亏问题等。此外我国古代的《算数书》中也记载了大量的应用问题。民国时期为了满足生计教育和实利主义教育的需要，算术教育中也延续了一贯对应用题的重视。

1949年中华人民共和国成立后，为了响应毛主席在《教育制度要改革》中提出的“把精力集中在培养分析问题和解决问题的能力上”①的号召，我国小学数学教育工作者们开始了新中国成立初期的应用题研究。他们深刻认识到，通过应用题教学，可以对学生进行现实的思想和政治教育，培养他们辩证唯物主义的世界观、人生观、价值观，提高他们分析问题和解决问题的能力。②

1952年的《小学算术教学大纲(草案)》在教学目的部分提出要培养

① 毛泽东：《教育制度要改革》(1964年7月5日)，《建国以来毛泽东文稿》(第11册)，中央文献出版社1976年版，第96页。

② 杭州大学教育系三算组主编：《小学数学教学改革资料》(1977年)(内部资料)，第1页。

学生“正确地解答应用题的能力”，在应用题的选材上也做出了说明，提出“不应只以日常生活需要的范围为限，还可以加入些必须用特殊算法来解答的应用题。”这是新中国成立以后首次以教学大纲的形式对小学应用题的教学目的和选材进行了详细的说明。1956年，教育部将1952年的《小学算术教学大纲（草案）》和《小学珠算教学大纲（草案）》两个文件合为一个，并根据当时的小学数学应用题发展状况，强调培养学生“解决日常生活中儿童容易理解的”简单算术应用题的技能，在选材上提出要尽可能地反映人民的劳动生产以及我们祖国各方面的建设。这一阶段我国小学数学应用题在内容的选择和编排方面主要是以计算为中心。

1978年以后，教育工作者们进一步认识到“通过解答应用题，促使学生把所学的数学知识同实际生活和一些简单的科学技术知识联系起来，从而使学生既了解数学的实际应用，又初步培养了运用所学的数学知识解决实际问题的能力。另外数学作为一门工具学科，也应该把它用于解决实际问题作为教学的一个重点。”[①]正是基于这种认识，长期以来应用题在小学数学教材中占据着重要的地位。这一阶段，教育工作者们开始反思之前应用题研究过程中出现的问题，在此基础上提出过去教材中的应用题一般是从属于计算、代数初步认识等内容，其含义在某种程度上被“狭义化”了，不能涵盖数学知识在更为一般意义上的应用。因此，教育工作者在教学中开始关注扩大应用题的教学内容范围、降低难度、培养学生掌握解题的一般策略，并加强方程解法与算术解法之间的联系。

1986年《全日制小学数学教学大纲》（以下简称1986年《大纲》）对

---

① 曹飞羽：《谈小学数学教学中培养学生解答应用题的能力（一）》，《课程·教材·教法》1994年第8期。

繁难的应用题进行了删减，并且不再列举应用题类型名称。由此，我国的小学数学应用题研究分为两个阶段。1986年之前，小学数学应用题大致可以分为简单应用题、复合应用题以及复杂应用题。复合应用题又划分为一般应用题和典型应用题。随着当时教育研究者对小学数学应用题研究的加深，典型应用题的范围不断扩充、类别不断细化，大致分为如下几个重要的类别：求平均数问题、归一问题、和倍问题、差倍问题、和差问题、行程问题、植树问题以及工程问题等。1986年之后，教育研究者们开始更多地反思传统的应用题教学，认为有些应用题人为地脱离实际，解题步骤比较多；教学中教师试图通过简单地记结论来提高学生解答应用题的能力，但是由于缺乏分析和解决实际问题的过程，学生的思维反而受到限制。因此，1986年《大纲》修订了各年级小学数学应用题的要求，如1978年《全日制十年制学校小学数学教学大纲（试行草案）》一年级教学要求中“能够解答求总数的加法应用题，求剩余、求两数相差多少的减法应用题，求相同数的和的乘法应用题，把一个数平均分成几份的除法应用题”的表述在1986年《大纲》中修改为“初步学会根据加、减法的意义，解答加法和减法的简单应用题；根据乘、除法的意义，解答乘法和除法的简单应用题”。这种不再出现应用题类型名称的改变所体现的教学思想，在1988年《九年制义务教育全日制小学数学教学大纲（初审稿）》中被正式表述为“重视发展智力，培养能力”，表明教育工作者开始意识到要简化应用题类型，发展学生解决一般问题的能力，这对应用题教学改革具有重要的指导意义。

1992年国家教委颁布的《九年义务教育全日制小学数学教学大纲（试用）》（以下简称1992年《大纲》）是我国第一部正式的义务教育小学数学教学大纲，标志着我国小学数学教学开始迈向义务教育的新征程。

1992年《大纲》相比于1986年《大纲》在应用题的内容方面作了三点改进。首先，对应用题的教学内容进行精简，适当降低难度。它明确规定整数、小数应用题的解题步骤最多不超过三步；分数、百分数应用题以一、两步计算为主，最多不超过三步。其次，应用题要注意联系学生的生活实际。1992年《大纲》指出“要从联系学生的生活实际开始，随着学生年龄和知识的增长，逐步扩大联系实际的范围”，强调要引导学生了解数学知识的实际应用。最后，增加选学内容。这主要反映为1992年《大纲》明确规定四步计算应用题（只限于难度较低的）作为选学内容。在各年级的应用题的教学内容和教学要求方面，1992年《大纲》相比1986年《大纲》更加明确具体，并且注意给编写不同的教材留有空间，具体有以下四个特征：（1）年级的教学要求与教学内容不完全一致；（2）对于跨年级的同样内容，教学要求层次分明；（3）重视一般解题能力的培养；（4）不仅要求学生正确解答应用题，还要求学生说明解题思路①。这一阶段是对20世纪80年代应用题教学改革的进一步深入探索，教学内容更加具体明确，教学方法更加注重理论依据，并在此基础上取得了比较显著的成果。在2001年《全日制义务教育数学课程标准（实验稿）》颁布之前，我国对于小学数学应用题的研究基本上仍是延续之前对于应用题研究的思路，绝大部分研究尚未从根本上转变为对“问题解决”的研究，因此我们将这一阶段的研究仍归为应用题研究。

① 梁秋莲著：《小学数学教学探索：课程标准与教材教法之演进》，人民教育出版社2007年版，第42—43页。

（二）2001年至2019年：小学数学问题解决研究

我国数学教育研究者自20世纪80年代中期开始提出问题解决应作为数学教育研究的中心、改革教学的重要手段。进入90年代以后，学界对“问题解决”的探讨进一步深入，从理论的探讨到实践的应用，由现象描述转为实质探索，并进行相关的课题研究，取得了一定成果。除此之外，还有一系列的论文和著作相继问世。①

在2001年颁布的《全日制义务教育数学课程标准（实验稿）》（以下简称《课标（实验稿）》）中，将以往教学大纲中的教学内容——应用题，发展成为了“解决问题”，并在2011年颁布的《义务教育数学课程标准（2011年版）》中变更为“问题解决”。“应用题”和“解决问题”在解决实际问题时，有很多相同的地方，但也存在着明显的区别。应用题的解决，使得学生只关注于题目给出的信息，通过信息寻找等量关系，进一步列式计算。学生缺失了从生活中发现和分析问题的过程，学生自主观察、探究、思考的空间被大大压缩。学生并未经历收集、整理现实生活中的信息的过程，难以掌握筛选、收集、整理信息的方法，所以学生一旦面对现实生活中复杂的实际问题就不知从何入手。宋乃庆、张奠宙对比了应用题和问题解决教学，认为数学问题解决的教学内容更丰富，表现为两个主要的方面：一是注意创设实际情境，以数学建模的方式，培养学生发现问题、提出问题、分析问题和解决问题的能力；二是摒弃不合理的分类型、套公式的做法，着重掌握基本数量关系。②

2001年，教育部颁布了《基础教育课程改革纲要（试行）》，其中明

---

① 綦春霞：《数学问题解决在中国的研究历史及其影响》，《课程·教材·教法》2007年第12期。

② 宋乃庆、张奠宙主编：《小学数学教育概论》，高等教育出版社2008年版，第215页。

确提出要培养学生的“分析问题和解决问题的能力”，同年颁布的《课标（实验稿）》中从“知识与技能”“数学思考”“解决问题”和“情感与态度”四个板块对义务教育阶段的数学学习的总体目标进行了阐释，并“强调学生的数学活动，发展学生的数感、符号感、空间观念、统计观念，以及应用意识和推理能力。”应用意识作为核心词之一被强调，并且专设了“实践与综合应用”这一学习领域，与“数与代数”“空间与图形”“统计与概率”共同构成数学学习的四大领域。梁秋莲在《小学数学教学探索：课程标准与教材教法之演进》中指出：“实践与综合应用”本质上是解决问题的活动，突出数学与生活实际的联系，强调学生综合运用所学的知识解决实际问题。融入其他学习领域中的解决问题，既有纯数学问题，又有联系实际的问题，并且强调引导学生从各种情况中发现、提出数学问题，进而解决问题，经历解决问题的全过程。①

2011年颁布的《义务教育数学课程标准（2011年版）》（以下简称《课标（2011年版）》），将“解决问题”变更为“问题解决”，将传统的“双基”“双能”发展为“四基”“四能”。其中，“四基”是指数学的基础知识、基本技能、基本思想、基本活动经验；“四能”是指发现和提出问题的能力、分析和解决问题的能力。变更后的《课标（2011年版）》，更加强调解决问题不仅是解决已有的问题，还要解决在新情境中新发现的问题。这些变化既符合时代特征，又顺应了国际教育改革的趋势，也符合我国数学教育的本土化需求，同时为我国数学问题解决的相关教育实践和理论研究指明了方向。

① 梁秋莲著：《小学数学教学探索：课程标准与教材教法之演进》，人民教育出版社2007年版，第280页。

新中国成立以来我国小学数学问题解决研究在继承中国传统的数学问题解决研究的基础之上，吸收了世界上有关数学问题解决的优秀成果，逐步发展并形成了自己的特色。方均斌总结道，我国几十年的问题解决的研究与实践表现出四个特点：从聚焦问题求解到数学思想方法运用的升华；从单一封闭的数学问题走向多元与开放；从“熟能生巧”的传统继承到理论探讨；从变式练习提升为变式教学的理论。①

二、小学数学问题解决研究的主要成果

（一）小学数学应用题的研究成果

1949年至2000年，我国小学应用题在教与学的研究方面取得了较好的发展。

在小学数学应用题教学应当如何进行的问题上，我国教育工作者从理论和实践经验出发，对其进行了深入的研究。夏有霖反思之前对简单应用题的庞杂分类、学生死记硬背结论的情况，尝试从数学基础知识的牢固掌握、应用题事理的清楚了解以及一定解题方法的习得三个方面探索小学数学应用题教学的方法。②梁秋莲通过教学实验总结出应用题教学的一些重点：要加强应用题的启蒙教学、加强概念教学、重视按解答应用题的一般步骤进行教学、注重分析数量关系并且要重视解题思路的指导、重视对解

---

① 方均斌：《“数学问题解决”研究的中国特色》，《课程·教材·教法》2015年第3期。

② 夏有霖：《小学数学中应用题教学方法的探讨》，《课程·教材·教法》1981年第1期。

答应用题的三种基本能力的训练。[1]于桂范从小学数学应用题教学的导入方法入手，提出应用题教学可以抓住题目的结构特征，针对学生原有的知识水平，根据应用题教学的目标，利用学生已掌握的学习方法来确定，启发学生找出新旧知识之间的连接点，促进学生解题能力的正向迁移，帮助学生顺利掌握解题方法，教师的教学方法具体包括明确目标法、线段图示法、结合公式法、问题过渡法、旧题变换法、题组出示法、顺向推导法和互逆联想法。[2]时明从应用题的主要特征出发，即具有各种各样的实际背景和比较复杂的数量关系，提出应用题教学应特别强调分析策略。这其中主要包括：（1）对试题意义的理解策略；（2）试题、文字题、应用题的转化策略；（3）比较策略，通过比较策略使学生加深对内涵相近的概念的区别，使学生对各种数量关系都能有比较清晰的认识；（4）分解策略；（5）数形结合的策略；（6）创设思维高峰，激励成功策略，以新旧知识间的连接点与生长点作为引导学生进行思维创新的关键，新旧知识间的生长点就是思维高峰的起点，在主动探索的过程中引导学生进行观察、比较，做出合乎逻辑的推理，进而进行内化。[3]这一时期相关的研究十分丰富，研究者在教学方法、教学策略等方面的研究成果为我国2001年之前的小学数学应用题教学提供了巨大的帮助。

在学生如何学好数学应用题这个问题上，我国教育工作者主要是从心理学的角度出发，利用实验的方法进行探索。赖昌贵对不同程度的学生进行分析，提出了学生掌握分析应用题一般方法的两个基本条件：（1）学生

① 梁秋莲：《小学数学应用题教学的改革——应用题不分类型教学实验报告》，《中国教育学刊》1989年第4期。

② 于桂范：《应用题教学导入“八法”例谈》，《教育探索》1996年第4期。

③ 时明：《小学数学应用题教学之探究》，《现代中小学教育》2001年第9期。

要懂得分析应用题的步骤和顺序；（2）学生要正确熟练地掌握各种数量关系。[①]曹国才对学生学习应用题的心理进行了分析：（1）培养学生学习应用题的兴趣是应用题教学的首要问题；（2）学生对应用题的理解同他的思维过程的特点和水平是一致的；（3）借助想象进行推理是正确理解题意，分析条件，找出数量关系的重要心理条件；（4）学生灵活的思维方法是顺利解答应用题的重要心理能力；（5）心理定式在解答应用题过程中有较大的影响；（6）重视学生个性特点在应用题教学中的影响。[②]张庆林和管鹏探究了学生元认知监控能力的差异对学生理解和分析应用题能力的影响。实验测试发现学生的应用题成绩越好，元认知监视和元认知控制的得分也越高；学生对应用题语句记忆的元认知监控能力比较高，但对应用题结构的表征上的元认知监控能力比较低。在这个发现的基础上，张庆林和管鹏进一步提出应该加强学生元认知训练，具体包括通过实际体验让学生认识到自己的认知缺陷和教学生掌握一些有效的认知策略两个方面。[③]

根据作者对我国2000年之前的小学数学应用题的历史发展回顾和主要成果的梳理，不难发现，小学数学应用题研究经历了一段时间的迷茫和后退，但是二十世纪七八十年代以后随着研究者们的及时反思和教育部相关文件的指引，小学数学应用题研究很快回归正轨，在理论发展和教学实践方面都取得了相当丰硕的成果，从儿童的认知特点、教师的教学方法等多个维度为我国小学数学应用题教学提供了理论支持。

---

① 赖昌贵：《小学生对算术应用题的分析方法的研究》，《心理学报》1962年第2期。

② 曹国才：《小学生学习数学应用题的心理分析》，《课程·教材·教法》1985年第5期。

③ 张庆林、管鹏：《小学生表征应用题的元认知分析》，《心理发展与教育》1997年第3期。

（二）小学数学问题解决的研究成果

1. 学生数学问题解决的过程及其影响因素的研究

长期以来，许多心理学家、数学家、教育家以及其他学科的研究者，对问题解决的基本模式做了大量研究。这些学者的研究，往往建立在自己的哲学观与心理学基础之上，因此，归纳问题解决过程模式也不尽相同。①其中，以杜威模式、纽维尔与西蒙的信息加工模式、波利亚的解决问题四阶段模式、奥苏贝尔等人的问题解决模式为代表。波利亚的解决问题四阶段模式对我国问题解决过程研究有着重要的影响。在《怎样解题》中，波利亚提出了解题的四个步骤：（1）弄清问题；（2）拟定计划（找出已知数和未知数之间的联系，如果找不出直接的联系，需要考虑辅助问题）；（3）实现计划；（4）回顾（验证所得到的解）。②

问题解决是一个复杂的心理过程，在此过程中的影响因素也是多样的。为了探明学生问题解决的过程及更好地促进学生问题解决水平和能力的提升，国内进行了大量问题解决影响因素的研究。不同研究者从问题解决的基本过程、学生问题解决的心理特征以及数学问题自身的特点等维度出发，探讨了数学问题解决的主要影响因素。

（1）问题解决基本过程的研究

我国教育工作者结合小学数学学习的特点，对问题解决的基本过程做出了大量的研究。许多心理学家或者数学问题教育研究者都认为，数学问题解决的过程通常可以分为三个阶段：指向阶段、形成阶段、执行阶段。指向阶段是指在头脑中构造问题的表征；形成阶段是一个背景命题的检索

① 杨庆余主编：《小学数学课程与教学》，中国人民大学出版社2010年版，第411页。

② ［美］G.波利亚著，阎育苏译：《怎样解题》，科学出版社1982年版。

阶段，即根据已构造的问题表征，探索问题解决所需要的知识与策略；执行阶段包含两项重要的任务，即实施解答和评估结果。①

喻平认为数学问题解决就是解题者在自己的长期记忆中提取解题图式用于新的问题情境的过程。解题图式包括个体已有的与新问题有关的知识基础、解题策略和解题经验。他将解决数学问题分为四个阶段：理解问题、选择算子、应用算子、结果评估。同时，他将认知过程分为：问题表征、模式识别、解题迁移、解题监控。②

马云鹏在《小学数学教学论》一书中将解决数学问题的过程分为五个阶段，分别是：① 了解问题情境，具体地认识这个数学问题，知道问题陈述的是什么；② 明确条件和目标，将问题的条件和目标从情境中明确地分离出来；③ 寻求解决方法，这是解决问题的核心，对条件和目标等信息进行加工和重新组合；④ 求得解答并检验，把解决问题的方法实施于已经清楚辨认的问题情境之中，求得解答，再进行一定形式的验证；⑤ 回顾反思，对解决问题过程进行“评估”。③

李光树将学生解决问题的过程分为四个阶段：① 感知理解问题，包括感知问题情境、明确问题信息、实现课题类化、分析数量关系；② 确定求解方案，包括寻找问题解决的突破口、确定问题解决的思路及步骤、选择问题解决的策略与方法；③ 实施问题解决，即执行问题解决方案，求解问题目标答案的过程；④ 总结评价，对问题解决全过程的回顾与反思。④

---

① 杨庆余主编：《小学数学课程与教学》，中国人民大学出版社2010年版，第414—415页。

② 喻平：《数学问题解决认知模式及教学理论研究》，南京师范大学博士学位论文，2002年。

③ 马云鹏主编：《小学数学教学论》，人民教育出版社2013年版，第433—436页。

④ 李光树著：《小学数学教学论》，人民教育出版社2003年版，第332—336页。

尽管不同的研究者对问题解决的基本过程的描述各不相同，但都强调一个问题，即由于我们目前的状态与想达到的目标状态存在差异，问题解决就是设法将此差异消除。①

（2）问题解决影响因素的研究

数学问题解决的影响因素多而复杂，既与学生自身的心理发展水平和认知能力有关系，还与数学问题本身的特点和复杂程度有关。我国研究者在此内容的研究上不断完善，趋于全面。

付敏和丁拓将问题解决的影响因素归为四个主要因素，分别是：① 数学问题情境本身；② 学习者个体因素；③ 学习定式的影响；④ 学习者的环境影响。②康武认为是：①“人”的变量，包括个体特征及个体信念系统；② 作业变量，包括问题情境、问题的数学内容、问题的数学结构、问题陈述的句法、问题的本质；③ 过程变量，包括问题解决过程中的心理和身体活动；④ 环境变量，包括对问题和问题解决者有影响的外部环境特征；⑤ 研究方法。③杨庆余归纳为：情境的刺激模式、问题的表征、定式、经验、语言障碍、认知策略和个性特征。④李光树在《小学数学教学论》一书中，把影响因素总结为更为详细的五大因素：① 问题本身的难易程度，即问题内容和情境的复杂程度、问题类型与已有认知模型的相似程度；② 学生关于问题解决的内部动机与信念，即问题解决的心理准备状态、问题解决的内在动力、问题解决的信念；③ 学生的思维发展水平，即思维品质的影响、数学思维方法的影响、元认知水平的影

---

① 袁维新、吴庆麟：《问题解决：含义、过程与教学模式》，《心理科学》2010年第1期。

② 付敏、丁拓：《数学问题解决学习的心理过程及相关因素分析》，《西北师范大学学报》（自然科学版）1993年第2期。

③ 康武：《数学问题解决研究综述及其启示》，《教育学报》1997年第12期。

④ 杨庆余主编：《小学数学课程与教学》，中国人民大学出版社2010年版，第422—426页。

响；④ 学生已有的知识经验，包括已有知识经验的数量的影响和已有知识质量的影响；⑤ 数学问题的表征，包括表征形式的影响和表征重心的影响。①

除了上述罗列的影响因素，鲍建生、周超总结国内外学者的研究成果，将数学问题解决的影响因素分为两大类：内部因素和外部因素。其中，内部因素包括：解题者的知识基础、所选择的解题策略、元认知水平、信念以及动机；外部因素包括：解题者对问题的熟练程度、环境因素（社会背景、文化传统、物理环境、同伴互动等）、题型、问题的特点、问题的结构、问题的复杂程度、问题情境。②

2. 小学数学问题解决教学的研究

问题解决早期研究主要集中于国外心理学领域，我国对问题解决的研究整体起步较晚。但随着课程改革的推进和国外教育理论的影响，我国专家学者也对小学数学问题解决展开了大量研究，这些研究集中于2000年之后，成果颇丰。小学数学问题解决教学的研究成果主要集中于教学策略、教学模式、教学设计等方面。

（1）教学模式

我国学者袁小明早在1994年就根据我国的国情提出了“中国式问题解决”教学模式。该模式具有以下特点：以教材为中心选编问题；不盲目追求问题的新意，而是在教学要求所允许的范围内，通过对教法的改造开拓问题的教育价值；注意解题归纳与思维训练。③其后，众多学者也通过不同角度的研究对问题解决“三步走”进一步拓展深化，提出了更为详细

---

① 李光树著：《小学数学教学论》，人民教育出版社2003年版，第324—332页。

② 鲍建生、周超著：《数学学习的心理基础与过程》，上海教育出版社2009年版，第187—199页。

③ 袁小明：《关于中国式的问题解决教学模式》，《数学教育学报》1994年第1期。

的问题解决教学模式。

傅敏、丁拓通过对比国内外对问题解决模式的阐释归纳出包含5个步骤的数学问题解决模型：① 呈现问题，即将新情境中的数学问题呈现给学习者，让学习者感知其对象；② 分析问题，即明确新情境的目标和已知条件；③ 联系，认知结构中已有知识、经验的改组过程，新旧情境在结构、相同或相似成分上的交融；④ 行为的选择；⑤ 检验。其中，分析问题、联系、行为的选择是该模型的关键步骤。①

曹培英以学生在数学问题解决上的特征和心理活动机制为基础，提出实施问题解决的教学过程大致包括四个环节：感知问题、分析问题、解决问题、检验评价。这几个环节是典型的，但又不是刻板的，在不少情况下，某一步可嵌入另一步中，从而使解决问题过程简缩，或使某种特殊的解题策略得以实施。②

由李红婷、綦明男等人组成的“问题解决教学”研究课题组提出“问题解决教学”形式的课堂教学模式，包括六个既相互联系，又互相独立的环节：① 做好问题划分，优化知识结构；② 根据学生的学习心理特点，教师精心设计问题系列；③ 教师讲解课题，提出背景，学生明确学习目的要求；④ 学生分组讨论，教师提问答疑；⑤ 教师提出课题学习报告书写要求，学生书面总结课题学习过程；⑥ 教师批阅课题学习报告，评价学生学习情况。③

张晓提出了“情境—过程—表述—反思”即“情境呈现、过程经历、

① 傅敏、丁拓：《数学问题解决学习的心理过程及相关因素分析》，《西北师范大学学报》（自然科学版）1993年第2期。

② 曹培英：《谈小学数学学习中的问题解决》，《课程·教材·教法》1999年第9期。

③ 李红婷、綦明男（“问题解决教学”研究课题组）：《“问题解决教学”形式的数学教学研究》，《教育探索》2000年第10期。

表述思路、反思总结”的小学数学问题解决教学模式。把问题作为教学的出发点，让学生在处理信息、探究方法、理清思路、形成策略中有效解决问题。并且他进一步指出，这个教学模式并非一成不变，在课堂教学中可以根据不同年龄段的学生进行不同的组合，灵活调整。①

除此之外，由宋乃庆、张奠宙主编的《小学数学教育概论》中提出小学数学问题解决教学过程应该包括5个步骤：① 创设问题情境；② 分析思考问题；③ 指导解答，解决问题；④ 总结提炼，概括方法；⑤ 推广延伸，提出新问题。②

（2）教学策略

在我国专家学者对小学数学问题解决教学的研究中，教学策略占有较大比重，为教学实践提供了重要的指导。与此同时，大量一线教师的长期教学实验研究也为数学问题解决的教学提出了详细的策略，丰富了这一领域的研究成果。

何善亮基于对一般问题和学科问题的解决过程、解决策略的心理分析和多年的教育教学实践经验，提出五项提高学生问题解决能力的教学策略：① 在学科教学中注重培养学生解决问题的积极性；② 完善学生的认知结构；③ 促进学生形成问题图式；④ 掌握学科专门策略；⑤ 提高学生的元认知水平。③

陈爱宓在《课程改革与问题解决教学》一书中根据我国的国情提出了具有我国特色的问题解决教学的实施策略，其中包括：以“多类”求“平衡化”的策略；以“多元”求“个性化”的策略；以“整体”求“结构

① 张晓：《小学数学解决问题教学模式探究》，《科学咨询》（教育科研）2008年第11期。

② 宋乃庆、张奠宙主编：《小学数学教育概论》，高等教育出版社2008年版，第210—214页。

③ 何善亮：《心理学视角：提高学生问题解决能力的教学策略》，《当代教育科学》2005年第3期。

化”的课程；以“建构”求“特色化”的课程等。除此之外，他还提出了实现问题解决教学“平衡”的策略，即“问题连续体”与“多元智能”的整合。①

周映平经过长期的教学实验研究，提出了数学问题解决教学可参照的四点策略：① 动机激发策略；② 层次设计策略，从“自主、合作、体验、发展”等层次为学生提供问题、知识的背景，设计发现过程；③ 主体发展策略；④ 探究创新策略。②

冷少华、刘久成通过对2001年课程标准以及教材进行深度分析，针对问题解决的教学策略提出了以下建议。① 解题策略与算法多样化的转化。在此过程中，教师应把握好三个时机——学生理解题意有困难、找不到问题或想不出方法时；解决完问题后，引导学生认识使用这种方法进行信息整理的作用；鼓励学生思考其他方法解题。② 教学策略的选择应根据课标理念的变化以及具体教学内容来确定。③

李玲基于核心素养提出了针对小学数学问题解决教学的策略：启发性的解题，即尽量将生活实际融入课堂以激发学生的好奇心；质问性的解题，即将学生难以解决的题目拆分，引导学生自主探索；提升性的解题，即对题目进行归类，使学生对概念有一个整体把握。④

除上述研究者提出的较为详尽的问题解决教学策略外，徐文彬基于对小学数学教材中问题解决策略的分析理解，提出了总括性的教学策略——教师适当地“退”，才能引得学生适度地“进”。⑤

---

① 陶西平主编：《借鉴多元智能理论与实践研究》，首都师范大学出版社2004年版。
② 周映平：《浅析“问题解决”数学教学策略》，《中国教育学刊》2010年第7期。
③ 冷少华、刘久成：《小学数学问题解决教学的目标、内容和策略》，《教学与管理》2012年第24期。
④ 李玲：《基于核心素养下的小学数学“问题解决”教学策略》，《课程教育研究》2019年第11期。
⑤ 徐文彬：《数学“解决问题的策略”的理解、设计与教学》，《课程·教材·教法》2009年第1期。

（3）教学设计

教学的成功离不开科学的教学设计，围绕着问题解决教学设计展开的研究也日渐增多。

梁平基于对问题解决教学现状的反思，并依据目标导向教学理论，提出教学设计过程包括四个环节：① 明确并陈述教学目标；② 分析学习任务；③ 选择教学方法与教学媒体；④ 评价学习结果。前两个环节是整个教学设计中彼此关联的重要环节，其中分析学习任务又包含了：确定学生的原有基础、分析问题解决所涉及的各种知识和问题解决过程、分析知识的组织结构与问题图式三个步骤。[①]

李红婷提出数学学习的核心是让学生获得灵活的数学知识和高层次的问题解决能力：以“问题解决”为主线进行教学设计，以整体、总和的思维方式组织课程内容，使数学学习与具体问题解决过程相一致，为实现数学课程目标提供了一种动态、融合的机制。[②]

朱德全充分意识到了教学设计的重要性，基于对数学课堂教学已有问题的分析，他将数学问题解决教学设计的特点归纳为：程序性、有效性、研究性和策略性。同时他从学生问题解决学习方式的角度，将问题解决教学设计分成了知识接受型、规律发现型和课题研究型三种类型，并对三类教学设计的主要意图和适用范围做了详细阐释。[③]

费岭峰通过对比分析2001年和2011年课程标准的课程目标，对问题解决进行了重新定位，并且基于人教版教科书的编写特点，对小学数学问题解决教学设计提出了三点建议。① 注重问题解决的程序思维，关注基

① 梁平：《论问题解决的教学设计》，《华东师范大学学报》（教育科学版）2000年第2期。

② 李红婷：《基于“问题解决”的数学教学设计思路》，《中国教育学刊》2006年第7期。

③ 朱德全：《数学问题解决教学设计类型与程式》，《中国教育学刊》2010年第1期。

本活动经验的经验形成，具体来说包括三个要点：重视信息解读，经历审题过程；重视方法比较，促进思维发展；重视梳理回顾，形成反思经验。② 关注“问题解决”的核心要素，突出知识技能应用的价值，同样也包括三个要点：增强问题情境的现实性，唤起学生的生活经验；增强问题内容的活动性，激活学生的主观体验；增强问题思维的灵活性，激发学生的思维乐趣。③ 把握“问题解决”的教学规律，逐步提升学生解决问题的能力。教学内容的设计应遵循“从简单到复杂”的认知规律；教学重点的设定应符合“从单一到综合”的教学规律。①

除此之外，随着时代的发展，信息技术与教育的联系也日渐紧密。越来越多的教师应用信息技术进行教学，信息技术与问题解决教学的合作研究也逐渐增多。王光生提出面向学习者的数学问题解决教学设计应当“以课程内容主题化为设计起点，经主题内容情境化，情境内容问题化，问题内容数学化，数学内容理论化，理论内容应用化，主题学习反思化等环节，并以一系列数学问题集贯穿教学过程。”②同时，在各个环节谋求整合信息技术的强大作用，以达到更好的教学效果。王光生、何克抗从数学思维的特征入手，探讨了数学方法论指导下基于信息技术的数学问题解决教学策略，提出了合情推理与演绎推理相结合和数形结合两大教学策略。③

3. 学生数学问题解决能力培养的研究

（1）问题解决能力的内涵研究

关于问题解决能力的内涵，不同的研究者从自身的研究视角出发，做

---

① 费岭峰：《新版课标视域下“问题解决”的定位与教学设计思考——以人教版〈义务教育教科书·数学〉的使用为例》，《课程·教材·教法》2015年第2期。

② 王光生：《面向学习者的数学问题解决教学设计——信息技术与数学课程整合的视角》，《开放教育研究》2006年第5期。

③ 王光生、何克抗：《基于信息技术的数学问题解决教学策略》，《开放教育研究》2009年第2期。

出了不同的界定。心理学认为问题解决能力是智能的重要表现；学科教学领域将问题解决能力界定为“解题的能力”；国际学生评估项目（PISA）将学生问题解决能力定义为：个人运用认知过程来面对并解决一个真实的、跨学科情境中问题的能力。我国的研究者们对此也进行了研究。

杨庆余在《小学数学课程与教学》中提出儿童数学问题解决能力主要包括：① 对问题情境进行分析和综合，从而提出问题的能力；② 把问题数学化的能力；③ 对数学问题进行变换化归的能力；④ 灵活运用各种数学思想方法的能力；⑤ 进行数学计算和数学推理的能力；⑥ 对数学结果进行检验和评价的能力。[①]伍远岳、谢伟琦认为学生问题解决能力由理解、分析、推理、实践、反思和表达等多种要素构成，由此形成学生问题解决能力的结构，不同的能力要素有着不同的内涵，同时每一种能力要素对应一个主要的问题解决过程，即理解对应理解问题、分析对应描述问题、推理对应展示问题、实践对应解决问题、反思对应反思解决方案、表达对应交流解决方案。[②]冷少华根据《课标（2011年版）》的总目标内容，将学生数学问题解决能力看作是综合能力，并分为发现问题的能力、提出问题的能力、分析问题的能力和解决问题的能力，每种能力又可分为几种主要的能力。其中，发现问题的能力又包括理解问题情境的能力、提取和概括相关信息的能力；提出问题的能力包括数学语言表征的能力、问题情境数学化的能力；分析问题的能力包括理解数量关系与空间关系能力、变换数学问题的能力、调控已知与未知的能力、数学直觉思维的能力；解决问题的能力包括数学计算与推理的能力、数学结果检验与评价的能力、数

① 杨庆余主编：《小学数学课程与教学》，高等教育出版社2004年版，第314页。

② 伍远岳、谢伟琦：《问题解决能力：内涵、结构及其培养》，《教育研究与实验》2013年第4期。

学知识迁移的能力。[①]

（2）问题解决能力培养的策略及途径研究

随着社会经济、文化、科技的高速发展，培养富有创造力的综合性人才成为时代的需要，而问题解决能力是其中必不可少的关键能力之一。有关问题解决能力的培养策略及途径，在我国教育工作者、教育研究者的不断摸索中取得了理论上的突破。

杨庆余认为发展儿童数学问题解决能力不是简单地做几个习题就可以实现的，需要教师有意识地改进教学策略，策略主要包括以下几点。① 创设自由探索的空间：充足思考的时间、鼓励学生自由想象、教师最初示范导向的探索性。② 发展学生问题表征的能力：仔细审定问题情境、学会深度表征。③ 大胆提出假设和积极思考：尝试猜测、多角度地猜测与思考、倡导开放性。基本途径包括：① 以发展问题表征能力为基础；② 以发展形式化的能力为条件。[②]

马云鹏对《课标（2011年版）》中对问题解决能力的要求进行解读后，认为培养问题解决能力是一项复杂的长期任务，教学中要把学生问题解决能力的培养与小学数学课程的几个领域的内容结合起来，并提出了三条具体可实施的策略：① 加强基础知识教学，问题解决能力必须在建构知识的过程中长期地、有意识地培养和训练；② 重视理解策略的培养，能够在复杂多样的问题中根据具体的情境和问题的形式采用恰当的策略；③ 鼓励学生质疑问难，能够在一定的问题情境中提出新的问题。[③]

---

① 冷少华：《小学数学问题解决能力培养的研究——以YZ市YC校为例》，扬州大学硕士学位论文2013年，第31—35页。

② 杨庆余主编：《小学数学课程与教学》，中国人民大学出版社2010年版，第432—437页。

③ 马云鹏主编：《小学数学教学论》，人民教育出版社2013年版，第449—451页。

此外，吴吉慧将问题解决的影响因素分为认知因素和非认知因素，并在此基础上提出了培养学生问题解决能力的方法。在认知能力的培养方面包括：① 问题解决的若干一般方法的学习和训练；② 进行知识储备，形成有效的问题解决图式；③ 帮助学生正确表征问题；④ 反思解题过程，提高元认知水平。在非认知因素的激发和维持方面包括：① 增强动机，提高学生问题解决的积极性；② 营造活跃的探究问题的气氛，培养学生探究问题的习惯；③ 合理归因，增强学生问题解决的自我效能感；④ 在问题实践中，进行意志和挫折耐受能力的训练。①

三、小学数学问题解决研究的总结与展望

新中国成立70年来，小学数学问题解决的研究在教育理论和教学实践上都取得了长足的发展。在表现形态方面，由最初的应用题教学发展为当下的问题解决教学。我国小学数学教学大纲和课程标准反映了这一变化，从反映社会生产的应用题—典型应用题—与学生实际生活相关的应用题—解决问题—问题解决，这种变化不仅符合国内教育教学的改革需要，也顺应了国际教育发展的趋势，对我国小学数学的实际教学工作起到了重大指导作用。

随着人工智能时代的到来，综合性人才成为了时代的需要，培养学生的问题解决能力变得尤为重要。我国核心素养研究课题组公布的《中国学生发展核心素养》指出，问题解决的重点是善于发现和提出问题；能依据

① 吴吉慧：《课堂教学中学生问题解决能力的培养》，《教育研究与实验》2009年第6期。

特定情境和具体条件，选择制订合理解决方案；具有在复杂环境中行动的能力等。[①]由此可见，问题解决是核心素养的一项关键指标。

在当下的小学数学问题解决研究中，我们要改变过去仅将视角集中于教学策略、教学设计、学习策略等的单一研究，逐渐转向复合研究，例如问题解决和信息技术的复合研究、问题解决和认知领域的复合研究、问题解决能力和合作能力的复合研究等。此外，对于小学数学学习困难学生在问题解决过程、问题解决策略等方面的个性化研究也应当受到重视。在问题解决研究的方法上，改变过去以思辨研究为主的状况，向实证研究的方向发展。

① 核心素养研究课题组：《中国学生发展核心素养》，《中国教育学刊》2016年第10期。

第五章

小学数学学习评价研究

第一节
小学数学学习评价研究的历史回顾

我国现代意义上的学习评价大致起步于20世纪80年代初。在此之前虽然没有开展系统的学习评价研究，但是做了大量基础性工作。80年代后，特别是1986年，布卢姆应邀来华讲学，他的“掌握学习策略”“教育目标分类学”在我国迅速传播，自此我国现代学习评价得到了空前的发展。

数学学习评价的研究，是在学习评价研究的大背景下进行的。数学学习评价是全面搜集和处理数学课程与教学的设计与实施过程中的信息，并对此做出价值判断，改进教育决策的过程。小学阶段是基础教育的重要组成部分，作为基础教育中的支柱学科，小学数学领域的评价研究则是教育研究中非常关键的一环。回顾小学数学学习评价研究的发展历程，其主要经历了萌芽、起步、发展、深化四个阶段。此外，在我国着力开展学习评价研究之前，小学数学学科已经在学习评价方面进行了初步的探索，为之后的研究积累了经验。

一、萌芽阶段（1949年至1985年）

这近40年里，小学数学教育界在成绩考查与作业批改等量化评价活动中做了大量的尝试，但整体上缺乏“学习评价”的意识。尽管有不少教师已经意识到考题是衡量知、能水平的准绳，各地小学也多通过考查儿童成绩进行教学质量监控，这一阶段考试的目的仍在于甄选时代所需的建设人才，教师并没有意识到科学的学习评价对儿童本身发展的重要意义。

这一阶段数学学习评价的一大特征是以考试为主要评价方式。1950年，我国颁布了《小学算术课程暂行标准（草案）》，这是新中国成立以来第一个关于数学的课程标准，但细究其条目，并没有涉及与评价相关的内容。1952年颁布的《小学算术教学大纲（草案）》要求考题的内容必须是所教的知识技能的主要部分，同时要求发展儿童的思维能力及与此有关的表述能力，呈现出学习评价的萌芽和雏形。在这样的大纲要求下，考试题目具有一定的难度，解答时需要学生综合运用自己所学的知识、技能和技巧。

例如，有个农业生产合作社的耕地是长方形的，长1里50丈，宽120丈。它的5/8种水稻；收割的谷，缴农业税和卖给国家的占64%，余下的612担做种子和分给社员。每亩平均收谷多少？

这是20世纪50年代小学升初中的考试题目，可以看出其涉及分数、百分数、单位换算、混合运算等数学知识，具有很大的难度。同时，考试题目又与当时的时代背景紧密相关，可见社会需要具有一定数学知识与技能的人才。

参考苏联初等学校的评价经验是这一阶段教育评价的又一重要特征。算术科的考题，多用以检查学生掌握的知识是否牢固，学生是否可以将这些基本知识应用于实际，学生的计算技能是否熟练，同时也可以检测学生的思维能力和表达能力。

此后，1961年的《全日制中小学数学教学大纲（草案）》和1963年的《全日制小学算术教学大纲（草案）》并没有对评价领域的要求做出改变。尤其是“文化大革命”的十年间，国内的评价标准被完全颠覆，科学的学习评价更无从谈起。这种状况直到20世纪80年代才开始改变。

20世纪80年代初，有些研究者已经对当时的考试方法进行了批判与反思。例如，有研究者认为当时的小学教学评价重知识，轻能力；重笔试，轻口试和实验操作；重期末考试，轻平时成绩考查和评定，给师生造成过重的负担。一张考卷定乾坤，考试效果存在着偶然性。所以，学界已经产生了要进行考试改革的共识。

学习评价与教育目的息息相关。在以传授知识为主要教学目的的时代，学习评价的重点就放在了知识掌握上。尤其对于数学这样逻辑严谨、结构清晰的学科来说，考试就成了评价知识掌握程度的最常见的方式。在这一阶段，小学数学学习评价的理论研究基本处于空白，考试作为其实践层面最主要的形式，在很大程度上反映并承载着学习评价的发展，孕育着小学数学学习评价的理论萌芽。

二、起步阶段（1986年至2000年）

我国的小学数学学习评价起步于1986年，但这有一定的社会背景。1978年，我国重新调整了教学计划，修订了教学大纲，恢复了高考制度，为建立统一的评价体系奠定了基础。1983年，我国加入国际教育评价协会（IEA），开始在全国范围内开展学习评价的研究。自此，小学数学学习评价的理论研究拉开了帷幕。

1986年，布卢姆来华讲学，他的“以目标达成度为中心，注重适应并发展每个人能力”的学习评价理论，为我国学习评价提供了新的方向。他将一门学科的教与学的过程分成教学活动开始、教学过程、教学目标三个阶段，并根据三个不同阶段提出了诊断性评价、形成性评价、终结性评价的评定方法。其中，诊断性评价一般是在每学期开始或课程开始前进行的，其目的是了解学生是否具有获得新的教学目标所必需的基础知识和技能，即知道学生的“底细”；形成性评价一般是在教和学的过程中进行的，其目的在于教师了解教学的效果，探究教学存在的问题，以便对教学工作进行调整，这一阶段的基本指导思想是通过师生有效互动对学生进行适当的帮助；终结性评价作为比较全面的总结性评定一般在学期末进行，目的是了解学生通过一学期的学习，是否达到教学总目标的要求，确定学生已有的知识水平以及与教学总目标的相对地位。

布卢姆的评价理论给我国的教育工作者带来了很大的启发，在他的理论基础之上，我们初步形成了自己的教育评价的理念与体系，小学数学学习评价正式开始了理论与实践的探索。

同年，国家教委颁布的《全日制小学数学教学大纲》，提出了“改进成绩的评定”的任务。尽管它依然是对量化评价的改进，但至少说明研究者们已经有了数学学习评价科学研究与改进的意识。小学数学成绩评定改进强调既要考查学生理解和掌握数学基础知识的能力，又要考查学生计算能力、解题能力、空间观念和灵活运用知识的能力。测试不要出难题、偏题、怪题和死记硬背的题目。通过改进成绩的评定，促进教学改革，减轻师生的负担。

1991年4月，我国首次参加在西班牙举行的国际数学教学及其结果的评估研讨会。会上我国报告了国内数学学习评价的研究成果，专家们一致认为中国的学习评价最突出的特点就是评价应用于教学实践，并指导课堂教学。同年8月，中国教育学会数学教育专业委员会数学评价组参加了国际数学教育北京会议。会上交流的《全面提高我国数学教育评价的研究水平》的论文全面阐述了我国数学学习评价的研究现状和未来发展趋势，提出了数学学习评价的基本模式，构建了“评价三角形”的基本理论。在这个理论的指导下，教学与评价融为一体，以评价促进教学，在教学中完善评价理论。

1993年，中共中央、国务院颁布的《中国教育改革和发展纲要》提出“建立各级各类教育的质量标准和评估指标体系，各地教育部门要把检查评估学校教育质量作为一项经常性的任务”。此时的基础教育学习评价主要为促进素质教育的全面实施服务。

1999年，中共中央、国务院在《关于深化教育改革全面推进素质教育的决定》中提出：“加快改革招生考试和评价制度……建立符合素质教育要求的对学校、教师和学生的评价机制”。

可以看出，进入20世纪90年代，国家开始从宏观层面肯定学习评价对于素质教育的重要意义，提出要改革学习评价制度，建立科学的评价体系。研究者也在小学数学教学评价领域展开了进一步探索。

1991年，有研究者指出小学数学教学评价应以教学目标为核心，发挥评价的导向、激励、反馈、调节的功能，特别是通过形成性评价，及时反馈，改进教学，查漏补缺，建立小学数学学科的评价系统，提高教学质量。①

---

① 王尔陶：《北京市平谷县小学数学学习质量评价实验报告》，《教育科学研究》1991年第2期。

1993年，我国参加了由美国教育测试中心组织的第二次国际教育成就评价课题（IAEP）。这一测试对象虽为初中生，但是测评内容属当时小学数学教材内容的比例为84.2%。从测试结果来看，我国受测学生数学教育的平均正确率为80%，在被测国家中居第一位。从内容角度看，“数和运算”“几何初步知识”和“代数初步知识”成绩最好，但学生在对联系生活实际、叙述灵活、知识综合性强的问题处理上依然有所欠缺，错误较多；而“统计和概率”专题我国学生平均成绩是最差的，这说明我国当时小学数学把这部分知识作为简单的统计图表来学习，教学重点放在了对图表的一般认识上，忽视了对收集处理、分析解释数据、判断结论及趋势的教学。研究者根据这次的测验结果，给出了改进当时我国小学教育的一些建议。这也是小学数学教育通过国际教育测量评价来改善教学的一个典型案例。①

1998年，有研究者指出改革成绩评价方法是实施素质教育的保证。按照素质教育的培养目标，一个人素质的高低不宜单纯地用考试分数的高低来评价，在实践活动中的表现应是评价的重要方面。改革学生成绩的评价方法要做到：评价内容全面化，评价形式多样化，评价时间分散化，评价性质水平化，评价结果激励化。②

在小学数学学习评价体系的初创阶段，研究者与教师已经可以从素质教育的视角出发，从目的、内容、形式、方法、功能等多角度来认识学习评价，更关注学生的身心全面发展。尽管这一阶段的研究还存在许

① 曹裕添：《从第二次国际教育成就评价课题测试结果看我国小学数学教育的成就、问题和改进意见》，《河北教育》1993年第12期、1994年第1期。

② 袁品良、张万冲：《目标·过程·评价——小学数学教学中实施素质教育浅谈》，《湖北教育》1998年第3期。

多不足，但却是一个良好的开端，为下一个阶段学习评价的发展奠定了基础。

三、发展阶段（2001年至2011年）

经过起步阶段的经验积累，小学数学学习评价在2001年《全日制义务教育数学课程标准（实验稿）》颁布之后迈入新的发展阶段。该标准明确指出："评价的主要目的是为了全面了解学生的数学学习历程，激励学生的学习和改进教师的教学；应建立评价目标多元、评价方法多样的评价体系。对数学学习的评价要关注学生学习的结果，更要关注他们学习的过程；要关注学生数学学习的水平，更要关注他们在数学活动中所表现出来的情感与态度，帮助学生认识自我，建立信心"。同时，该标准对每一学段的教学评价提出了具体的评价建议，将评价理念落实到各个学段之中。如何理解这些评价理念，并在教学过程中将其有效落实，是保证新课程改革有效实施的重要一环。

（一）理论研究——形成了发展性教育评价体系

发展阶段的专著主要分为两类，一类是从理论的角度对教育评价体系进行论述，如马云鹏系统论述了数学学习评价的意义与功能、小学数学学习评价的内容与方法，阐述了小学数学学习评价的价值取向，提出了适应数学课程改革的小学数学知识与能力的测试方法等；另一类是根据不同年级的教学内容编写的系统分析与评价的著作，如2010年出版的针对各年级的《义务教育新课程资源与评价》等。

在诸多研究者的理论研究与思想碰撞之下，数学学习评价体系初步形成，形成了如下特点。

在评价目的上，小学数学学习评价要促进每一位学生的发展，同时强调教师和理论工作者要从发展的观点去看待数学学习评价。小学数学学习评价未来发展的前景应服务于社会的重大变革，灵活地对未来新技术、社会新发展等冲击做出适应性的反应。小学数学学习评价是一个连续的、动态的过程，这就意味着教育工作者必须关注整个过程，而不是以僵化的方式评价学生。评价的目的不是给学生评定等级，而是促进学生发展。

在评价功能上，小学数学学习评价要由侧重甄别和选拔转向侧重发展学生各方面的能力。

在评价对象上，小学数学学习评价要从过分关注结果的评价逐步转向关注过程的评价，将形成性评价与终结性评价有机地结合，使学生、教师、学校和课程的发展过程成为评价的组成部分。

在评价主体上，小学数学学习评价要强调评价主体多元化和评价信息多元化，重视自评、互评的使用。在评价者与评价对象的关系上，要强调平等、理解、互动，体现以人为本的主体性评价的价值取向。

在评价内容上，小学数学学习评价重视学生综合素质的发展，尤其是创新、探究、合作与实践等能力的发展，以适应人才发展全面化的要求。此外，在技能的评价方面，不只要考查学生技能的熟练程度，还要考查学生对相关概念的理解与掌握，以及对不同的解题策略的运用。

在评价方法上，小学数学学习评价要强调评价方式多样化，合理设计与实施书面测验，注重把质性评价与量化评价结合起来，以质性评价统整量化评价。

在评价结果上，小学数学学习评价不仅要关注评价结果的准确、公正，更要强调评价结果的反馈以及被评价者对评价结果的认同和对原有状态的改进。

（二）实践研究——实施多元化评价

2001年9月启动的基础教育课程改革国家级实验区项目，拉开了新课程改革的序幕。国家开始实施新的数学课程标准，各地使用按照新的课程标准编写的实验教材。实验过程中，实验区教师在积极探索新的课程目标、课程内容和教学方式的同时，也对新课程提倡的评价理念与方法进行了初步探索。实验学校在探索课堂观察、成长记录袋、自我评价与他人评价结合等评价方式的同时，也在测验的内容和形式上进行了大量研究，具体研究成果如下。

评价主体要多元化，不仅仅局限于教师对学生的评价。教师在评价学生学习时，既可以让学生开展自评和互评，也可以让家长和社区有关人员参与评价过程。

评价方式要多元化。评价手段和形式应以过程性评价为主，既可以通过书面考试、口试、活动报告等方式评价，也可用课堂观察、课后访谈、作业分析、建立学生成长记录等方式评价。评价时应采用鼓励性语言，以发挥评价的激励作用，让每一个学生体会到只要自己在某个方面付出了努力就能获得公正客观的评价。另外，评价要充分关注学生的个体差异。

评价结果的呈现要多样化。概括地讲，评价结果的呈现有定性与定量两类方式，在不同的学段应有不同的呈现方式，如以定性描述为主，或者以定性与定量相结合的方式呈现。

四、深化阶段（2011年至今）

（一）深化背景

1. 国际数学成就测验传入国内

21世纪初，国际学生能力评估计划（以下简称PISA）和国际数学与科学趋势研究项目（英文缩写为TIMSS，TIMSS是对四年级和八年级的学生进行测验，除对学生进行科学测验外，还包括数学测验等）等大型国际数学成就测验受到了国内研究者的广泛关注，国内研究者纷纷展开了与之相关的研究。以PISA为例，这是一项长期的预测性的监测研究。PISA主要是对15岁（高一或初三）学生的测验。作为PISA三个评价领域之一，数学素养评价立足于学生的未来发展，评价学生数学知识与技能、态度与能力等方面的表现。PISA注重评价学生在实际的生活状态下的能力，改变了以往更关注学校传授的知识和技能的评价方式，拓宽了评价内容，更有实用价值。在知识、技能方面，PISA对能够使学生完全参与社会、经济以及终身学习所必需的知识和技能进行评价，同时也对一些超出课程知识之外的、与实际的生活有关的基本知识进行评价。评价结束后，经济合作与发展组织（英文缩写为OECD）将提供一份包括全部评价结果的国际评价报告。同时，各参与国也将提供一份本国实际教育制度的报告。

诸如此类的大型国际数学成就测试设计了完整的评价体系，从宏观的角度出发，更关注学生对知识的有效应用。这不仅拓宽了国内研究者的研究视野，也为国内研究者的研究提供了方向。

2.《义务教育数学课程标准（2011年版）》的颁布

自教育部颁布《义务教育数学课程标准（2011年版）》后，关于小学数学学习评价的论文出现了井喷式的增长。2011年版课程标准指出，评价的主要目的是全面了解学生数学学习的过程和结果，激励学生学习和教师改进教学。评价应以课程目标和课程内容为依据，体现数学课程的基本理念，全面评价学生在知识技能、数学思考、问题解决和情感态度等方面的表现。评价不仅要关注学生的学习结果，更要关注学生在学习过程中的发展和变化。教师应采用多样化的评价方式，恰当呈现并合理利用评价结果，发挥评价的激励作用，保护学生的自尊心和自信心。通过评价得到的信息，教师可以了解学生数学学习达到的水平和存在的问题，帮助教师进行总结与反思，调整和改进教学内容与教学过程。

3. 核心素养备受关注

数学素养是现代社会每一个公民应该具备的基本素养。2016年国家发布《中国学生发展核心素养体系》，明确学生所具备的重要品格和能力，引领课程改革。结合2011年版课程标准中阐述的小学数学十大核心概念——数感、符号意识、空间观念、几何直观、数据分析观念、运算能力、推理能力、模型思想、应用意识和创新意识，以及核心素养与学习评价之间的密切联系，小学数学教育的学习评价研究又迎来一个高峰。

（二）研究特点

2011年至今，小学数学学习评价的研究已经取得了很大的进展，在数量上呈现先增长后减少的态势，内容不断细化，研究者们研究热情高涨。我们以“小学”“数学”“评价”为篇名关键词，检索中国知网核心期刊，结果如图5-1所示。

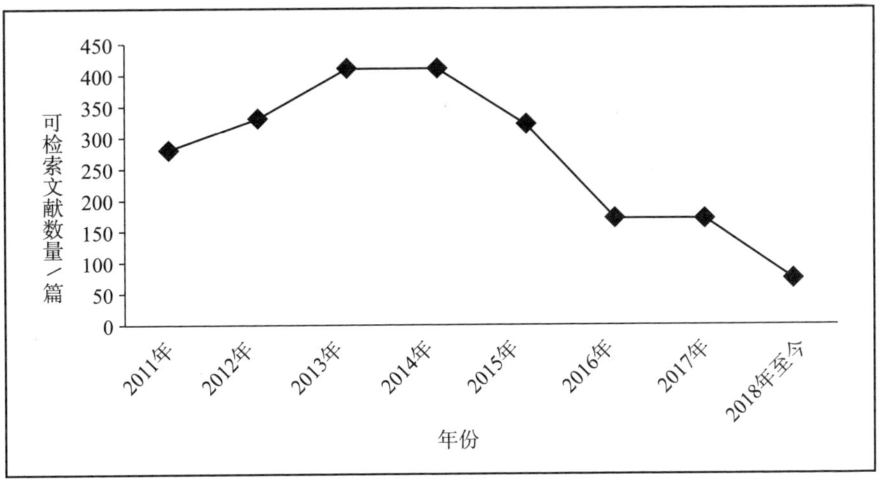

图5-1　2011年至2018年小学数学学习评价相关文献数量

（三）实践探索

在这一阶段，国内研究者和一线教师在小学数学学习评价研究中开展了许多成功的实践。

2012年7月，北京师范大学牵头成立了中国基础教育质量监测协同创新中心，与另外5所部属师范大学以及国内外多家单位协同建设，面向国家战略需要，开展基于证据的基础教育质量监测的协同创新研究，致力于打造世界一流的学术高地和实践平台，对完善我国基础教育质量评价体系、提升和改进我国基础教育质量发挥着积极作用。

中国小学数学学习评价经过70年的探索发展，在21世纪迎来了发展的热潮。具有教育意义的、以人为本的发展性数学学习评价在近20年内得到迅速且本质的发展。接下来，我们将重点回顾改革开放以来小学数学学习评价的发展，试图从其概念与原理、指标与体系、方法与功能等方面入手，深入探究小学数学的课堂教学评价、学生学习评价、评价结果的处理等内容，并对一些典型案例进行分析，以期全面把握改革开放以来学习评价的理念与发展。

第二节
小学数学学习评价研究的主要成果

小学数学学习评价是小学数学教学评价的重要组成部分，它体现在整个数学教学活动之中。客观的、真实的、发展的数学学习评价是提高小学数学教学质量必不可少的一项工作。许多学者对数学学习评价的内涵、目的、作用、理念、内容、方法、评价结果的呈现方式等进行了深入的研究。

一、小学数学学习评价的概述

（一）小学数学学习评价的内涵

小学数学学习评价的内涵一直是我国评价研究的重点。许多学者对其内涵的界定持相同的看法，即指有计划、有目的地收集有关学生在数学知识、使用数学的能力和对数学的情感、态度、价值观等方面的证据，并根据这些证据对学生的数学学习状况或某个课程或教学计划做出结论的过程。①②

① 马云鹏、张春莉等编著：《小学数学教育评价》，东北师范大学出版社2003年版，第222页。

② 李光树著：《小学数学教学论》，人民教育出版社2003年版，第505页。

（二）小学数学学习评价的目的

评价总是与目的联系在一起。有研究者认为，对学生数学学习的评价首先是一个有计划、有目的的过程。教师针对评价可以采取的措施为：及时反馈学生学习信息，了解学生学习的进展和遇到的问题；及时了解教师自身在知识结构、教学设计、教学组织等方面的表现，随时调整和改进教学进度和教学方法，使教学更适合学生的学习，更有利于学生发展。小学数学学习的评价主要包括五个方面的目的，分别是：① 修改项目方案，包括课程、教学计划等；② 提供反馈信息，促进学生的学习；③ 对学生数学学习的成就和进步进行评价；④ 改善学生对数学的情感、态度和价值观；⑤ 收集有关资料，改善教师的教学。

从评价内容的角度出发，评价有两个层面的目的：第一要恰当评价学生对数学基础知识和基础技能的理解与掌握情况；第二要重视对学生发现问题和解决问题能力的评价。具体来说，一方面教师要适当加强对学生数学学习过程和方法的考查，另一方面可以通过设置一个类似现实生活的情境，用“解释、说明、联系、区别、对比、分析”等方式促进学生高层次数学思维的发展，或者用渐进式问题加以考查。需要注意的是，学段目标不是学习某一部分内容之后每一个学生都应立即达成的目标，教师应允许一部分学生经过一段时间的努力，随着知识与技能的积累逐步达到。在第一学段中，教师应重点考查学生结合具体材料对所学内容实际意义的理解；在第二学段中，教师应结合实际背景和解决问题的过程，对学生掌握概念、公式和法则进行评价，重点应该是关注学生对知识本身意义的理解和在理解基础上的应用。①

---

① 李光树著：《小学数学教学论》，人民教育出版社2003年版，第506页。

（三）小学数学学习评价的作用

从《基础教育课程改革纲要（试行）》中可以看出，运用好小学数学学习评价，可以帮助发现和发展学生多方面的潜能，了解学生发展中的需求，帮助学生认识自我、建立自信。发挥好评价的教育功能，促进学生在原有水平上的发展。有研究者指出应该加强评价促进学生发展的功能，即小学数学学习评价能够反映学生数学学习的成就和进步，激励学生的数学学习；诊断学生在数学学习中存在的困难，及时调控和改善教学过程；全面了解学生在数学学习中存在的困难，帮助学生认识到自己在解题策略、思维和习惯上的长处与不足；使学生形成正确的学习预期，形成积极的学习情感、态度和价值观，帮助学生认识自我，树立信心。[①]

（四）小学数学学习评价的理念

新课程改革以前的小学数学学习评价更多是作为手段和工具，为教育者、管理者提供选拔和甄别的依据。这种为评价而评价，“只见物不见人”的评价不符合教育的根本目的。在小学数学学习评价中，不管是课堂教学评价，还是标准化测验，都以考查学生知识和技能的掌握情况、判断教师的教学效果为主要目的。形形色色的数学竞赛更是以选拔数学精英为目标，比较少地关注学生的体验与感受，没有发挥促进学生发展的作用。因此，数学学习评价的重点应将学生发展作为评价的重要价值取向和目标。

新课程改革提倡的数学学习评价理念反映新世纪教育发展的价值取向，即促进学生健康和谐全面发展。以人格和谐发展为核心的价值观建立在现代社会生产高度发展，人们的物质生活需要得到满足，文化理想和文

---

① 李光树著:《小学数学教学论》，人民教育出版社2003年版，第506页。

化关怀需要提升的基础上。素质教育强调要唤醒学生的主体意识，激活其发展主体性，其目的就是要使学生自觉地、能动地根据社会发展的需要与自身发展的优势，掌握自身发展的方向，使个体作为社会人得到全面、和谐、充分的发展，提高自身的社会生活质量。作为教学活动的重要组成部分，评价在本质上应将学生健康和谐的发展放在首位。要确立以人的和谐发展为核心的价值观，评价应从游离于人的发展之外回归到对人自身的关注。①

1. 数学学习评价要体现多元化

社会的发展与进步，终身教育和学习型社会理念的提出与实践，对基础教育实践提出了新的挑战，对学生学习评价提出了更高的要求，其中一个重要的方面就是评价要体现多元化。多元化评价的目的是为了适应个体发展的不同阶段和社会对人才素养的多层次需求，主要表现在目标、内容和方式等方面。在目标方面，学生的数学学习评价既包含阶段性目标，又必须考虑学生发展的长远目标，因此，评价的目标除了学生课堂上所学的知识与技能外，还要包括对学生将来发展起作用的要素，如学生对数学价值的认识，数学意识的形成与发展，数感、空间观念，学习数学的情感与态度等。数学学习评价的多元化还表现在评价的内容和方法上。在对知识技能评价的同时，更要注重学生在数学思考、解决问题的能力以及学习过程中多方面的表现。评价的方法应当是定量与定性相结合，把表现性评价、参与式评价等作为重要的评价方式。

有研究者基于对学生数学学习评价的目的和评价方法的探讨，提出了关于学生数学学习的发展性评价体系的构想（图5-2），体现了多元化评

① 马云鹏、张春莉等编著：《小学数学教育评价》，东北师范大学出版社2003年版，第225页。

价方式的理念。该体系分别从形成性评价、终结性评价和表现性评价三个方面入手，将其作为一个完整的学生数学学习评价体系的三个组成部分。在形成性评价中主要体现诊断的功能，以学习内容及其具体行为目标为参照，采用的评价方法和手段主要是日常检查，包括课堂提问与板书、课堂练习与检查以及作业考查；终结性评价主要体现鉴定的功能，以课程目标（课程标准）为参照，采用的评价方法和手段主要是纸笔测验；表现性评价主要体现诊断和促进的功能，以个人发展为参照，评价方法和手段主要有表现性任务，具体包括使用纸笔的开放性任务和使用纸笔以外器具的表现性测验、调查与实验、数学日记和档案袋等。通过从这三个组成部分中广泛收集学生数学学习中各个方面的情况，搭建起一个全方位的评价平台，为全面而客观地评价学生数学学习提供参考和证明。①

还有研究者进行了小学数学学习多元化评价方式体系的构建研究。该研究将指标体系所涉及的内容分成量化评价和质性评价这两个一级指标，每个一级指标下设若干个二级指标。然后利用小学数学教师和数学教育专家调查表，应用专家咨询法和层次分析法得出一级指标和二级指标的权重。最后根据教师、学习者本人以及学习伙伴共同参与评价的结果，采用模糊数学的综合评判法，得出对学生数学学习的综合评价，并给出了具体的使用说明示例。其量化评价主要指纸笔测验，质性评价则包括课堂观察、调查与实验、成长记录袋等，该体系的划分较简单，但能够与实际的数学评价相结合，具有一定的实践意义。②

---

① 张春莉:《建构数学学习发展性评价体系的实践与思考》,《课程·教材·教法》2008年第10期。

② 吕晓亚:《小学数学学习多元化评价方式体系的构建》，陕西师范大学硕士学位论文，2006年，第17页。

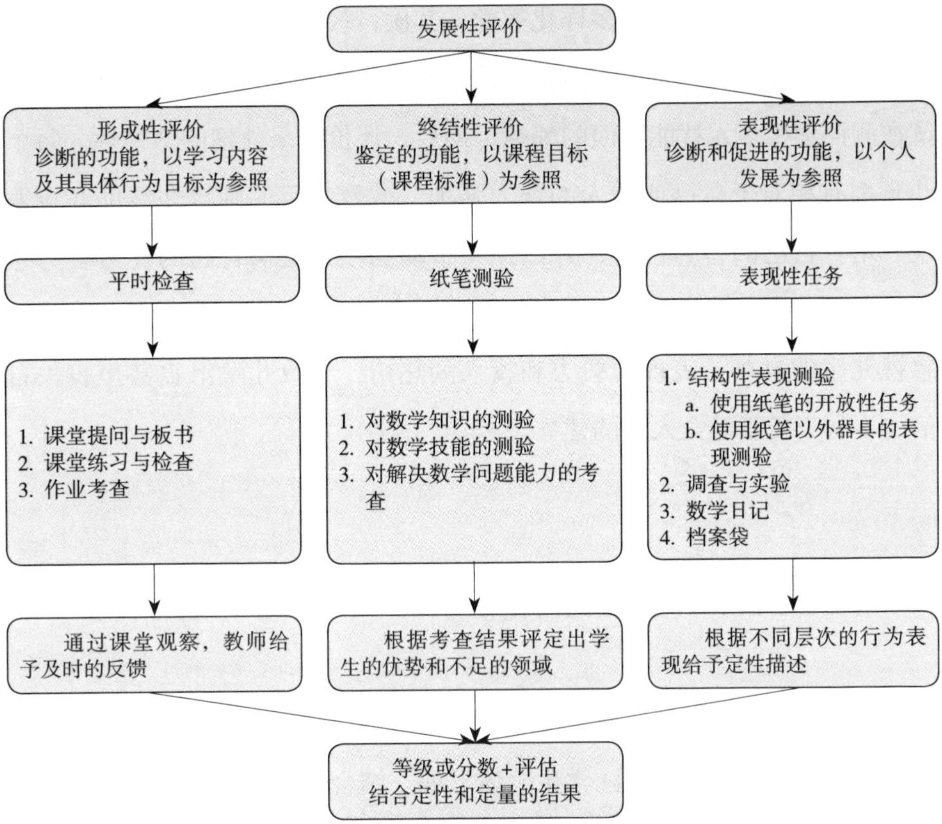

图5-2 数学学习发展性评价体系

2. 数学学习评价要关注学生的差异

新课程改革以前的评价往往遵循一个统一的标准，比如标准化测验。这种统一的标准化的评价，忽视了个体之间存在的差异，对不同智力水平和不同智力特征的学生来说是不公平的。正确认识学生之间的差异，对数学学习评价改革具有重要意义。

有研究者从三个方面对如何在学习评价中关注学生个体差异提供了建议。首先，教师要改变对学生发展的关注点。每个学生的身上都蕴藏着他独特的个人潜能，教师在教育活动中要认真地考虑学生的不同类型的智能，并根据学生特点开展多样化教学。其次，教师要改变评价的方式。评价学生的学习，要注重运用多元化的、情景化的评价方式，弥补纸笔化测试在测评学生多元智能方面的弊端。最后，评价结果处理的多样性。每个儿童都有相对于自己或他人的智力强项，教育的目的则旨在帮助儿童发现、培育自己的智力优势，并以强项带动弱项，建构自己的优劣智力组合，实现自身全面、和谐的发展。如果评价仅以筛选、排序为目的，就会忽视儿童的自尊、表现的毅力和投入的热情，导致儿童沮丧甚至丧失自信，不利于儿童健全人格的建立。①

二、小学数学学习评价的内容

自新中国成立以来，研究者对小学数学教学评价内容的关注逐渐从重视评价知识掌握过渡到关注学生个体发展。结合研究者的相关研究以及教育热点话题，我们将教学评价内容主要分为以下三个方面：对三维目标的评价研究，对数学核心素养的评价研究以及对数学学科具体知识的评价研究。

（一）对数学三维目标的评价研究

有研究者根据2001年的课程标准确定的三维目标，从知识与技能，过程与方法，情感、态度与价值观三个方面对评价的内容进行研究。②

---

① 李光树著：《小学数学教学论》，人民教育出版社2003年版，第507页。

② 马云鹏、张春莉等编著：《小学数学教育评价》，东北师范大学出版社2003年版，第227页。

关于数学知识与技能的评价，很重要的一点是评价学生是否真正理解这些知识或技能操作背后所隐含的数学意义，简单地陈述出关于某个概念的定义或对某个概念的正反例证进行辨别还不足以有效地评价学生对这一概念的理解。事实上，大多数学生学习概念的最好途径是通过动手操作、画图或应用，而不是从一个定义开始。因此，评价的题目必须设计得足够精细，以准确反映出学生的发展过程。

关于数学学习过程和方法的评价，很难在一道题甚至短时间里测试出数学学习的全部过程和方法，但是我们可以针对一些具体的数学学习过程和方法单独地进行测量和观察。同时，2001 年的课程标准中明确地把“形成解决问题的一些基本策略”作为一个重要的课程目标。学生的数学学习必须建立在对数学认识的基础上，而不仅仅是掌握一些概念和技能，它包括调查和推理的方法、交流的手段以及对数学知识来龙去脉的理解。也就是说学生在数学学习过程中需要经历探索、推测、猜想以及有效的推理去解决有关的数学问题。因此，可以通过考查学生的问题解决能力来考查学生数学学习过程和方法目标的达成情况。

关于情感、态度与价值观的评价，有助于教师为学生创设一个有利于开展创造性思维活动的情境，了解学生的数学学习行为，诊断学生在数学学习中产生困难的原因，以便有针对性地制订个性化教学策略。学生对数学的认识、态度和情感与其在数学认知上的发展并不是割裂的，它们一同发展，并相互影响和促进。学生对数学的情感、态度和价值观具体包括如下几个方面的表现：① 具有运用数学知识解决问题、交流观点和推理的信心；② 具有探索数学观念的灵活性，愿意尝试各种解决问题的方法；③ 面对富有挑战的数学任务时有坚持不懈的愿望；④ 对从事数学活动具有好奇心、探索欲，并富有一定的创造性；⑤ 具有调节和反思自己思维过程和行为的意识，对于不懂的地方或不同的观点敢于提出质疑；⑥ 养成实事求是的态度和独立思考的习惯；⑦ 体会到数学在解决来自其他领域和日常生活中的问题的应用价值；⑧ 欣赏数学在促进社会进步和文化中的作用以及作为工具和语言的价值。学生在学习过程中存在着两种不同的动机系统，一种是业绩目标，一种是掌握目标（或学习目标）。对这两种不同目标系统的学生的学习评定应采取不同的方法：对业绩目标系统的学生，评价时应尽量让他获得良好的评价，并引导他对学习过程感兴趣，促进他向学习目标系统转化；对学习目标系统的学生进行评价时，应着重强调他自己每次学习的进步，进一步激发和巩固其学习兴趣。

（二）对数学核心素养的评价研究

随着新一轮数学课程改革的推进与不断深化，以及PISA、TIMSS等国际测试对我国的广泛影响，数学核心素养成了数学教育研究者们普遍关注的重点，但是有关学生数学素养的测评研究相对缺乏。我国关于数学核心素养的评价研究是在近十年内兴起的，研究者主要集中在高等院校。

有研究者侧重于数学核心素养评价体系的研究，应用德尔菲法制订小学第二学段学生数学核心素养评价的第一、二级指标并确立各指标的权重。该研究表明，小学第二学段学生数学核心素养评价指标包含数学抽象、推理能力、模型思想、运算能力、空间观念和数据分析观念6个一级指标和18个二级指标。①有的研究者则在PISA数学素养内涵与测评框架的基础上，编制出相应的测评工具，对四年级学生的数学素养进行测

---

① 熊丽：《小学第二学段学生数学核心素养评价指标体系构建研究》，西南大学硕士学位论文，2017年，第43页。

评。[①]对数学核心素养的评价体系和测评工具进行研究具有深刻的现实意义，它不仅有助于完善教育测量与评价的相关理论，还可以帮助一线教师更准确地把握教学的深度和广度，从数学核心素养的角度出发改善教学。

有研究者侧重于具体数学核心素养的研究。李艳琴和宋乃庆从小学低段数学符号意识内涵的再认识入手，通过实证研究初步构建并验证了小学低段数学符号意识的测评指标体系（即3个一级内涵维度指标，包含数学符号的抽象、数学符号的识记和数学符号的应用；7个二级行为因素指标，以及各指标的权重）[②]，该测评指标体系为学生数学符号意识和抽象思维的培养提供了具体参考指标。有研究者借鉴已有的教育研究领域测评模型构建思路和方法，构建出学生几何直观能力测评指标。该研究最终得到3个一级指标，每个指标包含3个二级指标，其中一级指标包括形成图形的认识、利用图形描述问题和利用图形分析问题，二级指标包括由具体物体抽象出图形、认识图形并能用符号表示图形、形成图形映象并会画基本图形、用图形表示数及其运算、用图形表示几何问题、用图形表示现实问题、借助图形探索问题思路、由图形建立数量关系和利用图形解决问题。[③]有研究者则以六年级学生为对象对学生统计素养进行了测评研究，其构成要素包括统计情感态度、统计知识技能。该研究表明，87%的学生都能达到统计素养的基本水平，在统计情感态度上的表现比统计知识技能的表现要好，统计素养水平与性别、学校类型、数学成绩状况以及统计知识技能等显著相关。[④]国内外关于统计素养测评的研究甚少，尤其是以小

---

① 彭超：《四年级学生数学素养测评研究》，华中师范大学硕士学位论文，2017年，第73页。

② 李艳琴、宋乃庆：《小学低段数学符号意识测评指标体系的初步构建》，《教育学报》2016年第4期。

③ 张和平：《小学生几何直观能力测评模型的构建研究》，西南大学博士学位论文，2018年，第125页。

④ 蒋秋：《小学生统计素养测评研究》，西南大学硕士学位论文，2015年，第33页。

学生为对象更是寥寥无几，因此该研究具有很强的创新性与启发性。

（三）对数学学科具体知识的评价研究

不同的学习内容有着独特的知识特征和学习特点。梁策力从数与代数领域入手，开展六年级学生数与代数领域的素养测量与评价研究。他结合我国义务教育数学课程标准的理念，界定了小学生数与代数素养的内涵并基于可测量性的考虑，确定了包含内容维度、认知维度、情境维度的六年级学生数与代数素养的测评框架。研究结果表明，六年级学生数与代数素养在概念理解与简单技能、联系与应用、推理与问题解决水平上存在显著差异，在推理与问题解决水平上学生表现并不理想。基于此，他指出小学数学需发展多元化评价，同时数学纸笔测试题可尝试创设多样化问题情境。该研究从实践操作层面对我国小学生的数学素养进行研究，具有一定的实践意义和现实意义。①还有研究者基于2011年课程标准的要求，以小学第二学段“分数的认识”内容为例，进行了小学数学学业评价指标体系的研究。该研究借鉴国内外学业评价模式，通过问卷、访谈等调查方式，明确了基于标准的小学数学学业评价的关键在于将课程标准转化为可操作的评价指标，建构了小学数学第二学段“分数的认识”学业评价指标体系。针对小学数学学业评价现状，该研究者提出了国家应制订基于课程标准的评价标准，教材编写应回应评价标准，评价标准应成为教师理解学科内容和设计教学的依据之一，测试题目命题取向与评价标准一致等建议。②

数学学习测评的基本设计思路是重视数学核心知识，以认知线索加以

---

① 梁策力：《六年级学生数与代数素养测量与评价研究》，西南大学硕士学位论文，2015年，第71页。

② 董琴：《基于标准的小学数学学业评价指标体系研究——以第二学段“分数的认识”为例》，东北师范大学硕士学位论文，2014年，第68页。

展开，形成对数学素养的双向多维度评价框架，并且注重考查学生应用数学解决生活实际问题的能力。我国研究者对于数学素养的研究多在理论层面，而对于数学素养的评价等实践操作层面的研究相对较少，积极探寻适用于我国小学生数学核心素养的评价结构，对于了解当前现状有重要的意义，对进一步培养学生的数学素养有促进作用。

三、小学数学学习评价的方式

新中国成立以后，高校教师、教研员、一线教师等教育工作者从理论和实践方面对小学数学学习评价的方法进行了广泛的探索与研究，主要包含作业与变式练习、纸笔测验、表现性评价等方法。

（一）作业与变式练习

1. 作业

作业是教师教学活动的一个非常重要的环节，也是学生巩固所学内容和教师获取反馈信息的重要手段。家庭作业质量的优劣，直接反映出学生掌握知识的程度，也反映出教师教学效果的好坏。作为一种重要的评价方法，有关作业的研究也非常多，主要包括作业的布置、设计、批改、评价等等。

在作业的布置与设计方面，有研究者对小学数学作业设计的现状进行调查，发现存在以下问题：首先，仿照例题的题目太多，创新运用的题目少，很多学生简单重复地应付完成，不求甚解；其次，单纯计算的题目较多，应用表达的题目少，缺少对数学应用价值的体现；最后，要求单独完成的题目多，关注合作互动的题目少，忽视学生合作交流的需要，导致部分学困生会对数学作业产生恐惧心理，不利于学生身心的发展。[①]还有研究者以吉林省小学生为对象，对家庭作业情况进行了调查研究。研究发现任课教师能够注意控制作业量，教师有改革家庭作业的意愿；但也存在计算类作业过多、练习册数量过多、存在惩罚性作业等问题。针对这些问题，该研究者提出了以下几点建议：① 通力合作，控制作业量，提高作业有效性；② 取消“暴力作业”；③ 紧密联系生活，设计趣味作业，变中求真；④ 趣味式批改；⑤ 批改分层取代作业内容分层。[②]在作业的批改与评价方面，有研究者提倡用多元化的评价方式来批改作业。首先，应该实现评价者的多元化，让学生和家长都参与到评价中来；其次，评价方式多元化，改变“全批全改，精批细改”的评价方法，让教师将重心放在教学中；再次，评价标准多元化，看到更多孩子的闪光点；最后，教师能够使用更丰富的评价符号和评语，将更多积极的符号和鼓励的评语表现在作业评价中，让评价的激励作用得到发挥。[③]也有研究者认为多元评价、因材施教是作业评价中非常重要的策略，提出要运用科学的评价手段来提高学生的学习能力，包括创设目标评价、尊重群体差异，运用延时评价、提供进步机会，实施发展性评价、促进学生发展等。[④]

有研究者提出了针对作业批改的实施策略，主要包括六个方面：树立

---

① 李彦、文春蓉：《新课程小学数学作业设计的问题与策略》，《现代中小学教育》2011年第10期。

② 赵悦：《吉林省小学数学家庭作业布置与批改情况的调查研究》，东北师范大学硕士学位论文，2012年，第25页。

③ 李璐莹：《小学数学家庭作业多元化评价方式的应用研究——以小学中高年级为例》，上海师范大学硕士学位论文，2017年，第37页。

④ 王亚琳：《小学作业评价现状调查及改进策略——以瓦房店市为例》，渤海大学硕士学位论文，2016年，第25页。

正确的教育理念，深化对家庭作业批改重要性和作用的认识；合理选择批改范围，多主体共同制订多维的批改标准；综合使用各种批改方法，增加学生、家长的参与机会和参与方式；恰当呈现批改结果，做到批改符号多样且易懂，使用人文性评语，丰富评定方法、规范等级制度；家庭作业反思，包括指导学生形成正确的错题态度和做法，及时再批改家庭作业，以及端正面批态度、完善面批技巧；建立和完善奖惩机制，恰当使用奖惩。①

2. 变式练习

变式是指概念的正倒变化，是适合规则的情境的变化。在我国，邵瑞珍率先针对变式练习开展了研究，她认为将知识从陈述性形式转化为程序性形式最重要的教学条件是在相似的情境和不同的情境中练习，只有这样学生的程序性知识才能获得迁移，而促进这种迁移的关键是变式练习。②在小学数学教学中，变式主要集中表现在数学概念、定义、定理、公式、法则等的形式变化，以及题目不同角度、不同层次、不同情形、不同背景的变化。在小学数学教学中，学生在解题时，经常会按照习惯的思路思考问题，按特定的模式解答习题。因此遇到常规题型，他们解题思路比较清晰，解题速度也较快，而对叙述形式稍有变化的习题便无从下手。因此，在小学数学练习中，根据教学内容，结合学生实际引入变式练习，无疑是十分重要的。

有研究者对变式练习的设计问题进行了研究，首先要在概念教学中进行变式练习，有助于学生深刻理解概念的内涵与拓展；其次要在计算教学中进行变式练习，有助于学生加深对四则运算的理解和掌握；再次要在几

① 郑珊珊:《小学高年级数学家庭作业的批改策略研究》，山东师范大学硕士学位论文，2014年，第34页。

② 邵瑞珍主编:《教育心理学》，上海教育出版社1997年版，第102页。

何初步知识教学中进行变式练习，有助于培养学生的空间观念和空间想象力；最后要在应用题教学中进行变式练习，有助于提高学生解答应用题的能力。[①]还有研究者总结了小学数学变式练习的五种方法：① 变条件顺序，也就是把题目条件的先后顺序进行调换，然后让学生进行练习，让学生在练习中发现，题目中叙述的方式改变了，但其解法却不变；② 变思维方法，即把题目的类型进行纵向和横向的变换，在解题时需要变换角度，加强学生的新旧知识的练习，也可以培养学生创造性的思维能力，激发学生的积极性和主动性；③ 变叙述术语，如把“增加”改为“增加到”，“除以”改为“除”或“去除”，意思便发生变化；④ 改变图形方位，例如对三角形、平行四边形、长方体等几何图形的认识，应该注意变方位训练，促进学生抓往知识本质，并提高空间想象能力；⑤ 变书面练习为实际应用练习，例如教学“平均数的问题”时，可以让学生统计各组的平均年龄、平均身高等；教学长（正）方形的面积、周长时，可以让学生测算书面、桌面、黑板面等的面积与周长。[②]

变式练习形式多种多样，不管怎样变化，要注意将“变式题”与“原题”进行比较，从而进一步突出事物的本质属性，并促使学生的思维不断深化。妥善地安排变式练习，能真正有效地促进学生有意义地主动学习，帮助学生构建良好的知识结构。

（二）纸笔测验

纸笔测验是数学教育中应用最为广泛的评价方法，它是根据数学教育

---

① 刘少栋：《变式练习在小学数学教学中的运用》，《新教育时代》2015年第11期。

② 许万良：《小学数学变式练习的若干方法》，《教育评论》2001年第9期。

目标，通过编制试题、组成试卷对学生进行测试，引出学生的数学学习表现，然后按照一定的标准对测试结果加以衡量的一种评价方法。该方法根据教学目标选定题目，通过学生对这类题目的反应，可以判断学生是否学到了知识、技能和具有理解、应用、分析、综合等能力，是评价的一种特定的形式，通常是由一组要求在固定时间内完成的题目组成，并在相同的条件下对所有学生施测。标准化纸笔测验则是指其测验的指导语、题目内容、评分、时间等各种影响测验成绩的因素都要进行严密的设计和控制，统一要求和标准，并经过抽样、试测、修改、正式施测后建立一个常模来解释每个人得到的测验成绩。规范的纸笔测验过程包括：确定测验目的、制订测验大纲、编制双向细目表、编拟试题、组合成卷、试测、施行及评分、分析考试结果、解释分数等步骤。①

有研究者总结了新课程改革以来课程评价观念和方式发生的变化。具体来说，包括从传统的纸笔测验的严肃性、生硬性、人为编造性向适应儿童心理发展特点和新课程培养目标变化的情境性、开放性、实践性、探索性等改变；试题的版面设计采用图文结合的形式，命题形式体现情感性和差异性；在纸笔测验中增加开放题、表现性评定等，对学生提出多方面、多角度、多层次探索的数学问题。②封闭性问题答案只有正确与不正确（或不完整）两种，正确的答案是唯一的，对于其中的思维过程和思考方式我们无从知道，而在纸笔测验中增加开放题等，可以克服以往纸笔测验的不足。

还有研究者从试题内容的命题方向层面进行研究。有研究者认为小学数学考试应该进行变革，需要以课程标准和教材的基本要求，以及学生的

①② 田晶：《小学数学纸笔测验的改造与开发》，东北师范大学硕士学位论文，2005年，第5、33页。

接受能力为出发点，确定考试内容和主要题型。其中小学数学考试的内容大致可分为概念、运算和应用题三部分，主要题型有填空、判断、选择，运算包括口算、竖式计算、简算、求未知数、混合运算、看图计算、解应用题等。一份好的数学试卷，应是形式和内容的有机统一，试题要有一定的综合性和灵活性，但又不能超越教材知识的范围和所能达到的程度。因此试题编制者要把握好分寸。①

许多研究者对小学数学考试内容改革的重要性进行了阐述。有研究者提出小学数学考试应改革考试内容，并通过考试反映学生多维智能的发展状况，从而为教育教学策略的制订提供依据。其主张考试内容应趋于体现学生的全面发展，注重能力培养的方向。②还有研究者明确指出，小学数学考试的改革方向应从考试的内容着手，考试内容的改革是考试改革的关键，要改革单纯的知识再现的考试方法，克服考试成绩与能力脱节的现象，以此增强学生学习知识的自主性，提高学生的自学能力。③

有研究者对考试内容的设计与评定方式进行了探索。有研究者提出了一种在考试内容设计方面相对新颖的方法。在对传统的考试内容设计方式进行反思后，研究者认为历来试卷内容的安排是教师的权利，编制考试试卷一直是教师们的工作，教师决定考什么、怎么考，学生只能等待答卷。如果能够将编制试卷的任务交给学生，教师只是起一定的引导和纠正作用，这样就会将学生变为试卷的主体，在解答自己制作的试题时会有一种主观能动性。而在考试过程中，学生可以交流传抄，研究解答方法，而后

① 姚日余：《谈谈小学数学考试的命题》，《安徽教育》1987年第1期。

② 孙俊勇：《小学数学考试改革初探》，《山东教育》2002年34期。

③ 张建明：《新课程体系下小学数学考试内容与方法改革的研究》，《内蒙古教育》2004年第2期。

由教师选出或组合数张编得好的试卷在考试中使用。[①]开卷考试有其自身的优点，能够在一定程度上改变应试的取向，反映学生的学习能力、检索能力、沟通能力等，但是不能对学生掌握知识的程度有一个真实的体现，应注意应用的情境和方法。有研究者关注纸笔测验的评定设计，将其改造为主要依托问题情境进行测验，问题情境测验是对被试者提出一个课本教材中所没有的、课堂上教师也未曾讲过的某种新情况下的问题，令被试者自行解决，从而考查其解决问题的能力。[②]还有学者提出开展数学能力分项测评，这是一种以促进学生全面发展为取向，对学生数学知识和技能、数学思考能力、解决问题能力、情感态度的全面测评，可以使学生的发展与教师的进步和当前的课程改革有机地结合起来。具体操作程序为：建构评价的目标体系—编拟测评的双向细目表—编制测试题—预测—施测—分析评价。[③]

（三）表现性评价

表现性评价作为评定学生潜能和学业的质性评定方法，侧重于评定学生的高级思维能力和运用所学知识解决实际问题的能力。[④]这种通过教师评定学生完成表现性任务的过程与结果的方式，具有传统纸笔测验所难实现的优点：有利于测定学生解决实际问题的能力；充分而全方位地考查学生的表现，富有个性化；促进学生心理素质的发展；体现现代学习理论，把学生看作意义建构的参与者。

---

① 孙玉环：《爱上考试没商量——小学数学考试改革之我见》，《数学学习与研究》2013年第14期。

② 余文森：《现行校内考试制度的弊端及其改革》，《黑龙江教育》2003年第2期。

③ 徐炳炎：《小学开展数学能力分项测评的实践与思考》，《教学与管理》2004年第2期。

④ 蔡俊：《试析学生实验的表现性评定》，《教育实践与研究》2004年第5期。

1. 开放题

数学开放题，即“答案不唯一或者有多种解法，需要解题者进行多层次、多角度的理解和探索的数学题目”，包括条件性开放题、策略性开放题、结论性开放题和综合性开放题等多种类型。①数学开放性问题最突出的特点就是“不确定性”，能够培养学生的发散思维，引导他们如何从多角度看待问题并解决问题，从而打破学生的思维定式，提高其创造能力。好的开放性问题不仅要求学生给出数学问题的具体解答结果，还要求学生在分析和解决问题的过程中学会探索，使用各种方法，综合应用各种数学知识和技能，并在具体的情境中调整它们从而适应新的情境。②

数学开放题具有重要的教育价值。一方面，开放性问题能够促进学生的数学理解和数学思维能力的发展，同时还能促进师生之间、生生之间的有效数学交流，有助于学生获得丰富的学习体验；另一方面，通过数学开放题，教师也可以更加准确地把握学生的学习状况，从而进行有针对性的教学评价和反思。③

在如何设计和开发开放性问题方面，有研究者认为小学数学开放题的编制要有利于激发学生对数学学习的兴趣，鼓励学生主动思考，积极应用所学数学知识分析和解决实际问题。④还有研究者倡导将学生置于真实的解决问题的故事情景中是最简单的方法，使数学问题贴近生活，当学生为问题情境中的一部分内容去完成相关任务的时候，就能获得关于他们知道什么内容的更清晰和真实的评价。⑤他还提出，开放性问题的开发可以基

① ③ 张春莉著：《小学生数学能力评价研究》，人民教育出版社2010年版，第184、185页。

② 王宇芳：《小学数学发展性学习评价的实践与思考》，《江西教育》2014年第12期。

④ 金立新、梁立国：《小学数学开放题教学研究》，《中国校外教育》2018年第10期。

⑤ 马云鹏主编：《小学数学教学论》，人民教育出版社2013年版，第233—234页。

于对传统问题的改造。因为传统问题为开放性问题的设计提供了很好的原型，只需简单改造便可以成为所需的开放问题。在编制开放题的具体方法上，有学者指出可以应用弱因法、隐果法、索因法、建模法等方法来编拟适合学生思维发展水平的开放题。[①]

2. 数学日记

数学日记即学生以日记的形式记录在数学学习中的收获、疑问、感受等，是教师及时了解学生学习数学过程中的真实学习表现、态度变化、情感体会的第一手资料，便于保证小学数学教学始终以学生为中心，使学生在学习中由被动转为主动，形成积极的学习心理。

数学日记在小学数学教学中有重要作用。有研究者认为，数学日记架起了师生沟通的桥梁，可以增进师生之间的相互了解。在日记中，学生可以自由大胆地对数学问题进行表达，对教师进行情感的倾诉，教师也可以及时了解学生的相关情况，第一时间解决教学中出现的问题。同时，数学日记还会激发学生学习数学的兴趣，促使学生对身边与数学有关的事物存有好奇心，让学生乐于接触、积极思考。[②]指导学生写数学日记，将新学的概念记录下来并做分析，一方面有助于巩固知识，培养学生的思维能力，另一方面，还会帮助学生对自己的学习方法、学习态度进行反思与总结，养成良好的学习习惯。[③]

而从小学数学学习评价的角度来说，数学日记连续地记录了学生的数学学习表现，便于教师深入分析学生的数学学习行为。进一步来讲，数学日记是对学生进行数学考核的重要途径。为解决忽视学生学习过程这一问

---

① 张春莉著:《小学生数学能力评价研究》，人民教育出版社2010年版，第184页。

② 刘琼:《数学日记在小学数学教学中的重要作用》,《内蒙古教育》2018年第5期。

③ 江琴:《利用数学日记优化小学数学教学》,《教书育人》2018第7期。

题，有研究者倡导教师鼓励学生将生活中遇到的关于数学的事件以日记的形式记录下来，并将此作为学生的一项平时成绩，从而在期末考试的基础上给予学生更加客观全面的评价，并在此基础上依据学生的心理活动和认知变化确定教学重点，提高教学成效。[①]

3. 档案袋

档案袋（portfolio），又称成长记录袋，主要是指将反映学生学习进步的重要资料记录保存下来，归建成档，从而为学生的发展成长过程提供很好的形成性评价。[②]档案袋能够反映出学生发展与进步的历程，有助于全面收集学生多方面的学习信息，保证评价的全面性和科学性。记录的资料内容不拘一格，主要是反映学生学习进步的资料，如最满意的作业、最喜爱的小制作、在日常生活中发现的有意义的数学问题、解决问题的方案和过程、解决问题的反思、阅读数学读物的体会以及活动报告或数学小论文等。

在档案袋的开发方面，有学者指出档案袋的设计需要遵循特定的原则，应以促进每位学生的全面发展为根本目标，依据2001年版课程标准，学生年龄特点和心理、生理实际出发来制订，充分发挥评价的激励功能、学习功能及教育功能，分阶段、分主题、全方位地记录学生的成长轨迹。[③]具体来说，首先，档案袋应具有鲜明的学科性，即主要关注学生在数学学科学习过程中能力的培养；其次，档案袋还应具有可操作性，要根据学生在不同阶段的特点和需求进行设计，并由学生、家长和教师共同参与完成；再次，档案袋还要注重发展学生的个性，关注每个学生的发展，

① 谢玉琼：《探寻小学数学生活化教学的途径和策略》，《课程教育研究》2018年第34期。

② 马云鹏主编：《小学数学教学论》，人民教育出版社2013年版，第241页。

③ 马云鹏、孔凡哲、张春莉主编：《数学教育测量与评价》，北京师范大学出版社2009年版，第151页。

凸显其主体地位，帮助他们树立自信心；最后，档案袋具有评价多元性，强调从学习态度、学习方法、知识技能三个方面促进学生的全面发展。

与学生一味接受教师指导不同，通过使用档案袋，学生将参与学习目标的制订和学习计划的执行过程中，自己监督自己的学习。教师也将和学生一起决定学生应该知道什么，能够做什么以及哪些方面还需附加作业以加强认识。因此，使用档案袋的过程就是一个教师引导学生自主学习的过程。

4. 综合实践活动

2011年版课程标准将课程内容分为四个部分："数与代数""图形与几何""统计与概率""综合与实践"。其中，"综合与实践"主要是指以问题为载体、以学生自主参与为主的学习活动，可以在课堂上完成，也可以课内外相结合。其设置的目的在于培养学生综合运用有关的知识与方法解决实际问题，培养学生的问题意识、应用意识和创新意识，积累学生的活动经验，提高学生解决现实问题的能力。

在小学数学教学中开展综合实践活动有着独特的教育价值。有研究者认为综合实践活动能够改善学习方式，与传统的教学模式不同，综合实践活动仅仅依靠学生的个人能力是无法完成的，需要在具体问题情境中收集和分析信息，确定问题的方向，理清解决问题的思路，在此过程中，自主探究、动手实践以及与他人的合作交流就成为必不可少的环节。[①]与此同时，开展综合实践活动还会加强学生的知识联系，体现课程的综合性。与传统的线性知识学习模式不同，综合实践活动往往需要学生综合运用所学

① 沈清：《小学数学综合实践活动提高小学生解决问题能力的实践研究》，上海师范大学硕士学位论文，2018年，第5页。

过的数学知识和不同的思维方法去解决现实情境中的高难度问题，能让学生全面了解数学知识之间的联系，整体认识数学课程。此外，通过参与综合实践活动，学生解决实际问题的能力还会得到有效提升。在综合实践活动中，学生会在发现问题、提出问题、分析问题和解决问题的过程中掌握基本的数学知识与技能，同时提高数学应用意识，积极运用所学知识解决实际数学问题，获得基本的数学活动经验。

关于综合实践活动的类型，有研究者依据活动形态将综合实践活动分为动手操作型、场景观察型、游戏活动型、调查访问型、课题研究型五种类型。[①]还有研究者认为综合实践活动可以分为两类：一是融合型，即把“综合与实践”融合在“数与代数”“图形与几何”“统计与概率”的学习中；二是形式多样的数学活动，如数学调查、数学制作、数学实验、数学游戏、课题研究等。[②]在实际的教学活动中，教师应根据具体情况选择适合的类型。

关于综合实践活动的实施策略，有研究者从“综合应用”和“实践应用”两个角度提出了相关要点。其中“综合应用”的实施要点为：① 有综合运用相关知识解决一些简单实际问题的成功体验，初步树立运用数学解决问题的自信心；② 获得综合运用所学知识解决简单实际问题的活动经验和方法；③ 初步感受数学知识间的相互关系，体会数学的作用。“实践活动”的实施要点为：① 经历观察、操作、实验、调查、推理等实践活动；在合作与交流的过程中，获得良好的情感体验；② 获得一些初步的数学实践活动经验，能够运用所学的知识和方法解决简单问题；③ 感

---

① 沈科：《小学数学“综合与实践”课型分类及教学策略》，《教学与管理》（小学版）2013年第10期。

② 范文贵主编：《小学数学教学论》，华东师范大学出版社2011年版，第108页。

受数学在日常生活中的作用。[①]

四、小学数学学习评价结果的呈现

评价结果的呈现要将定性与定量相结合。应采用鼓励性语言，发挥评价的激励作用，让每个学生体会到：只要付出了努力就能获得公正、客观的评价。另外，评价要充分关注学生的个性差异，保护学生的自尊心和自信心。研究者普遍认为，评价的呈现方式包括分数（评分）、评语和成长记录袋三种方式。

（一）分数

有研究者认为，对数学的分数应有两种解释，包括对分数本身的解释以及对学生和家长的解释。从对分数本身的解释来说，评分可分为绝对评分和相对评分，常用的百分制属于绝对评分，每个学生的分数都是用同样的标准来衡量的，相对评分（等级）则是指学生的分数和等级在整个群体中所处的位置，如标准分数，百分等级等。由于在义务教育阶段使用百分制的弊端日益凸显，2011年版课程标准建议采用定量和定性结合、以定性描述为主的评价方式，并且要遵循一些基本的评价原则：① 测验分数或等级描述的是学生学会的行为或目前所达到的水平；② 分数或等级提供的是对学生数学学习成效的一种估计，而不是确切的标志；③ 单独的

---

① 戴莹、刘东芝、张莉编著：《小学数学课程与教学论》，世界图书出版广东有限公司2013年版，第57页。

一次数学测验分数或等级并不能作为学生数学学习能力评判的可靠依据；④ 数学测验分数或等级表明的是学生数学学习中的行为表现，而不是解释表现的原因。

从另一方面来说，教师应懂得根据考试的目的和考试结果的意义向家长做出正确的解释。以往的做法中存在着一种错误的倾向，就是教师会根据某次的考试成绩的高低为学生排名次，这不仅会给学生造成很大的压力，也会给家长带来不小的心理负担。因此，当家长向教师询问考试分数的有关问题时，教师的回答就非常重要。例如，当家长问“孩子的数学学得怎么样，行不行？”这样的问题时，教师可以用孩子在分数以外的其他数学学习的表现来解释，并且可以用各门课的综合成绩来反映总体的进步，培养家长的均衡发展理念。①

（二）评语

评语是用简明的评定性语言叙述评定的结果，可以补充评分的不足。有研究者指出，一个分数或等级所能反映出的信息毕竟是有限的，对于难以用分数或等级反应的问题，可以在评语中反映出来，对学生的评价能够更加全面。评语无固定的模式，但针对性要强，语言力求简明扼要、具体，要避免一般化，尽量使用鼓励性的语言，客观、全面地描述学生的学习状况，可以充分肯定学生的进步和发展，同时指出学生在哪些方面具有潜能、哪些方面存在不足，使其有利于树立学生学习数学的自信心，提高学习数学的兴趣，明确学生努力的方向，促进学生进一步的发展。教师的着眼点需要从分数或等级转移到学生已经掌握了什么，获得了哪些进步，

① 马云鹏主编：《小学数学教学论》，人民教育出版社2013年版，第237页。

具备了什么能力等方面。学生在阅读了这个评语之后，可以获得更多的成功体验和学好数学的自信心，同时也知道了自己在哪些方面存在着不足，明确了自己今后继续努力的方向。①

也有许多研究者对作业批改中的评语运用进行了研究。有研究者对评语的作用进行了论述，指出作业是课堂教学的延续，便于让学生更清楚地了解自己作业中存在的优缺点，加强师生间的交流，促进学生各方面和谐统一的发展。②还有研究者分析了小学数学作业批改中评语的使用现状与使用形式，指出目前小学数学作业的评语存在形式单调生硬、内容枯燥乏味以及内容缺乏实质的不足，教师应突破传统，更新理念，在小学数学作业批改中恰当使用评语，做到准确、简洁、明了、自然、亲切；要利用评语积极引导并适时鼓励学生，使学生感受到教师的关爱；要严格要求学生，帮助学生拓宽解题思路。③

（三）成长记录袋

在积极推进基础教育课程改革，大力倡导发展性评价的大背景下，成长记录袋评价是教育评价研究者十分关注的一个研究领域。成长记录袋作为一种物质化的资料直接显示学生学习成果，尤其在显示关于学生持续进步的信息方面具有不可替代的作用。它不只是收集学生作品的档案夹，更是收集学生迈向课程目标、与成长和发展相关的作品样本。④

有研究者对小学数学成长记录袋评价的问题与对策进行了研究，该研究选取了深圳市两所重点小学，通过问卷调查、访谈等研究方法，肯定了

①④ 马云鹏主编：《小学数学教学论》，人民教育出版社2013年版，第240、241页。

② 孙淑凤：《数学作业批改中巧用评语》，中华教育理论与实践科研论文成果选编第11卷，第388页。

③ 褚万英：《小学数学作业批改中评语的形式与使用》，《西部素质教育》2017年第3期。

这种新型评价方式在实践中的生命力，同时也指出在具体操作中存在的问题：成长记录袋里的内容杂乱无章；对成长记录袋缺乏明确的评价标准和操作要求；成长记录袋评价与学生、家长的交流和反馈不及时等。①

① 曾碧：《小学数学成长记录袋评价的问题与对策》，华东师范大学硕士学位论文，2006年，第34页。

第三节
小学数学学习评价研究的总结与展望

一、小学数学学习评价研究的总结

（一）由鉴定、甄选到诊断、激励，数学评价认识逐渐深化

在70年的数学教学与学习的评价研究中，数学教育领域的工作者对于数学教学与学习的评价的价值认识发生了很大的转变，主要表现为从重视评价的鉴定、甄选功能到重视评价对学生学习与发展的诊断、激励作用。这在政策文件、理论研究和实践探索中都得到了不同程度的体现。

1952年颁布的《小学算术教学大纲（草案）》第一次对考试的内容和要求做出规定，形成了数学教学评价的萌芽和雏形。1986年，国家教委颁布《全日制小学数学教学大纲》，正式提出了“改进成绩的评定”的任务，这是我国第一次将数学评价活动写进纲领性指导文件中。受我国科举制度和苏联初等数学教育的影响，我国的数学教学评价在很长一段时间内一直以鉴定和甄选为目的，评价方式主要为各种纸质测试，通过期中、期末考试来对学生的学习情况进行考核。这一阶段关于数学教学评价的研究也多是以如何公平、公正地考查学生的数学基础知识为主题，研究的落脚点还停留在数学成绩的考查与评定。

受到国家课程改革深入的影响，数学教学与学习的评价研究开始以促进学生的学习和发展为评价目的，并从考核学生基础知识为主转向评价

学生的数学素养。2001年和2002年，教育部分别下发了《基础教育课程改革纲要（试行）》和《教育部关于积极推进中小学评价与考试制度改革的通知》，强调评价应该充分发挥对学生学习、教师教学的促进功能。同阶段，教育部颁布了《全日制义务教育数学课程标准（实验稿）》，对数学评价的目的和内容进行了更加详细的阐述。随着评价观念的转变，小学数学学习评价的研究内容也发生了转变。一方面，国内的数学教育研究者开始关注国际上的数学素养测评，从对PISA测试等国际测评中的数学素养内涵与测评方式进行介绍，再到透过国际测试反观国内的数学教育评价，最后在先进测评理念的基础上研发适合中国国情的数学评价体系，完成了对国外先进数学评价理念和方式的学习、内化与创新过程。另一方面，研究者开始对数学教学评价的内容和方式进行反思，在变革考试方式的基础上，探索包含评价主体、评价内容、评价方式在内的多元评价体系。

随着课程改革进入深水区，数学教育工作者开始对以往的数学评价工作进行深刻反思，逐渐认识到数学评价改革陷入了追求形式的误区，如学校教师谈成绩色变，学生档案袋无人翻看等，而学生的数学知识与技能却没有提升甚至出现倒退。针对这种情况，广大研究者开始针对数学评价改革中出现的主要问题发声，对数学评价改革进行反思与总结，认识到促进学生发展的评价方式并不是简单地将考试替换为档案袋，将成绩替换为等级评价。而是在建立正确评价理念的基础上，将过程性评价与表现性评价相结合，真正对学生的学习水平进行诊断，并依据学生的诊断结果进行有针对性的教学，从而促进学生发展。

（二）从实践驱动到理论自觉，数学评价体系逐渐完善

数学评价研究是一个认识不断深入的过程，一方面，从实践驱动到理论自觉是研究者数学评价认识的不断深化；另一方面，从具体经验总结到理论体系建构是数学评价研究科学化、系统化的体现。

与数学课程和教学研究相比较，小学数学评价起步较晚，且多带有经验总结的色彩。1993年，中共中央、国务院颁布《中国教育改革和发展纲要》，要求“建立各级各类教育的质量标准和评估指标体系”，各地教育部门要把“检查评估学校教育质量作为一项经常性的任务”。受此影响，数学评价的实践研究也在学校中如火如荼地开展。但是该阶段的评价研究多源于学校实践中的数学评价工作，理论严重落后于实践，难以在更加深入的层面来发挥其作用。通过对数学评价的研究进行梳理发现，2000年之前，数学评价的研究多依托于一般化的评价理论进行探索，缺乏有针对性的数学评价理论指导。此外，研究主题大多比较具体，例如“延迟评价”“自我评价”“分数评价”“积极评价”“思维训练评价”等，倾向于从评价方式、评价内容或评价主体出发，对某一具体的评价理念或评价方式进行经验介绍。

2001年7月，教育部颁布《全日制义务教育数学课程标准（实验稿）》，明确提出“建立评价目标多元、评价方法多样的评价体系”，许多研究者对数学评价体系建设进行了广泛的研究与探索。随着评价理念的转变，“发展性评价”“表现性评价”等成为数学评价领域的热门话题。一些研究者开始通过翻译外文书籍和发表学术论文的方式介绍表现性评价的基本原理、程序和技术，也有学者基于对学生数学学习评价目的和评价方法的探讨，提出了关于学生数学学习的发展性评价体系的构想。更多的学者尤其是实践工作者，则基于现有的评价理论，结合自己的实践工作对某一研究

主题进行针对性探索。

2011年，教育部颁布《义务教育数学课程标准（2011年版）》，提出“全面评价学生在知识技能、数学思考、问题解决和情感态度等方面的表现”，并提出了小学数学的十大核心概念。之后不管是理论工作者还是实践工作者，都聚焦热点问题、依托相关理论进行研究，让理论真正服务于实践。研究者大多聚焦学生的某一或某几个数学关键能力进行评价研究，一方面在学业评价研究方面进行突破，使其不仅能够评判学生的数学基础知识和基本技能，更能够考查学生的数学素养，使评价真正诊断学生多方面的能力，进而依托评价改进教学，促进学生发展；另一方面，研究者在数学评价方式方面进行了广泛的探索，不再局限于纸笔测验和学业评价，学科实践活动和项目学习中的过程性评价开始得到重视。整体来说，研究的科学性、规范性和深入程度都有了明显的提升。

（三）从引进模仿到实践反思，本土化数学评价方式逐渐形成

在研究过程中，国内的研究者一直不断进行着反思性实践，不断将国外的先进理论与经验进行本土化的尝试与改进，在曲折中不断前进，最终形成本土化的数学评价方式。

标准化纸笔测验的相关研究一直是数学评价的研究热点，而且研究者对于测验目的、测验大纲、试题分析方法、测试方法、分数解释方法等内容的研究逐渐科学化，考查了包含学生基础知识、基本技能、数学能力在内的多个层面的数学素质。除此之外，研究者将国外先进的数学评价经验与我国的数学教育优势相结合，在变式教学、开放题等方面进行了深入的探索，发展出中国特色的多元数学评价方式。

变式教学是中国传统的数学教学方式和评价方法，有着广泛的经验基

础。在此基础上，顾泠沅对变式教学进行了系统而深入的实验研究与理论分析，引起了广泛的关注和讨论，对学术界和一线教学都产生了深远的影响。随着变式理论的不断发展，郑毓信从认识论的角度对其进行了进一步辨析，对其中的逻辑关系进行了深入的梳理。也有研究者从变式教学的实践误区出发，提出变式教学的难度要有“梯度”，学生要有“参与度”，数量要“适度”。①

开放题结论开放、策略开放的特征，有利于培养学生的数学能力和创新精神，获得世界数学教育界的普遍重视。随着素质教育的开展，国内的研究者开始对数学开放题的类别、作用、编制、教学等进行研究。随着国内对PISA测试的介绍，以及我国部分地区在2009年加入PISA测试，研究者对数学问题解决测评有了更加深入的认识与了解，并结合问题解决的相关理论，进一步对开放题进行研究。

整体来说，数学教学评价研究从国内数学评价经验的总结出发，通过对国外先进理论的学习，逐步完成现代数学评价理论与实践探索的本土化。

二、未来我国小学数学学习评价研究的展望

（一）将更加关注增值性评价理论在数学评价中的应用

当前，我国正处于教育改革不断深化的关键阶段，如何通过评价促进教育质量进一步提高是亟待解决的问题，而增值性评价为我们提供了新的

① 吴莉霞、刘斌：《变式教学要把握三个“度”》，《数学通报》2006年第4期。

思路。增值性评价是指通过追踪学生在一段时间内学业上的变化，基于学生自身测验成绩的纵向比较，考查学校或教师对学生学业成绩影响的净效应，进而实现对学校或教师效能较为科学、客观的评价。[①]增值性评价强调关注学生个体，能够对学生、教师和学校进行更加公平的比较，并且具有潜在的诊断功能，能够根据每个学生的需要采取相应的教学措施，促进每个学生的发展，尊重差异、注重起点、关注过程、强调发展的特征与课程改革的理念不谋而合。

增值性评价在教育领域的研究与应用大多是通过标准化测验对学生学业成绩的净效应进行分析，进而对教师或学校的教育质量进行评价。在后续的研究中研究者可以重点关注以下三个方面：其一，研究者可以对增值性评价的价值和目的进行再挖掘，重视其对学生发展的诊断和激励作用；其二，增值性评价的视角可以在横向评价比较的基础上，更关注学生个体自身的纵向评价，关注学生个体的发展；其三，研究者可以增加增值性评价结果的利用率，通过对学生发展、教师教学和学校教育的成功案例进行经验总结，发挥成功案例的辐射作用，促进区域内学校教育的整体提升。

（二）将进一步应用多元评价方式促进学生的数学素养

《义务教育数学课程标准（2011年版）》中提到，数学课程要面向全体学生，适应学生个性发展的需要，使得人人都能获得良好的数学教育，不同的人在数学上得到不同的发展。在新课程改革之后，许多研究者在学生数学素养评价方面进行了广泛的研究与探索，但仍有许多问题亟待解决，例如纸笔化标准测试侧重数学知识与技能的考查，应用非纸笔化形式

① 辛涛、张文静、李雪燕：《增值性评价的回顾与前瞻》，《中国教育学刊》2009年第4期。

的表现性任务来评价学生的研究较少，测评情境缺乏对学生真实生活的关注等。

在未来的研究中，研究者一方面可以在中国传统数学教育优势的基础上，借鉴美国国家教育进步评价（英文缩写为NAEP）、PISA和TIMSS的测评框架和题目编制理论等国际上先进的数学素养测评方法，对数学标准化纸笔测试进行改进与创新，评估学生的数学素养；另一方面，研究者可以借助数学综合实践活动课程对数学表现性评价进行进一步的研究。数学综合实践活动课程的内容具有实践性、开放性、挑战性等特征，符合表现性评价任务的基本要求。同时，学生在数学综合实践活动课程的学习过程中，往往经历较长时间的、真实的问题解决过程。在这个过程中，教育评价会自然而然地融合自我评价、同伴互评以及教师的评价点拨等评价方式，过程性评价和结果性评价也都会得以体现。因此，数学综合实践活动课程可以作为表现性评价的载体，对学生的数学素养进行很好的评估。但是需要注意的是，数学综合实践课程内容的选择、实施的方式、学生表现的评估标准还需要进行系统化、科学化的探索。

第六章

小学数学教育研究的热点与展望

第一节
小学数学教育研究的热点

一、数学学科核心素养

（一）核心素养

对于核心素养的研究，近几十年来国外都在不断深入地进行关注与研究。经济合作与发展组织在1997年12月开展了“素养的界定与遴选：理论和概念基础”项目，明确了三个维度和九项素养，并于2005年出台《素养的界定与遴选：理论框架与概念基础》报告，报告认为核心素养是个人实现自我、终身发展、融入主流社会和充分就业所必需的知识、技能及态度的集合，它们是可迁移的，并且发挥着多样化的功能。

欧盟于2006年研究通过了关于核心素养的建议案，认为核心素养包括母语、外语、数学与科学技术素养、信息素养、学习能力、公民与社会素养、创业精神以及艺术素养一共八个领域，其中每一个领域都是由知识、技能和态度三个维度构成的。2005年欧盟委员会（European Commission）发表了《终身学习核心素养：欧洲参考架构》，报告认为核心素养是适于特定情境的知识、技能和态度的组合，核心素养的基本内容由八个关键素养构成：母语交流、外语交流、数学素养和科技素养、数字化素养、主动与创新意识、学会学习、社交和公民素养、文化意识与表达。

2013年2月，联合国教科文组织发布《走向终身学习——每位儿童应该学什么》报告。这个报告将人文主义作为基础详细论述了核心素养，认为学生可以通过学习，促进情感、智力、身体和心理方面的能力和潜力的发展。同时，报告还提出了在基础教育阶段需要特别重视的七个素养：身体健康、社交情绪、文化与艺术、语言交流、学习方法与认知、数字与数学、科学与技术。

在国内，近几年有关核心素养的文献数量突破九千，可见核心素养的研究热度（图6-1）。2014年之前，“数学核心素养”这一概念尚未提出，但以往数学素养在我国的关注和研究较多，1992年《九年义务教育全日制初级中学数学教学大纲》中就出现了“数学素养”这一概念。2014年，教育部公布了《关于全面深化课程改革落实立德树人根本任务的意见》，正式提出了“核心素养”的概念，并将其置于深化课程改革、落实立德树人根本任务的基础地位，是下一步课程设计、开发和实践的依据和目标。

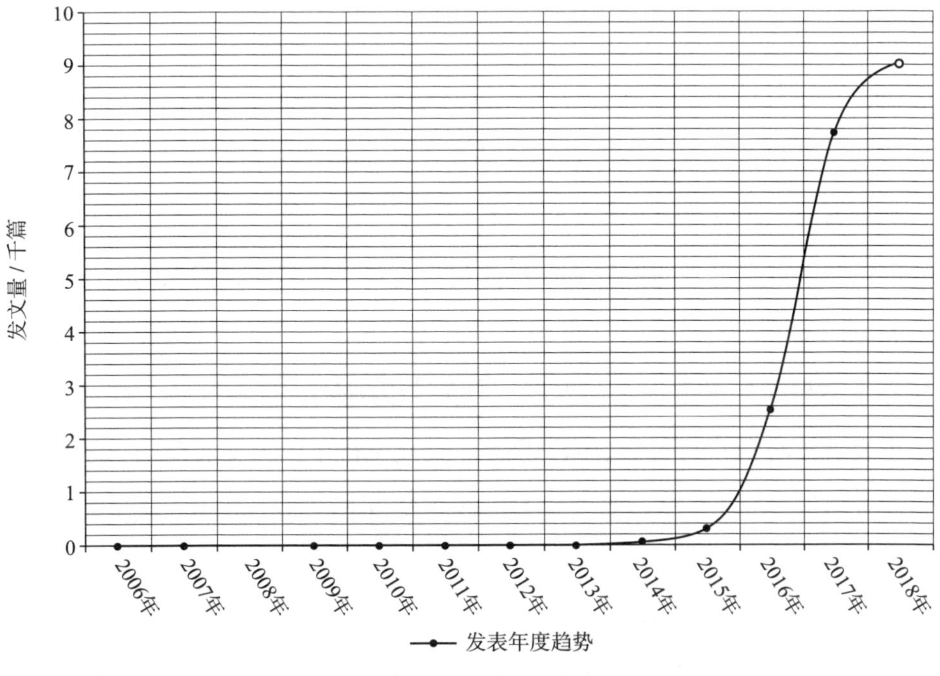

图6-1 “核心素养”研究数量趋势图

数学教育工作者也围绕这个主题展开了热烈的研究与讨论。2015年，教育部组织相关专家围绕各学科的核心素养制定高中的课程标准，越来越多的研究者逐渐关注核心素养，并将研究范围逐渐扩展到中小学。

辛涛等人在《我国义务教育阶段学生核心素养模型的构建》中首次尝试界定义务教育阶段核心素养内涵，认为学生的核心素养应该是对学生知识、技能和情感态度价值观等多角度要求，核心素养的养成有助于个人更好地适应未来社会，促进终身学习，实现全面发展。

钟启泉所写的《基于核心素养的课程发展：挑战与课题》认为“核心素养”在我国主要是指学生在接受相应学段的教育过程中逐步形成起来的适应个人终身发展与社会发展的人格品质与关键能力。

2016年9月13日，核心素养的相关研究取得了新的突破,《中国学生发展核心素养》在北京师范大学发布。该研究提出了中国学生发展核心素养的总体框架和基本内涵。这是核心素养研究组经过反复修改完善，不断地集中商讨，并经过教育部基础教育课程教材专家工作委员会商讨审议后，最终形成的。报告认为学生核心素养的培养主要是指学生在接受教育后能够具备基本素养，适应社会发展方向，促进终身发展。培养中国学生的核心素养的根本出发点是将党的教育方针具体化，完善、落实立德树人的根本使命，培养全面发展的人，提高21世纪国家人才的核心竞争力。我国发展学生的核心素养框架要求学生全面发展，分为文化基础、自主发展、社会参与，学生发展核心素养的六个指标分别是：文化基础下的人文底蕴与科学精神；自主发展下的健康生活与学会学习；社会参与下的责任担当与实践创新。

（二）数学核心素养

就数学学科而言,《义务教育数学课程标准（2011年版）》（以下简称

《课程标准（2011年版）》）提出发展学生“数学素养”，“数学素养是现代社会每个公民的基本成就，数学教育不仅使学生掌握现代生活和学习所需的数学知识和技能，而且将学生的思维水平和创新能力的发展作为主要任务之一”。《课程标准（2011年版）》还有若干新变化：提出数感、符号意识、空间观念、几何直观、数据分析观念、运算能力、推理能力、模型思想、应用意识和创新意识十个核心概念，由数学“双基”发展到数学“四基”，提出问题解决的“四能”，从实质上看，它们都是数学核心素养的培养目标的集中体现。

2014年3月30日，教育部正式印发了《关于全面深化课程改革落实立德树人根本任务的意见》，提出“研究制订学生发展核心素养体系和学业质量标准”，这是国家层面的又一大革新。核心素养研究上升至国家层面，为核心素养研究的发展奠定了坚实的政治基础。核心素养研究的发展愈加迅速，对于核心素养内涵的讨论也逐渐增多。

马云鹏在《小学数学核心素养的内涵与价值》中提出数学核心素养是学生在数学活动中以数学本质为核心的、不断汲取的、发展完善的综合性能力，并将《课程标准（2011年版）》中提出的学生学习数学的十个能力，即数感、符号意识、空间观念等称之为数学的核心素养。①

李星云通过对PISA测试于2012年提出的数学素养八大能力进行梳理并补充，形成了小学阶段学生的六个数学核心素养，即数学交流、推断能力、运算水平、空间意识、分析数据水平和数学建模。②

王尚志等研究者分析归纳数学特点，认为数学核心素养应该具备基本

① 马云鹏：《小学数学核心素养的内涵与价值》，《小学数学教育》2015年第9期。

② 李星云：《论小学数学核心素养的构建——基于PISA2012的视角》，《课程·教材·教法》2016年第5期。

数学特质与核心要求，在数学学习过程中逐渐形成，使个体满足其发展需求与社会需要，最终达成数学课程与教学目标要求。他认为数学核心素养包括数学抽象、逻辑推理、数学建模、直觉想象、数学运算、数据分析六大要素，学会学习、能够应用、适当创新也是其要求；数学核心素养在评价方向上主要表现为数学的综合能力，包括数学知识与技能、数学疑惑与情境、数学思维与表达、数学沟通与交流以及数学反思。①

孔凡哲、史宁中根据小学和初中的总体特点和高中特点，最终确定了“中国学生数学发展核心素养”的概念与内涵，提出了中国学生数学发展的三大核心能力：一是学生经历数学化活动而习得的数学思维方式；二是学生数学发展所必需的关键能力；三是学生经历数学化活动而形成的良好的数学品格及健全人格养成。其中，关键能力包括数学抽象能力、数学推理能力、数学建模能力、直观想象能力、运算能力、数据分析观念。②

二、综合与实践领域

《课程标准（2011年版）》将此前在2001年颁布的《全日制义务教育数学课程标准（实验稿）》中的“实践与综合应用”改为“综合与实践”。作为义务教育阶段数学课程内容中四大知识领域之一的“综合与实践”，其内容如何具体体现于教科书中也受到了学术界的关注。

① 王尚志，胡凤娟：《基于数学核心素养的教学要点》，《上海课程教学研究》2017年第4期。

② 孔凡哲，史宁中：《中国学生发展的数学核心素养概念界定及养成途径》，《教育科学研究》2017年第6期。

《课程标准（2011年版）》指出："综合与实践"是一类以问题为载体、以学生自主参与为主的学习活动。在此类学习活动中，学生将综合运用"数与代数""图形与几何""统计与概率"等知识和方法解决问题。"综合与实践"是小学数学教材中与"数与代数""图形与几何""统计与概率"并列的一个领域，可以看作"课程内容"，但它并不是在其他三个领域之外新增的内容，而是强调数学知识的整体性、现实性和应用性。《课程标准（2011年版）》规定，"综合与实践"的教学活动应当保证每学期至少一次，可以在课堂上完成，也可以课内外相结合。

（一）小学数学"综合与实践"的含义

研究者重视从数学与实践的联系角度定义解释"综合与实践"。有研究者认为"综合与实践"课程的核心要素是以学生的直接经验或体验为课程开发和实施的基础，以学生在教师引导下综合运用学科知识，从现实生活中发现、选择和解决问题为活动特征，以探索为主线，以满足学生的个性发展和培养学生良好的知识观、生活观、创新意识、实践能力为目标。也有研究者认为，该领域实施的重点是让学生主动学习，在综合应用活动中由学生自己体验活动过程，自己总结方法，由此可以提高学生自主学习的能力及实践能力。

有研究者从数学的整体性和联系性看待"综合与实践"，提出"综合与实践"不仅强调数学知识的整体性和现实性，注意数学的现实背景以及与其他学科之间的联系，而且有助于改变学生的数学学习方式，提高学生解决问题的能力。人教版小学数学教科书编者之一的周小川则将小学数学教科书中"综合与实践"的价值聚焦在数学知识的综合运用、动手实践解决问题，学生数学活动的实践经验和思维经验积累以及实践能力和解决问题能力的培养上。[①]

（二）教材中呈现的“综合与实践”

教材中对于“综合与实践”这部分内容的呈现多以专题的形式出现，从人教版教材来看，一至三年级分别设置了“数学乐园”“摆一摆，想一想”“量一量，比一比”“小小设计师”“数学编码”“制作活动日历”“我们的校园”七个综合与实践活动单元。而北师大版一至三年级设置了“淘气的校园：一起做游戏”“分扣子：填数游戏”“班级旧物市场：寻找身体上的数学秘密”“上学时间：‘重复’的奥妙”“搭配中的学问：时间与数学”“小小设计师：我们一起去游园”“有趣的推理”七个活动单元。在这些活动单元中，两套教材主要是围绕一个主题进行设计，使用任务对话和情境衬托等形式对知识点展开学习探究，对相关联的知识点进行有效的利用，并编排成知识体系。如人教版的“摆一摆，想一想”通过两个小朋友的对话引导学生对两位数数位的组成进行学习，并利用表格罗列，让学生在掌握基本知识的基础上，拓展到三位数、四位数甚至九位数的学习。这样的安排重视知识的联系性，更有利于知识的掌握和迁移。另外在活动的设计中，两套教材也注重学习内容和生活的联系，以及对学生自我评价能力的培养。例如在北师大版“班级旧市场”中就设置了评价环节，提问学生“在这次活动中，我的表现是怎样的”，给学生三个指标：1.认真思考问题；2.能够与同学交流合作；3.能够正确运用所学知识解决问题。通过

---

① 周小川：《人教版〈义务教育教科书·数学（三年级下册）〉介绍》，《中小学教材教学》2015年第2期。

笑脸的多少让学生进行自我评价，这样有利于让学生在自我评价中学会反思，并且能够激发学生学习的积极性。

通过文献的整理可以发现进入21世纪以来对教材中的“综合与实践”的比较研究基本是对不同国家与教育体制进行对比以及国内不同版本教材间关于“综合与实践”部分内容的对比。如有研究者通过对比中国与新加坡教材中此领域的专题数量、板块布局、呈现形式、内容编排、活动形式以及与其他知识领域的联系六个方面，得到以下结论：教材中这部分的编写应该遵守应用性与综合性结合、多样性与实践性统一、开放性与闭合性具备、自主性与合作性并存、分散性与集中性统筹的原则。该研究者并据此对我国教材中此部分的内容编写提出建议：（1）适当增加专题数量，不同年级数量梯度增加；（2）呈现形式上既“统一”又“独立”；（3）编写上采取集中编排和分散编排相结合的方式；（4）根据学生学习的年龄特征改变实践活动形式；（5）建立开放的“综合与实践”课程，鼓励开发校本教材。此外，研究者还认为为了“综合与实践”部分的内容发挥更大价值，教师还应加强培训以及资源库的建设。①

有研究者对人教版、北师大版、苏教版等几个版本的小学数学教材的“综合与实践”部分，从专题数量、内容编排、素材选取、呈现方式四方面进行了差异比较。研究者认为四个版本的教材在这一部分上的主要特色与差异如下：（1）在专题数量上，四个版本总体上均存在波动，且波动程度及总数量差异较大；（2）在素材选取上，四个版本教材中的“综合与实践”的素材都较好地考虑了学生的年龄特征，恰当地体现了学生的生活经

① 胥华美：《中-新小学数学教材“实践与综合应用”领域的比较研究——以人教版教材与*Shaping Math*教材为例》，宁波大学硕士学位论文，2012年，第58—60页。

验，各版本的差异主要体现在素材的城乡倾向程度不同，素材来源不同，且相同来源的素材所占比例不同；（3）在内容编排上，四个版本教材中的“综合与实践”都较好地反映了课程标准的理念和要求。各版本的差异集中体现在宏观编排结构不同，微观专题结构、编写方式存在较大的差异；（4）在呈现方式上，四个版本教材中的“综合与实践”部分都力求图文并茂，内容较好地联系实际生活，编排上以多样化的组织形式呈现。①

有研究者从内容编排、呈现方式两个维度对人教版、北师大版和苏教版三个版本小学第一学段数学教材中的“综合与实践”内容进行比较，提出以下建议：教材专题数量要适中，分布应均匀；素材选取要丰富，来源应均衡；标题内容要精练、紧承前文且紧联其他知识领域；评价方式倾向自我评价，提倡情感激励；栏目呈现要多样，设计应贴切；知识问题要丰富，练习应多样化；言语呈现要精练，表述主体采用第二人称；版式设计要结构分明，应图文并茂。同时研究者主张任课教师要认真正确研读《课程标准（2011年版）》，关注课程实施中的生成、探究与创造的指导能力等。②

（三）小学数学“综合与实践”的实施现状研究

通过梳理相关文献发现，许多研究者对“综合与实践”部分的实施过程做了有益的探索。探索结果如下。

教材设计方面，一些教师认为实际教学过程中该部分实操性较差，和教学中的实际情况不符，同时有些内容的课程要求偏离学生的生活，不利

① 陈燕：《小学数学教材“实践与综合应用”比较研究》，西南大学硕士论文，2009年，第19—32页。

② 潘静：《新课标小学数学第一学段“综合与实践”教材比较研究——以“苏教版”“人教版”和“北师大版”为例》，扬州大学硕士论文，2016年，第15—34页。

于教学的实施。

教师方面，许多教师对于《课程标准（2011年版）》中有关“综合与实践”部分的要求认识不到位、不够重视，对相关要求不了解，多数情况下只是简单讲解甚至直接跳过这一环节；教学不能从学生的生活实际出发，缺少活动性和趣味性，教学的内容或主题只局限于课本，缺少对课本深入的探究和开发，不能进行学科之间的整合；教师实施计划不明确，准备不充分；教学过程中学生参与较少，使相关教学活动浮于表面；教学评价过于重视知识学习，忽视能力与情感的培养，或是只注重结果评价忽略教学过程中学生的表现，评价方式单一。

学生方面，有些学生知识基础较薄弱，课堂参与度不高，一些学生缺乏积极性和主动性，交流合作的意识和能力不强。

学校方面，很多学校对“综合与实践”部分的重视程度不高，有些学校更重视学生的考试成绩，而缺少对学生解决问题能力的培养，这部分的知识在实际教学中并没有发挥其应有的作用；针对“综合与实践”部分的相关教学培训也较少。

三、学情分析

我国学情分析的研究起步较晚，一线教师基本都认识到学情分析是教学的重点，如需有效地进行教学，需要准确把握学生的情况和特点。近年来，研究者逐渐开始注意并研究学情，并不断尝试“读懂”学生，分析学生学习起点的研究也越来越多，研究的深度和广度进一步拓展。在中国知网上以“学情分析”为题进行检索，2009年之前每年的文献发表量基本在20篇以内，但2010年以后，相关研究逐年递增。仅2018年上半年，相关文献发表量已达到140篇（图6–2）。

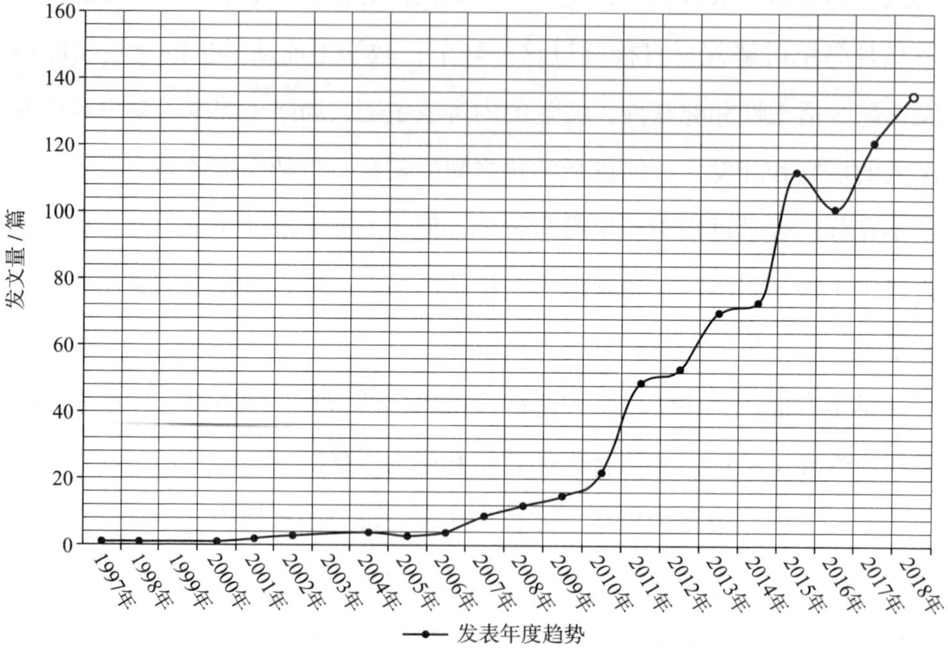

图6–2 “学情分析”研究数量趋势图

（一）学情分析含义

学界较早认为应该对学情进行分析的是赵振旗。他认为学情分析是对学生相关学习情况的分析。[①]也有研究者从语言学的角度，把“学情分析”中的“学情”理解为“学生情况”或者“学生学习情况”的缩略。随着研究的不断深入，国内研究者对“学情分析”概念基本达成了共识：教师为了有效教学而开展的对影响学生学习各因素的诊断、评估与分析，其目的是为教师的有效教学行为提供准确的信息和依据，顺学导教。可以看

① 赵振旗：《应加强对学情的研究》，《山东教育科研》1988年第2期。

出，学情分析研究的不断深入体现了教师逐渐重视并使用新课程改革的理念，教师的观念逐渐从学科本位、知识本位转向学生本位，学生的主体性越来越受到重视。

（二）学情分析内容

学情分析的内容即对影响学生学习因素的分析，归类来看，可以分为智力因素和非智力因素。

影响学生学习的智力因素主要是认知能力和知识经验，认知能力能够帮助人们感知世界，有利于问题的分析与解决，主要包括思维能力、记忆能力、注意力和想象力。而对于认知方法，有研究者认为不同的学生有自己特有的方法和手段。同样的学习任务，有的学生倾向于和同学合作讨论或向老师请教，有学生则倾向于自己独立完成。课堂教学如果能按照学生学习方式与学习风格调整，会帮助学生学得更快更多，效果也会更好。也有研究者认为学生认知水平的不同，会使学生对知识的接受速度和程度有所差异，所以教师要根据学生实际差异来确定教学难易水平，帮助解决学习困难学生的问题与障碍，巩固基础好的学生的认知优势。而对于知识经验这部分，心理学家奥苏贝尔认为新知识可以通过和起“接点”作用的原有知识相互作用获得。在这个理论基础上有研究者认为教师在教学之前，应该了解学生原有的知识基础，即学生的基础知识与生活经验。尤其对于生活经验部分，教师应该做到课前调查了解，心中有数，教学活动从学生已有的经验出发，让学生的知识与经验帮助新的教学内容的学习与理解。同时课程与教材中的内容大多数是由成人选择和编排的“成人经验”，教师要运用教学经验，进行有效的设计，把教材中的“成人经验”改造成适合学生的教学内容，帮助学生快速掌握知识，建立知识间的联系。

非智力因素则是不直接参与学习活动却对整个学习活动产生影响和制约的因素。非智力因素的包含范围较为广泛，在学习中主要包括以下三个方面。一是动机兴趣方面。学习兴趣促进个体认识、研究并获得知识内容，如果学生缺乏学习的动机，教师的教学设计再好，也很难达到既定的教学目标、取得良好的教学效果。所以，教师通过有效的方法和手段使学生产生学习的内在动力，促进学生学习的有效进行。

二是学习内容方面。在学生进行知识学习的过程中，有些知识会被无意识地遗忘或者混淆；有些知识对于某个年龄段的学生来说是比较困难；知识呈现形式的不同会影响学生接受和掌握知识的程度，并且学生已有的知识结构也有可能对学生的学习产生消极的影响，所以教师要能根据知识的特点和学生已有知识结构及时调整教学的方法和策略，帮助学生克服学习中的障碍。

三是心理状态方面。学生的心理状态同样和学习效果联系紧密，在学生心理状态不佳时，家长和学生要采取多种方法相互合作，及时调整学生的心理状态。而在小学阶段，学生多希望受到教师的表扬和肯定，并表现出好奇、爱表现、爱提问的特点，教师要根据学生的年龄特点和心理特征，进行教学设计并及时调整教学行为，提高他们学习的积极性。

（三）学情分析的方法

学情分析作为课堂教学前的一个重要环节，是必不可少的，同样进行学情分析的方法也十分重要，以下是五种分析方法。第一种是类型化研究，这种研究主要根据学生的表现将学生抽象概括分类，归入不同的类型，实施有针对性的教学。根据不同的学习速度，有研究者把学生分为学得快和学得慢的学生两类，允许不同类的学生花费不同的时间达到同样的教学目标。第二种是差异变量分析，有研究者借用心理学的成果，把个体差异变量分成能力差异、智力差异、兴趣差异、动机差异、气质差异、性格差异、学习风格差异等。第三种是经验分析法，即教师在日常教学中，用自己积累的教学经验和对学生的熟悉程度对学生进行一定的分析和研究。第四种是问卷法，这种方法是教师自己设计问卷，或采用成熟的问卷，对学生进行基本情况的调查，可以针对某几项或者单独一项。第五种是访谈法，即确定调查的内容后，研究者和被研究者通过结构化或非结构化访谈的形式收集资料并进行分析。

可以看出，学情分析主要涉及知识、动机兴趣、认知、心理状态、差异性和学习内容等多方面，通过调查总结影响学生学习的因素，有利于增加对学生的了解和教学内容的把握，有利于教学效果的优化。这类研究也体现对学生主体性的重视，顺应教育改革的方向和趋势，未来此类研究也会越来越多，更加具体化和科学化。同时现有的一些研究也存在着不足，需要不断探讨和完善。

四、微课

（一）微课的含义

微课起源于美国北艾奥瓦大学教授在1993年所提出的60秒课程以及英国纳皮尔大学教授在1995年提出的1分钟演讲。现在被普遍接受的微课的内涵是由美国新墨西哥州圣胡安学院戴维·彭罗斯（David Penrose）在2008年首次提出的，被人们称为“1分钟教授”。戴维认为微课是指用建构主义教育方法与理念构建而成，将在线学习或移动学习作为目的的实际教学内容。

国内不同研究者对微课均有不同的定义。2012年，在教育部全国教师网络培训中心举办的首届全国高校微课大赛中对微课做了以下界定：以视频为主要载体，记录教师围绕某个知识点或教学环节所开展的简短、完整的教学活动。有研究者认为微课是根据新课程标准和课堂教学实践，以教学视频为主要载体，记录教师在课堂教学中针对某个知识点或教学环节而实施的教与学的活动所需各种教学资源的有机整合体。还有教师提出微课是以阐释某一知识点为目标，以短小精悍的在线视频为表现形式，以学习或教学应用为目的的在线教学视频。

微课概念表述的差异，主要是因为随着微课的不断发展，人们对“微课”的认识越来越全面与深刻，其概念的内涵与外延也在不断地丰富和发展。但同时，我们应该看到其核心要素是相通的，具有以下共同点：一段较短的音频或视频内容（5~10分钟）；内容多围绕一个或多个重要知识点；教学设计和过程相对完整；能够支持网络终端和移动终端的学习。

（二）微课的特征

由于微课主要构成部分是微视频，视频的时间也控制在10到20分钟内，使微课具有以下特征。

（1）时间较短、用途广泛、方便传播。微课视频的时间较短，容量较小，内容多选择对学生来说较难理解的、对教育教学有价值的主题。微课多由经验丰富的教师或者专家进行教学设计并教学和录制而成，内容清晰明了，有吸引力，能够满足学生个性化的学习需要。微课不但可以为教师的课堂教学中某些知识点做辅助的讲解，也能够当作学生课前预习的资料，帮助学生学习。

（2）针对性强、主题突出、使用便利。微课的教学内容针对学习中的某个知识点，或者确定学习主题后进行细分的各个知识点。微课能够聚焦问题、突出主题，有利于有针对性的解决问题。使用者使用微课时可以根据所需知识点关键字检索并选择微课，快速获得的同时，也有利于节省学习时间，提高学习效率。

（3）交互性强、半结构化、灵活方便。微课在设计最初是相对静态的，但是一旦发布共享，就会有师生的互动、反馈和交流、不断地转载和引用，这有利于不断地完善和扩充现有的微课资源，促进微课不断发展和传播，使微课更具有交互性、开放性、生成性和灵活性的特点。

（三）微课的应用与发展

微课作为新型的教学手段和资源，已经受到了社会广泛的重视。这种方式也是对现有课程体系的重要补充。同时对于广大一线教师来说，通过微课的设计和完成，有利于提升和锻炼自己的教学能力，更好地把握和抓住重点。在小学数学教育领域，微课同样是值得关注的一个重要部分。对于学生来说，学习的内容是相对抽象的，有时也不易理解掌握。但是小学数学的教材逻辑性很强，结构也很清晰，尤其是对于一些重点难点，教师可以对其进行一个个分割，将其做成微课，形成一个系列。在学生使用的过程中，学生可以从头开始循序渐进地进行学习，也可以根据自己的需要学习某个知识点，这样有利于学生个性化的学习，也有利于学生学习效率的提高。

而对于微课的发展，从课程的内容看，将由过去主要是学校学生的学习课程向社会应用课等多元化课程转变；从课程的受众看，将从单一的面向学生群体，转向社会公众开放；从录制的主体看，由教师为主，向多元化人群转变；从传播的区域看，从学校走向社会甚至全世界。

在学校中，微课也会不断地向系列化、规范化方向发展，并且逐渐成为和教材相配套的教学资源。微课的不断发展，为年轻教师的成长搭建了平台。目前，微课的活跃使用者多是中青年教师，他们能够较快地接受新生事物，也能熟练地使用网络平台，同时，微课也有利于中青年教师自身专业能力的提高和发展。随着微课等现代信息化教学模式的不断推广，基础教育领域也将发生巨大的变化。

五、深度学习

我国对深度学习的研究起步较晚，上海师范大学何玲、黎加厚在2005年发表的《促进学生深度学习》中首次提出了深度学习的概念。文章提出，深度学习是指在理解的基础上，学生批判性地学习新思想和新知识，将它们与原有的认知结构相融合，将众多思想相互关联，将已有的知识迁移到新的情境中去，做出决策并解决问题的学习。①此后国内逐渐开始了对深度学习的相关研究，如有研究者从深度学习的内涵和理论基础方面进行剖析，提出了深度学习的几个特征，即注重批判理解、强调信息整合、促进知识建构、着意迁移运用、面向问题解决和提倡主动学习、终身学习。深度学习的核心特征是高阶思维，发展高阶思维有助于学生的深度学习。研究者指出了建构主义理论、情境认知理论、分布式认知理论及元认知理论对深度学习的理论指导意义。

---

① 何玲、黎加厚:《促进学生深度学习》,《计算机教与学·现代教学》2005年第5期。

（一）深度学习理论研究

深度学习的相关理论研究可以分为基本概念、理论探讨、意义、特征和综述研究，以及算法研究等类别。从基本概念、理论探讨来看，比较有代表性的文献有黎加厚等人的《促进学生深度学习》、王珏的《杜威的教育思想与深度学习》、张浩等人的《深度学习的内涵及认知理论基础探析》、叶晓芸等人的《论浅层学习与深度学习》以及孙银黎的《对深度学习的认识》。以上文献对深度学习的认识有以下共同点：深度学习是理解性的学习，学生能对新的知识和内容进行批判性学习，并能将它们与原有的认知相融合，能将众多思想联系起来，能将已有的知识在新的问题情境中迁移应用，做出决策并解决问题。深度学习注重批判理解、强调信息整合、促进知识建构、着意迁移应用、面向问题解决、提倡主动终身。深度学习并不排斥浅层学习，深度学习和浅层学习是一个单独的连续统一体。此外，张浩还提出了深度学习的理论基础，有建构主义理论、情境认知理论、分布式认知理论及元认知理论，论证了这些理论分别对深度学习的理论指导意义。一般认为，深度学习能够提升学习力，充分体现学生的主动性，并能使小组合作高质、高效地进行。

（二）小学数学中的深度学习研究

学界对深度学习应用研究主要集中在学科教学领域和计算机领域。学科教学领域的深度学习应用主要是指在学科教学中开展促进深度学习的研究；计算机领域的应用是指算法在计算机科学领域下某些子领域中的应用研究。通过研究深度学习在学科教学的应用，可以发现在基础教育领域，大部分学科都在提倡深度学习。而小学数学也不例外，对于深度学习在小学数学学科的应用的相关研究，主要集中在策略研究和方法的研究。有教师根据教学实际提出将深度学习更好地应用于小学数学教学中的策略：选择合适的数学学习单元；整体分析数学单元学习内容；确定单元学习目标、探索主题；基于深度学习进行教学设计；及时进行教学反馈等。还有学者从如何开展深度学习方面提出建议：从教师方面来看，激发学生参与欲望，使深度学习成为可能；构建学习互动群体，使深度学习落地生根；把握教学适切程度，使深度学习融于过程。从学生方面来看：生成有效学习状态，使深度学习走向常态；学会自我反思，使深度学习成为自觉；养成拓展学习习惯，使深度学习走出课堂。

第二节
小学数学教育研究的展望

回首新中国成立以来小学数学教育70年的研究，特别是改革开放以来小学数学教育研究的蓬勃发展，可以据此进行许多宏观上的预测与展望。

一、跨学科与交叉领域研究

新中国成立70年来，我国小学数学教育研究更多地呈现出与其他学科或领域进行交叉研究的趋势。例如小学数学教学与心理学领域的交叉研究，出现和发展了许多数学学习理论；又如改革开放后随着信息技术的不断发展，信息技术为小学数学教学的改进提出了许多新的研究课题；等等。由此来看，跨学科与交叉领域研究比重的逐渐增加也是小学数学教育研究的一大趋势。对于这一点，本书在此进行详细论述，以展现小学数学教育研究与一些常见领域交叉融合的发展趋势。

（一）与心理学的交叉领域研究：一些数学学习理论的发展

数学学习心理理论研究在中国起步较晚，但近年来数学学习研究有许多进展。本书在此对于新中国成立以来的数学学习研究进行相关的回顾与总结，并通过辨析西方数学教育心理学或学习理论若干流派、观点，来展现数学学习研究的研究取向。

继20世纪80年代后期毛鸿翔、季素月的《数学教学与学习心理学》一书出版至今，许多数学教育研究工作者及一线教师展开了一系列有关数学学习心理方面的研究，并撰写了大量的论文、专著等，如：《认知科学建构主义与数学教育——数学学习心理学的现代研究》（郑毓信、梁贯成，1998）、《数学教育心理学》（曹才翰、章建跃，1999）、《PME：数学教育心理》（李士锜，2001）、《数学教育心理学》（喻平，2004）等。中国数学教育心理学的研究经历了从无到有，从零星到系统，从表层到深层的探索之路，逐渐开创了一个崭新的研究领域，而且取得了一些有一定理论价值和实践意义的成果，这表明了心理学与数学教学有着深层次的交叉。这些研究为国内数学学习心理研究的理论构建奠定了坚实的基础，为数学学习心理研究提供了方法论的指导。

从总体上看，数学学习理论的相关研究从关注学习的外在行为特征向考查学习的内部心智活动转变，强调数学学习的元认知及数学学习的监控。数学学习的实质就是数学知识结构的重组和改造，数学学习的过程是认知结构的同化或顺应过程。这方面的研究工作为数学学习研究奠定了牢固的理论基础，提供了深入研究数学学习认知规律的有效平台，促进实践中数学学习指导的观念转变。我们在此首先以西方“情境认知理论”的发展为例，展现其对于我国数学新课程改革的意义。

1. 情境认知理论

随着中国学生发展核心素养的出台，当前许多教育研究者开始研究如何将小学数学教育中的数学学科核心素养进行“落地”。在这一趋势下，小学数学教育研究逐渐开始关注学生关键能力的培养。在此之前研究者发现，“素养”的提升与知识的“情境”密切关联，因而尽管小学数学学科核心素养还未公布，但许多小学一线教学已经开始进行一些突出知识情境性的教学实践。国外建构主义中注重情境性的许多理论也很早就进入了我国中小学一线教学中。

例如，美国情境认知理论（Situated Cognition Theory）发展于20世纪晚期，其目标在于解决传统学校教育中的惰性知识问题，促进学习的有效迁移。情境理论的支持者认为，在传统的讲授式教学中学习者被动地接受那些抽象、良构、去情境化的概念和原则，却缺少在真实、复杂、非良构的情境中使用这些知识的机会，从而造成了学习与真实问题解决的相互孤立，形成了惰性知识。为此，有效的学习必须将学习的内容和过程与真实情境联系起来，让学习者在情境中建构知识和发展能力。情境认知理论为设计和理解学习者的学习提供了新的思路，被认为是继行为主义和信息加工理论之后有望成为学习环境设计基础的最新学习理论。而事实上，情境认知理论也确实推动了一系列教学形式和教学策略的发展，包括抛锚式教学、基于项目的学习、基于问题的学习、认知学徒制等。

在我国，情境认知理论也走进了数学课程与教学研究者的视野，形成了数学上的情境教学、情境教育。数学中的情境教学对于学生情感的关注也体现在了2000年新修订的《九年义务教育全日制小学数学教学大纲（试用修订版）》中，增加了“使学生具有学习数学的兴趣，树立学好数学的信心”的教学目的，开始显现有关学生情感的课程目标。2001年颁布的《全日制义务教育数学课程标准（实验稿）》中，第一次将“实践与综合应用”纳入数学课程中，使得在一线教学中更注重学生在实践中整合生活经验与现实情境。2011年颁布的《义务教育数学课程标准（2011年版）》中进一步体现了让学生在情感态度方面得到充分发展的目标。据统计，这一版的课程标准中“情境”一词提出了62次。其中“具体情境”26次、“生活情境”5次、“现实情境”6次、“实际情境”5次，合计42

次；“问题情境”6次，在教学“实施建议”的教学建议2次、评价建议1次、教材编写建议提到了2次，案例1次；其他诸如“给定情境”“简单情境”“模拟情境”“多种情境”“新情境”等零散出现的情境合计14次。由此可见，课程标准中不仅包含数学知识与技能，还包括知识的生活来源和使用背景，数学综合与实践领域更是强调活动的实践性和情境性。

特别是中国学生发展核心素养公布后，许多教育教学研究者与一线中小学教师积极探索基于核心素养的课程改革，找到了核心素养与知识的具体情境之间具有的密切联系。有研究者认为，现今知识的情境性在不断地增强，因此对于以知识为载体进行培养和发展的核心素养，它与情境之间定会有不可分割的关系。素养形成与发展只能在真实的智力、情感和道德情境之中。若离开真实情境，可能有知识技能熟练，但没有素养上的发展。在多样的情境中培养与发展核心素养，可以使学生形成未来社会所必需的能力与品质，从而促进学生的全面发展。

心理学中的情境认知理论在数学教学的融合过程中，也有许多值得思考的地方。首先需要思考数学抽象性与情境教学研究的多样性的兼容。数学知识是从具体的情境中抽象出来的，情境作为能够促进学生发展的环境条件，使得数学知识的教与学是一个情境脉络中的统一体。情境教学在数学教学中的研究视角是多样的，例如：基于学生主体情感的视角，数学的抽象性与赋予情感的情境教学值得研究；基于数学知识背景的视角，源于不同环境的文化和活动赋予数学知识以生命力；基于不同情境功能的视角，情境的直观性既可以帮助学生理解数学知识，情境的现实性又可以促进学生运用数学知识解决问题；从提高教育技术水平的视角，“虚拟的优化情境”在数学教学中的应用也值得研究。

其次，需要思考情境教学对学生情感、认知、能力的作用。情境教育既然是以“人”为教育研究的出发点，那么面对不同学段的学生时，应当运用不同的情境教学策略。如方展画根据人的心理发展水平将相应的教育划分为三个阶段：10岁以前是“潜能刺激阶段”，情感发展是教育的核心所在；10岁至15岁是“完善潜能阶段”，这是情感向认知发展的过渡阶段，即情感和认知协调发展阶段；15岁以后是“能力提高阶段”，认知活动是这一阶段教育的核心。①小学中、低段的学生处在10岁以前这段时期，主导的数学教育类型可以是情感为核心的情境教育，随着学生年级的升高，主导教育类型将逐渐转变为“认知型”与“能力型”。因此，运用情境教育理论时需结合具体实践情况进行具体分析。

总之，情境认知理论在小学数学中的应用目前仍处于探索阶段。虽取得了大量的研究成果，但也需要在今后进行更进一步的研究。相信今后的小学数学教育研究中，对于“情境性”的注重将是一大趋势。

2. 数学学习困难的研究

目前的数学学习心理理论还致力于将研究对象更多元化，例如学习困难儿童的数学学习心理研究是近年来的研究热点，它关注的学生数学学习困难是指学生在数学学习中不能有效地理解和掌握知识，不能利用数学知识解决问题，学习成绩明显落后于同龄儿童。心理学对于数学学习困难的研究可分为两大类。

第一类研究主要探寻相关分析，即数学学习困难儿童的各类心理状况之间的关系。例如，数学焦虑就与数学学习困难密切相关。有研究表明，数学学习困难儿童具有较高的数学焦虑水平，因为数学学习困难儿童的数学学习能力落后于同年龄、同年级儿童，在数学学习过程中往往会出现困

① 方展画：《人的发展和教育：假设及构想》，《华东师范大学学报》（教育科学版）1990年第3期。

境，存在着普遍的工作记忆缺陷，应用题解题准确率较低；不过对数学焦虑、工作记忆成分与应用题解决准确率之间存在的关系还有待更进一步地深入研究。

第二类则是运用心理学的理论与研究范式，厘清、总结主要的数学学习困难的成因。可以发现，学生数学学习困难的形成既受教育因素、学习环境等外在因素的影响，也与他们的心理、生理等内在因素有关。目前，国内有关数学学习困难的研究主要从情感因素或认知因素入手，今后应当采用更加细致的范式进行深入研究，发掘数学学习困难背后的复杂成因，为小学数学一线教育教学工作提供理论上的指导。

3. 数学学习的脑科学研究

学习是个体终生发展和社会演化的根本原因，学习的本质是大脑的改变的过程，即脑的可塑性，而近年来逐渐兴起的认知神经科学方法则提供了研究大脑可塑性的技术手段，从而以一种新的角度促进了许多小学数学教学问题的研究。例如，于2005年创建的北京师范大学认知神经科学与学习国家重点实验室就反映了我国在《国家中长期科学和技术发展规划纲要（2006—2020年）》中强调对“脑发育、可塑性与人类智力的关系”的研究。通过认知神经科学方法的脑科学研究可以展现儿童脑发育和认知发展的动态发展观，以高级认知功能为突破口，所采用的实验技术手段涉及行为与分子遗传学技术、单细胞记录技术、脑电图、磁共振脑成像技术以及传统的心理物理法，从而解决“学习与脑的可塑性”的重大科学问题，为小学数学教学重大问题的解决提供科学依据，促进我国亿万青少年儿童的智力和心理健康发展，满足国家不断增长的人口素质和综合国力的需求。

具体来看，脑科学的许多成果都启发了数学学习理论的进一步研究。

根据“学习与脑的可塑性”这一核心科学问题，脑科学可以通过比较猴子与人类（进化）、儿童/成人与老人（个体发展）、同卵双生子与异卵双生子（遗传）、正常人与脑损伤患者（系统）等范式，理解学习在大脑发育和遗传约束的共同作用下的认知神经机制，从而研究儿童在学习过程中的脑部的共性、差异，以及相应的心理过程。例如董奇根据实验室的多年成果，总结了数学认知对于小学数学教学的研究启示。

广义而言，一切与数学有关的思维活动都可以被看作是数学认知。目前的脑与认知科学研究主要集中在与数字有关的认知过程，如个体如何认识并理解数字、形成算术知识、进行计算等方面。目前的研究结果表明，数学认知包括了三个基本成分：数字加工、算术知识和数学计算。近年来，脑与认知科学的研究成果不断表明，人类数学认知的结构可能更符合多重表征的观点。例如根据一些脑损伤病人的研究结果发现，数字的音、形、义表征之间存在相对分离的特点，某一表征的损伤不会影响其他表征的加工。①最近的一些脑功能成像研究结果也表明，上述表征的加工可能具有不同的皮层支持网络，彼此之间较少重叠。②这些脑科学的研究结果对于小学数学教学研究的启示有四点。

第一，通过科学认识学生数学认知能力，选择恰当的教学方式，是今后需要开展的工作。数学认知是一个复杂的认知系统，在数学教育教学的课程设计与课堂教学中，教师或教育研究者应当对学生数学认知能力的成分与结构有着科学的认识，发挥不同学生的真正擅长的部分，最大限度地

---

① S. Dehaene, L. Cohen. *Cerebral Pathways for Calculation: Double Dissociation between Rote Verbal and Quantitative Knowledge of Arithmetic*, Cortex, 1997, Vol.3, Issue 2 : 219–250.

② V.J. Schmithorst, R.D. Brown. *Empirical Validation of the Triple-Code Model of Numerical Processing for Complex Math Operations Using Functional MRI and Group Independent Component Analysis of the Mental Addition and Subtraction of Fractions*, Neuro Image, 2004Jul. 22（3）: 1414–1420.

发挥学生的特长，尤其需要针对不同学生的具体情况，以及不同学习内容与任务设计对不同数学认知成分的要求与发展的不同作用、不同成分之间的关系，更科学地设计教材，选择恰当的教学方式，在小学数学教育研究中开创新的研究领域。

第二，全面、均衡地培养学生的数学思维能力，科学对待学生数学认知的发展，是今后需要开展的工作。脑科学的研究成果表明，个体存在两套数学认知系统，一为先天赋予的概略表征系统，二为后天学习获得的精确表征系统。在学生的计算教学中，学生计算能力的发展就是逐步从概略到精确的过程，因而精确计算与数感估算都很重要，估算有利于培养学生早期的数感，为后续的精确计算提供重要的发展基础；而精确计算则可以进一步提高学生的数感，在日常数学问题解决中的数字的估计的过程中发挥着重要的作用。为此，科学地对待学生数学认知能力的发展，有利于对学生的多种数学能力的全方位综合性的培养。

第三，如何改进变式练习在小学数学教学中的比重，是今后需要衡量的问题。对比我国上海的数学教材与日本数学教材发现，对于同样的内容，两国尽管课时相同，但是我国的练习和习题量几乎为日本的3倍。[①]同时，当前一些学校还存在各种竞赛性的数学机械训练，较少关注对学生的策略与技能形成和数学思维方式与能力的培养。这些训练方式容易促使学生对算术事实与算术程序形成机械记忆，偏重依赖语言功能，较少培养学生的计算策略，忽略了视觉空间功能的作用，从而阻碍学生数学认知的全面发展。如何改变变式练习在小学数学教学中的比重，使其既能维持学生的学习兴趣，又不致学生知识的遗忘与能力的衰退，是今后需要考量的

① 陈昌平主编：《数学教育比较与研究》（修订本），华东师范大学出版社2000年版，第155—199页。

问题。

第四，科学对待数学学习困难儿童、数学学习障碍儿童的方式方法，需要今后进一步地找寻。脑科学的研究表明，计算障碍是小学儿童中普遍存在的一种认知障碍，具有较高的特异性，与其智力与语言发展相关较少。因此，我们不能过高估计发展性计算障碍的影响。今后的研究要科学地对待数学学习的困难与障碍问题。面对数学学习困难的学生，一方面应该准确诊断，了解其障碍成因；另一方面也应重视制订合理、有针对性的数学学习方案。

4. 问题与展望

近年来的数学学习心理理论研究存在着如下问题，亟待今后的研究有所突破。

首先，研究模式的水平较低。一方面，一些研究工作仅限于“一般心理学理论加数学例子”的低层次研究模式，对实际的数学学习情境及实际发生的数学学习活动关注不够，没有突出数学学习的规律；另一方面，对一般心理学理论的应用存在生搬硬套的现象，批判性的应用较少，不能很好地结合数学学科的特点。

其次，研究问题的深度不够。数学学习研究的阶段主要集中于对初级数学思维的研究，这样的研究相对简单，也较容易操作，而关于高级数学思维特征的研究较为缺乏，无法深入论证高级数学思维和初级数学思维之间联系；此外，有些主题的数学学习研究国内较少开展，如感知觉、记忆、注意、表象、思维和言语等心理过程在数学认知过程的具体化。

关于今后数学学习心理理论的研究趋势也是值得讨论的问题。数学学习心理是一个交叉性较强的研究方向，因而在具体问题的研究上应采取审慎的态度，注意几个基本关系：借鉴一般学习心理学理论以突出数学学习心理学特色，对各心理学理论派别对数学学习影响的考证、分析，进而进行有选择的、有批判性的应用；研究方法上应注重思辨与实证的平衡，定性与定量的统一。更值得一提的是，研究应注意立足本土、借鉴国际、推向国际。目前国内心理学界正在倡导心理学研究本土化，那么在借鉴心理学研究成果的取向上，是取自国内或是国外，这涉及文化背景、语言习惯、情感态度等因素，在充分考虑数学学科特点的基础上，应实事求是地给予鉴别分析。同时，借鉴国际上数学学习心理学的研究成果与方法，依照国际规范开展研究，以利于进行有效的国际交流，将更多更好的数学学习心理学研究成果推向国际。

（二）与信息技术的交叉领域研究

伴随着现阶段科学技术的飞速发展，信息技术在数学教学中的运用也呈现出范围愈加广泛、程度愈加成熟的趋势，数学教学与信息技术的一些交叉课题也逐渐进入了研究视野。《课程标准（2011年版）》中明确指出，数学教学课程内容的设计“要与现代信息技术实现有效整合，借助信息技术提升学生学习兴趣，丰富教学课程资源，并帮助学生解决数学学习过程中遇到的各种难题，让学生能够进行轻松、愉快、高效的数学学习”。不少研究者开始研究当信息技术被教师运用在小学数学课堂中时，对当前教育价值、教学目标、教学内容、教学模式等造成的影响。

信息技术对于小学数学教学带来了深远的影响，有许多方面值得研究。在中国知网中以“信息技术”“小学数学”为关键词进行检索，可大体将已有的研究分为四类。第一类是研究信息技术对于学习情境的创设的作用。信息技术的合理应用可以激发学生的学习兴趣，创设良好的学习情境，促进学生有意义的学习。第二类是探讨信息技术对于数学学习困难儿童的帮助作用。儿童产生数学学习困难的很大原因是动作表征、印象表征的思维方式与数学表达形式的抽象性的不符。通过信息技术的帮助，可以化抽象为具体，契合儿童的思维表征，减轻数学学习困难。第三类是如何运用信息技术更好地培育数学学科核心素养。例如，可通过信息技术（如几何画板软件）实现图形的动态化呈现，从而培养学生空间观念、直观想象等数学素养；此外，动态图像的多媒体技术使得二维图形可以更直观地表达三维图形，这可以让学生在动手实践的过程中培养空间观念与空间想象能力。最后一类是借助互联网平台，共享小学数学课程与教学资源，以及课堂教学模式的转变。

信息技术为小学数学教学的研究带来了很多新的研究方向，主要可概括为三点。第一，优质教育资源的共享研究。慕课（MOOC）等大型开放式网络课程整合了多种形式的数字化资源，能够突破传统的课程时间、课程空间、课程人数的限制，可依托互联网跨时空地进行学习，且能满足大规模课程学习者的学习。从更宏观的视角来看，优质教育资源的共享对于教育公平的促进作用值得研究。第二，数学教育模式的创新研究。在教学实践中，利用信息技术创新小学数学课堂教学模式的意义值得研究，如可研究信息技术创新对学生学习动机的提升、教师教学活动素材多元化、课堂教学的活力提升等的作用。第三，促进教师专业发展的研究。自信息技术进入小学数学课堂以来，新的教学方法与教学理念给传统的教学带来了较大的冲击，对于教师教学观念的转变、促进教师专业的发展值得研究。如何将有限的教学资源利用到课堂教学中去，教师的作用就显得更为重要。为此，应转变教师的教学观念，明确信息技术在小学数学教学中的作用，通过一定的激励措施，鼓励教师常用、多用信息技术，提高教师信息技术应用能力。培养一批信息技术应用的学科带头人，带动全校教师应用信息技术为教育教学服务。

二、小学数学教育研究对象多元化

我国小学数学教育的研究群体越来越多元。从以往只关注“大类”学生，将其看作“小大人”，到如今越来越重视学生的个体差异，研究对象也趋于多元化。少数民族、超常儿童、特殊儿童、数学学习困难儿童等的小学数学教育教学也逐渐走进了研究者的视野。

（一）关于少数民族学生数学教学的研究

做好少数民族地区的教育工作是提升整个国家教育工作质量的要求，也是促进少数民族地区经济发展的客观要求。少数民族地区小学数学教育存在的问题主要有四点。第一，缺乏针对性的数学教材。母语不同、生活习惯不同、生活环境不同、风俗文化不同，少数民族地区学生的理解方法和学习方法与其他地区的学生不同，理解能力和学习能力存在差距。近年来人教社同新疆维吾尔自治区、西藏自治区、吉林延边朝鲜族自治州等少数民族地区合作编写教材，取得了卓著的成绩。但我国少数民族地区教材的开发与编写仍要加强对于少数民族学生学习思维、理解方式的思考。第二，教师队伍质量整体偏低。从当前少数民族地区教师队伍建设状况来看，教师队伍质量整体堪忧。少数民族集中地区多处于偏远地区，尽管国家推出了特岗教师等许多扶助计划，但同偏远少数民族地区教育事业教师需求量相比，依然显得“供不应求”。第三，教学设施不完善。在偏远的少数民族地区，阻碍小学数学教学质量提升的另一大障碍性因素就在于传统的数学教学模式。第四，传统民族观念的束缚。无论是从历史上来看，还是从当今现状来看，边远地区、少数民族聚集区一直都处于相对闭塞的状态，接受知识的改变的意愿更低，学生的学习兴趣较低，缺乏一定的学习氛围和鼓励知识学习的社会环境。①

因此，未来针对少数民族学生的数学教育值得研究。未来的方向有三点。第一，针对性的数学教材的编订研究。科学编订教材需要以充分的调查、实践为基础，只有适合学生理解方式、学习方式的教材才是最有助于教学活动开展的教材。要想提高少数民族地区的小学数学教学质量，就必须首先编订适合少数民族地区学生理解方式和学习方式的教材。要编订这样的教材，地方教育部门必须做好充足的调查研究工作，重点对学生的理解方式、学习方式、学习习惯、学习环境、生活环境等做出细致的研究工作。各个教材出版单位也需要继续加强同少数民族地区的合作，使教材更符合少数民族地区的教育实际和少数民族学生的思维认知方式。第二，提升教师队伍的整体素质。教师是教学活动的直接参与者，尽管新课标对教师的地位给予了新的定位，要求教师在教学活动中更多地担任引路人和服务者的角色，但我们依然不能忽视教师在教学活动中的重要作用。一方面，要加大对于偏远少数民族地区教育政策的扶持力度。比如与政府机关、各大高校结合，制定少数民族教师帮扶制度。另一方面，要加大对于少数民族地区教师队伍的教育培训工作。教师队伍的素质要想提高，必须做好教师队伍的进修工作，少数民族地区更应如此。第三，加强教学基础设施建设。少数民族地区学校必须充分认识到现代教育技术在现代教育中的重要性，与地方财政部门协商，从预算做起，加大对于少数民族地区基

① 吴福海：《关于少数民族地区小学数学教育的思考》，《课程教育研究》2015年第20期。

础设施建设的帮扶力度，不断加大财政资金的投入，积极引进先进的教学设备，如多媒体设备、信息网络设备等。比如支持多媒体信息技术在小学数学教学中的运用，能够增强小学数学的趣味性，同时也能够降低小学数学知识的理解难度。

（二）关于特殊儿童数学教学的研究

国内对于特殊儿童的数学教学研究起步较晚，相较国外存在一定的差距。对于特殊儿童的数学教学工作难度较大，且工作内容也与普通学校存在差异，因而关于特殊儿童的数学教学研究应当进一步开展。

当前我国特殊教育学生的数学教学研究还存在着些许不足。首先，在教材方面，由于特殊儿童的智力水平、思维方式、生活习惯、生活环境等均与一般儿童存在不同之处，因而特殊儿童数学教学需要有与之配套的教材。虽然近年来，各大教材出版社（尤其是人教社）对于盲聋哑儿童的数学教材的出版和研究做了大量的工作，但我国特教数学教材起步较晚，仍需得到政策上的关注和进一步的完善。其次，从教师的角度看，教师对于特殊儿童的身心发展规律认识不足，对特殊教育教材的解读过于浅显。特殊教育中接触的一般都是盲童、聋童、智力障碍儿童以及残疾儿童，他们的学习能力各有差异，生活行为能力也都存在一定的缺陷，在心理上更是存在多样化的问题，但一部分数学教师对这些特殊儿童认识不足，所实施的教学方式缺少针对性，不适用于特殊儿童的数学教学；此外，由于没有充分了解特殊儿童的身心发展规律，使得教师在对教材的解读过程中所制订的教学目标存在偏差，因担心特殊儿童学习能力太弱而一味地降低了教学要求、降低了教学深度；还有的教师则按照普通学校的要求进行教学，造成教学内容混乱，教学效率低下。最后，研究者对于特殊儿童数学教学目标的分析不够。在发展学生数学学科核心素养的背景下，特殊学校的数学教育教学工作也应当有所改善，但目前国内一些特殊学校所实施的教育方式依旧比较传统，较少有教育工作者探讨如何提升特殊儿童的数学学科核心素养。因此，在数学学习方面，仍然有大量学生处于被动学习状态，学习效率非常低。

今后对于特殊儿童的数学教学研究重点应放在探讨特殊教育儿童的数学教学策略的改进上。第一，应致力于探讨提升学生学习动机的研究。沟通是打开心灵的钥匙，要进入特殊儿童的内心世界，让他们信任教师，安心学习，就必须通过真诚的沟通了解他们的想法。很多学生在课堂上比较怯场，对于老师的提问，虽然有答案、有想法，但却不敢举手发言，针对这类问题，教师可以通过游戏方式进行教学，在游戏中增加沟通，同时抽取学生回答问题，建立他们的自信心。第二，应致力于对特殊儿童进行心理辅导、发展特殊儿童数学思维的方法研究。在教学过程中，教师要积极进行心理诱导，循序渐进地促使学生主动说出答案，然后给予鼓励或者纠正。课堂教学时，要放慢教学速度，避免一部分学习能力或行为能力较低的学生跟不上节奏，最大限度地让每个学生跟上教师的思路和进度。指导学生圈出学习中的重点和难点，并通过语调变化等方式对学生进行心理暗示，启发学生自主解决学习问题。第三，应致力于用现代计算机技术对特殊儿童数学教学进行研究。多媒体时代下，各个阶段的教学工作都已应用了计算机技术。计算机技术具有深化课堂内容、加强学习气氛的作用，让课堂教学变得更加生动有趣。在特殊教育的小学数学教学中，教师也可以利用计算机技术，将课本中抽象的知识具体化，降低学习难度，例如在长方体、正方体的学习中，教师可以利用计算机技术绘制立体的长方体图形，动画展示长方体的六个面，还可以将长方体、正方体、圆柱体、三角形等组成小动物的形状，增加课堂的趣味性。

（三）关于数学学习困难儿童的数学教学研究

数学学习困难儿童也是小学数学教育研究值得关注的一类研究对象。根据美国学者塞缪尔（Samuel Kirk）的观点，所谓学习困难儿童是指那些智力正常但学业成绩长期滞后的学生，主要表现为一种或多种基本心理过程的障碍。[①]而数学学习困难儿童，则是具有正常的智力水平，但数学学业成绩明显低于预期成绩的儿童，多伴有较多的社会适应不良情绪和行为问题。

数学学习困难儿童由于他们数学认知结构中某些知识缺陷或表征不合理，导致在后继学习中感到困难。所以，许多研究着力探讨如何加强数学学习困难儿童的基础知识的教学。已有研究认为，注重知识的联系，让学生形成网络拓展型的认知结构，以及在认知结构中根植、同化后继知识的固定点，是帮助学生克服数学学习困难的首要教学策略。首先，应明确强化哪些知识。一般来说，数学教材中所编写的内容都是学生必须掌握好的基础知识和基本技能。但是，在这些知识中，有一些知识在数学知识结构中处于核心地位，这些知识一旦纳入学生的认知结构，在认知结构中建立有意义的联系，它将成为同化后继知识的核心固定点。因此，在对数学学习困难儿童的教学中，一方面要注意引导学生主动利用已有知识、经验去推动新的知识学习，让学生自觉感受数学知识的联系；另一方面，要适时引导学生将所学习的数学知识进行比较、归类和概括，形成网络型的知识表征模型。目前关于数学学习困难儿童的教育研究已成为小学数学教育研

---

① S. Kirk, J. Gallagher, M. Coleman, *Educating Exceptional Children*, Cengage Learning, 2011.

究的一个新的分支，相信今后的研究热度将会更加上升，研究范式将会更加成熟。

总结起来，小学数学教育研究对象的多元化，实际上体现了我国教育研究中越来越“以人为本”“以学生为本”。从以往只关注“大类学生”的数学教学法，到如今少数民族儿童、特殊儿童、数学学习困难儿童等少数群体的数学教学研究，体现的是对全体学生全过程、全方位的关注。相信在今后，小学数学教育研究将继续朝向更加多元化的方向迈进。

主要参考文献

一、著作类

［1］ 北京教育学院师范教研室等编:《小学数学教材教法》，河南教育出版社1984年版。

［2］ 曹才翰编著:《中学数学教学概论》，北京师范大学出版社1990年版。

［3］ 曹培英著:《小学数学教学改革探析：在规矩方圆中求索》，人民教育出版社2004年版。

［4］ 曹艳荣等编:《小学数学课程与教学论》，郑州大学出版社2009年版。

［5］ 戴莹、刘东芝、张莉编著:《小学数学课程与教学论》，世界图书出版广东有限公司2013年版。

［6］ 丁尔升、唐复苏著:《中学数学课程导论》，上海教育出版社1994版。

［7］ 范文贵主编:《小学数学教学论》，华东师范大学出版社2011年版。

［8］ 郜舒竹主编:《小学数学课程文化性导论》，人民教育出版社2015年版。

[9] 蒋巧君著：《小学数学意义建构教学研究》，人民教育出版社2005年版。
[10] 孔凡哲、曾峥著：《数学学习心理学（第2版）》，北京大学出版社2012年版。
[11] 孔企平主编：《小学数学课程与教学论》，浙江教育出版社2003年版。
[12] 赖南燕、熊锦英编：《小学数学课程与教学》，江西高校出版社2013年版。
[13] 李光树著：《小学数学教学论》，人民教育出版社2003年版。
[14] 李烈著：《我教小学数学》，人民教育出版社2003年版。
[15] 梁秋莲著：《小学数学教学探索：课程标准与教材教法之演进》，人民教育出版社2007年版。
[16] 刘久成著：《小学数学课程60年（1949—2009）》，江苏大学出版社2011年版。
[17] 刘晓玫著：《小学数学教学研究》，首都师范大学出版社2005年版。
[18] 马云鹏、孔凡哲、张春莉主编：《数学教育测量与评价》，北京师范大学出版社2009年版。
[19] 马云鹏、张春莉等编著：《小学数学教育评价》，东北师范大学出版社2003年版。
[20] 马云鹏主编：《小学数学教学论》，人民教育出版社2013年版。
[21] 马云鹏主编：《新课程小学数学优秀课堂教学设计》，人民教育出版社2006年版。
[22] 南通师范数学教研组编：《小学数学教学简论》，江苏人民出

版社1983年版。

[23] 邱学华著:《小学数学教学研究》，福建教育出版社1990年版。

[24] 邱学华主编:《中国小学数学四十年》，河北教育出版社1989年版。

[25] 人民教育出版社中学数学室编:《小学数学教学与研究》，人民教育出版社2003年版。

[26] 邵瑞珍主编:《教育心理学》，上海教育出版社1997年版。

[27] 涂荣豹、杨骞、王光明编著:《中国数学教学研究30年》，科学出版社2011年版。

[28] 王辅湘等编:《小学数学教学概论》，湖南教育出版社1990年版。

[29] 喻平、连四清、武锡环主编:《中国数学教育心理研究30年》，科学出版社2011年版。

[30] 曾小平著:《小学数学课程与教学论》，人民教育出版社2015年版。

[31] 张春莉著:《小学生数学能力评价研究》，人民教育出版社2010年版。

[32] 张丹著:《小学数学教学策略》，北京师范大学出版社2010年版。

[33] 郑俊选著:《小学数学教学改革实践与研究》，人民教育出版社2003年版。

[34] 朱智贤、林崇德著:《思维发展心理学》，北京师范大学出版社1986年版。

二、期刊论文类

[1] 蔡俊:《试析学生实验的表现性评定》,《教育实践与研究》2004年第5期。

[2] 曹裕添:《从第二次国际教育成就评价课题测试结果看我国小学数学教育的成就、问题和改进意见》,《甘肃教育》1995年Z1期。

[3] 巩子坤、宋乃庆:《新课标小学数学教科书总复习设计的原则与策略》,《课程·教材·教法》2006年第8期。

[4] 巩子坤等:《中德两国小学数学教材难度比较研究——以德国Das Zahlenbuch教材和我国人教版数学教材为例》,《外国中小学教育》2014年第11期。

[5] 郭华:《深度学习及其意义》,《课程·教材·教法》2016年第11期。

[6] 孔凡哲、崔英梅:《韩国小学数学教科书的编写特点及启示》,《教育科学研究》2008年第7期。

[7] 李星云:《改革开放30年小学数学教材建设的回顾与思考》,《课程·教材·教法》2010年第1期。

[8] 李彦、文春蓉:《新课程小学数学作业设计的问题与策略》,《现代中小学教育》2011年第10期。

[9] 李艳琴、宋乃庆:《小学低段数学符号意识测评指标体系的初步构建》,《教育学报》2016年第4期。

[10] 刘久成:《小学数学教材内容和结构改革六十年》,《课程·教材·教法》2012年第1期。

[11] 刘少栋:《变式练习在小学数学教学中的运用》,《新教育时代》2015年第11期。
[12] 马云鹏、殷春阳:《小学数学学科核心素养及其培养策略——〈高中课标2017〉的启示》,《小学教学》(数学版)2018年第7期。
[13] 马云鹏:《深度学习的理解与实践模式——以小学数学学科为例》,《课程·教材·教法》2017年第4期。
[14] 马云鹏:《英国最新数学课程标准(小学部分评介)》,《课程·教材·教法》1996年第6期。
[15] 史宁中:《学科核心素养的培养与教学——以数学学科核心素养的培养为例》,《中小学管理》2017年第1期。
[16] 孙俊勇:《小学数学考试改革初探》,《山东教育》2002年第34期。
[17] 孙玉环:《爱上考试没商量——小学数学考试改革之我见》,《数学学习与研究》2013年第14期。
[18] 王尔陶:《北京市平谷县小学数学学习质量评价实验报告》,《教育科学研究》1991年第2期。
[19] 吴莉霞、刘斌:《变式教学要把握三个"度"》,《数学通报》2006年第4期。
[20] 辛涛、张文静、李雪燕:《增值性评价的回顾与前瞻》,《中国教育学刊》2009年第4期。
[21] 徐炳炎:《小学开展数学能力分项测评的实践与思考》,《教学与管理》2004年第2期。
[22] 许万良:《小学数学变式练习的若干方法》,《教育评论》2001年第9期。

[23] 姚日余:《谈谈小学数学考试的命题》,《安徽教育》1987年第1期。

[24] 余文森:《现行校内考试制度的弊端及其改革》,《黑龙江教育》2003年第2期。

[25] 袁品良、张万冲:《目标·过程·评价——小学数学教学中实施素质教育浅谈》,《湖北教育》1998年第3期。

[26] 张春莉、程圆圆、王本陆:《信息技术背景下不同教学手段对解决问题能力的影响研究》,《教育研究与实验》2015年第6期。

[27] 张春莉、吴加奇:《小学数学教师提问与学生回答之间的认知一致性研究》,《课程·教材·教法》2015年第8期。

[28] 张春莉:《建构数学学习发展性评价体系的实践与思考》,《课程·教材·教法》2008年第10期。

[29] 张建明:《新课程体系下小学数学考试内容与方法改革的研究》,《内蒙古教育》2004年第4期。

[30] 郑毓信:《数学教育视角下的"核心素养"》,《数学教育学报》2016年第3期。

[31] 钟善基:《充实小学数学课中几何内容的一个设想》,《课程·教材·教法》1985年第6期。

三、学位论文类

[1] 代婷:《1949—2000年中国小学数学教学大纲的比较研究》,西北师范大学硕士学位论文,2007年。

［2］　董琴:《基于标准的小学数学学业评价指标体系研究——以第二学段“分数的认识”为例》，东北师范大学硕士学位论文，2014年。
［3］　侯前伟:《小学数学教材适用性的个案研究——以北师版义务教育课程标准实验教材四年级上册为例》，东北师范大学硕士学位论文，2006年。
［4］　蒋秋:《小学生统计素养测评研究》，西南大学硕士学位论文，2015年。
［5］　梁策力:《六年级学生数与代数素养测量与评价研究》，西南大学硕士学位论文，2015年。
［6］　刘福林:《小学数学新教材“统计与概率”编写与实验调查研究》，西南师范大学硕士学位论文，2004年。
［7］　刘霖:《小学生几何直观能力现状调查及培养策略研究》，东北师范大学硕士学位论文，2013年。
［8］　吕晓亚:《小学数学学习多元化评价方式体系的构建》，陕西师范大学硕士学位论文，2006年。
［9］　彭超:《四年级学生数学素养测评研究》，华中师范大学硕士学位论文，2017年。
［10］石利群:《新课程改革背景下两种版本小学数学教材的比较研究》，湖南师范大学硕士学位论文，2009年。
［11］苏莉:《小学数学教学中学生提问能力的现状调查及培养研究》，南京师范大学硕士学位论文，2016年。
［12］田晶:《小学数学纸笔测验的改造与开发》，东北师范大学硕士学位论文，2005年。

[13] 熊丽:《小学第二学段学生数学核心素养评价指标体系构建研究》，西南大学硕士学位论文，2017年。

[14] 杨海燕:《课堂教学情景中教师言语评价行为研究》，华东师范大学硕士学位论文，2003年。

[15] 曾碧:《小学数学成长记录袋评价的问题与对策》，华东师范大学硕士学位论文，2006年。

[16] 张和平:《小学生几何直观能力测评模型的构建研究》，西南大学博士学位论文，2018年。

[17] 张虹:《提高课堂评价语言有效性的研究》，华东师范大学硕士学位论文，2006年。

[18] 赵悦:《吉林省小学数学家庭作业布置与批改情况的调查研究》，东北师范大学硕士学位论文，2012年。

[19] 钟鼎恒:《小学数学教材“统计与概率”比较研究》，华中师范大学硕士学位论文，2013年。

[20] 周伟:《大陆与香港小学数学教科书比较研究——以苏教版和香港现代教育版5~6年级为例》，南京师范大学硕士学位论文，2013年。

[21] 朱玉婷:《高年级小学生几何直观的应用现状调查及教学建议研究》，东北师范大学硕士学位论文，2015年。